I0041797

Gestión del conocimiento

Gestión del conocimiento

Una guía práctica
hacia la empresa inteligente

Klaus North
Roque Rivas

libros en red

www.librosenred.com

Dirección General: Marcelo Perazolo
Dirección de Contenidos: Ivana Basset
Diseño de cubierta: Daniela Ferrán
Diagramación de interiores: Federico de Giacomi

Está prohibida la reproducción total o parcial de este libro, su tratamiento informático, la transmisión de cualquier forma o de cualquier medio, ya sea electrónico, mecánico, por fotocopia, registro u otros métodos, sin el permiso previo escrito de los titulares del Copyright.

Primera edición en español - Impresión bajo demanda

© LibrosEnRed, 2008
Una marca registrada de Amertown International S.A.

ISBN: 978-1-59754-341-5

Para encargar más copias de este libro o conocer otros libros de esta colección visite www.librosenred.com

Índice

PREFACIO

Este libro, que basa su mayor extensión en los proyectos de investigación y aplicación realizados en Alemania y Europa, apunta a una rápida lectura sobre los rasgos más importantes de la gestión del conocimiento en las empresas y brinda una metodología práctica de implementación en las empresas grandes, medianas y pequeñas (PyMES).

Se ha tenido en cuenta que, si bien las experiencias comparativas son tomadas de los países más avanzados de Europa, América y Asia, éstas resultan de suma utilidad para la dilucidación de los problemas coyunturales que viven los países emergentes, que necesitan, por cierto, una mayor sensibilización con respecto a esta problemática.

A menudo se piensa equivocadamente que aquellos elementos que tienen que ver con el factor de producción del saber son asimilables a una moda pasajera, que al tener un carácter de bien público debería interesar en mayor medida a los gobiernos y en menor grado al sector privado. Pese a este usual impedimento de responsabilidad gnoseológica, se debe plantear este enfoque de la economía del saber como una actividad ventajosa y rentable de todo proyecto socioproductivo, donde la divisa que se está afianzando globalmente es la creación del valor mediante el conocimiento.

En forma resumida se exponen a continuación los contenidos de los capítulos:

Introducción. Transcribe una resumida aclaración sobre el estudio de la gestión del conocimiento.

Capítulo 1. Considera el cambiante campo de las competencias en la sociedad del conocimiento. Al final del capítulo se cuenta con un sistema tabular, útil para un diagnóstico breve del conocimiento de la empresa mediante una autoponderación.

Capítulo 2. Aclara las diferencias dimensionales de los conceptos sobre el conocimiento y explica las relaciones entre informaciones, conocimiento y competitividad.

Capítulo 3. Trata sobre la construcción del conocimiento. Se presentan las formas de organización bajo criterios de estructuración y transferencia del conocimiento con ejemplos.

Capítulo 4. Explica claramente la existencia humana y su relación con el conocimiento en las empresas, así como también las formas futuras de trabajo adquiridas por la sociedad del conocimiento y los criterios adoptados en los nuevos desempeños.

Capítulo 5. Ofrece aspectos detallados de la implementación de la gestión del conocimiento sobre los fundamentos del "mercado de conocimientos".

Capítulo 6. Analiza la instrumentación de la organización del conocimiento mediante vías de introducción de gestión y criterios de configuración para agilizar en las empresas el flujo de las habilidades.

Capítulo 7. Brinda una guía práctica que contiene métodos para ser aplicados en las empresas orientadas al conocimiento, entre los que se cuentan: el programa de los doce puntos, un programa de capacitación-acción para la gestión eficaz de los conocimientos en empresas y unas directrices acerca de cómo lograr un involucramiento más efectivo de los trabajadores. Los dos últimos métodos fueron desarrollados por Juan Carlos Hiba.

De esta breve presentación se puede inferir que el saber y su gestión, a medida que transcurre el tiempo, ganan en complejidad y en importancia al ser cada vez más dependientes de la realidad social y productiva. Una realidad insoslayable es que las empresas venden cada vez más conocimientos o productos inteligentes.

El aumento de la competitividad necesita de la planificación a largo plazo, para subrayar la importancia del valor agregado y la diversificación de la oferta mediante la incorporación de pensamientos nuevos, pero relevantes, que corresponden por cierto a un nivel más avanzado del desarrollo humano. Una de las funciones de la gestión del conocimiento es la de impulsarnos a buscar alternativas que consideren nuestras limitaciones, pero que nos permitan resolver problemas reales mediante un trabajo mancomunado y, de este modo, ascender a un peldaño superior de la organización productiva.

Los autores agradecen a los lectores por sus comentarios y reflexiones.

Como apoyo digital los lectores disponen de material adicional en www.north-online.de

La empresa es el lugar donde se organizan los saberes e inteligencias individuales en inteligencias colectivas con la capacidad creativa de emprender.

Jaques Morin

Introducción

En primer lugar se intenta aclarar lo que significa la palabra conocimiento en el mundo actual. Básicamente, esta palabra está representada por una serie de conceptos desarrollados en diferentes contextos disciplinarios. En la psicología, el conocimiento es mayormente entendido como el contenido de la memoria, ganando en atención la construcción del modelo del conocimiento mediante redes semánticas orientadas a una persona, en tanto que en la sociología, el saber queda circunscrito, con mayor amplitud, a las instituciones y grupos sociales.

En la ciencia del trabajo no se tiene un concepto unificado del conocimiento; no obstante, domina una visión individual que hace más accesible su nexo con la psicología, en tanto que en la informática, fundamentalmente en el área de la inteligencia artificial, el conocimiento se orienta a la prestación cognitiva de la persona en los procesos electrónicos de elaboración de datos.

En la economía, que es básicamente hacia donde se dirige el contenido de esta publicación, el conocimiento se integra a las doctrinas de gestión como factor de producción. En esta disciplina la consideración no apunta tanto al saber individual sino al colectivo, usualmente denominado conocimiento organizacional aplicable a la configuración de procesos y condiciones marco que permitan una mayor identificación y mejora en el desarrollo, distribución y utilización de los conocimientos por parte de una empresa o institución.

Con la globalización se ha puesto en evidencia que en las naciones industriales líderes sólo se puede ser competitivo de forma duradera, cuando se utiliza mejor al conocimiento como factor de producción. Para esto es necesario tener en cuenta un cambio estructural en el ámbito productivo con una intensificación laboral y con un mayor énfasis en la "mente de obra" y menos en la "mano de obra".

Los rápidos cambios en los mercados y la alta velocidad de innovación, que deriva en caída de precios, ciclos de vida del producto más cortos, individualización de las necesidades del cliente, nacimiento de nuevos campos de negocio, etc., exigen una mayor eficiencia y efectividad de las empresas. Para ello se deben movilizar todos los recursos de conocimientos en ellas.

Los potenciales de racionalización y diferenciación tradicionales están en gran parte sobreestimados; no obstante, el factor de producción conocimiento implica aún insospechados potenciales de racionalización y diferenciación.

El desarrollo de las tecnologías de información de los últimos años ofrece la posibilidad de almacenar grandes cantidades de información a bajo coste, a la vez que permite trabajar interactivamente en cortas y largas distancias.

La relevancia del conocimiento como factor de competitividad se manifiesta en los usuarios y clientes al permitir percibir más precisamente sus necesidades actuales y futuras, posicionando mejor a la empresa.

Los procesos de *know-how* y la transferencia de las mejores prácticas (*best practices*), tanto en el ámbito interno como externo, aumentan la productividad y la calidad. A través de la combinación de conocimientos se consiguen nuevos procesos, productos y campos de negocio. La competencia mediante *commodities* con productos estándar se reemplaza con la oferta de servicios integrados, que son únicos.

Una representación transparente del capital intelectual aumenta el atractivo de la empresa para los inversores. Las ventajas competitivas sostenibles a través del conocimiento se alcanzan especialmente cuando los conocimientos de una empresa no son imitables o transferibles, o lo son difícilmente. Esto tiene validez, por ejemplo, para el *know-how* de los grupos de trabajo, patentes, redes personales u organizacionales, así como para una cultura organizativa que fomenta la cooperación y el intercambio de conocimientos. La capacidad de aprender de una organización y su capacidad para tirar por la borda los conocimientos que ya no son importantes –aprender y desaprender– tiene cada vez mayor trascendencia en la era de las empresas intensivas en conocimientos.

Si usted se ha formulado estas preguntas, significa que le conviene interiorizarse de la gestión del conocimiento:

• ¿Esto, lo hemos hecho alguna vez?

• ¿Quién comparte experiencias similares?

• ¿Cómo puedo aprovechar los resultados obtenidos por mis colegas?

• ¿Cómo podríamos evitar estas fallas?

• ¿Qué significa y como busco las "mejores prácticas"?

• ¿Qué hemos aprendido del proyecto?

• ¿Cómo localizo un experto, por ejemplo, para mi proyecto?

• ¿Cómo podríamos asegurarnos que la señora o el señor X transfiera sus conocimientos antes de su alejamiento de la empresa?

El saber de una empresa contiene, entre otras cosas, patentes, procesos, tecnologías, capacidades, destrezas y experiencias de los trabajadores, informaciones sobre clientes, mercados y proveedores. Estos saberes se originan en un contexto específico y no pueden ser considerados en forma separada de éste. Cuando, por ejemplo, un pintor nos explica exactamente cómo ha pintado un cuadro, no estamos en condiciones de reproducir el mismo cuadro. Esta complejidad del conocimiento tiene como consecuencia que no puede ser íntegramente almacenado en un manual ni transferido separado de las personas. Los conocimientos no se comportan como alimentos congelados que pueden almacenarse, dividirse y transportarse a discreción.

La experiencia enseña que todo aquello que no puede ser medido, encuentra poca consideración en la economía diaria. Por eso, algunas empresas califican sus conocimientos como capital intelectual o capital de conocimientos, y han comenzado a desarrollar indicadores referidos a clientes, trabajadores, procesos, innovaciones y capital financiero. El denominado tablero de mando y control o simplemente panel de control (*balanced scorecard*) de Kaplan y Norton toma un camino parecido. Sin embargo, actualmente estamos todavía lejos de poder medir los conocimientos completos de una organización.

Básicamente, la gestión del conocimiento tiene como objetivo aprovechar de forma óptima los conocimientos existentes, desarrollando y transformando los mismos en nuevos productos, procesos y campos de actividad económica. De manera análoga al capital financiero, el capital intelectual debe aumentar, y de este modo elevar permanentemente el valor de la empresa. La gestión del conocimiento no se detiene en los límites de la empresa, sino que abarca a clientes, proveedores, socios y otros usuarios externos de *know-how*. La gestión del conocimiento significa por lo tanto una apertura simultánea hacia afuera y adentro. *General Electric* describe este comportamiento de libertad como una conducta que no tiene limitación. Para resaltar que la gestión del conocimiento no tiene ninguna finalidad en sí misma, sino que sirve al cumplimiento de los objetivos de la empresa, se debe hablar mejor de "gestión de la empresa orientada al conocimiento".

Bajo este punto de vista la gestión del conocimiento abarca las siguientes tareas y objetivos:

□ Adquisición de conocimientos	Garantizar que estén a disposición los conocimientos necesarios para el desarrollo comercial y para los procesos de negocio.
□ Desarrollo de conocimientos	Garantizar que los conocimientos se desarrollen en el sitio más adecuado, sea dentro o fuera de la empresa.
□ Transferencia de conocimientos	Garantizar que los conocimientos se aprovechen de forma óptima.
□ Apropiación de conocimientos	Garantizar que la organización y cada uno de sus trabajadores sean capaces de aprender.
□ Desarrollo ulterior o perfeccionamiento de conocimientos	Garantizar que los conocimientos, referente a su utilización, se actualicen continuamente y que se «desaprendan» los obsoletos.

Actualmente se discute acerca de si los conocimientos en realidad se pueden gestionar, en tanto que el planteamiento de la "ecología del conocimiento" enfatiza que la empresa más bien debería conseguir las condiciones adecuadas de crecimiento para sus "plantas de conocimiento".

En muchas empresas se pueden distinguir obstáculos que se oponen a la utilización óptima o estructuración de los conocimientos. A continuación se enumeran algunos:

- La estructura de la organización observada a través de sectores de negocio, sucursales, centros de rentabilidad, y valores existentes construyen barreras.

- Los sistemas de remuneración y evaluación ofrecen pocos incentivos para compartir los conocimientos.

- Faltan procesos eficientes para la estructuración y transferencia de conocimientos. El apoyo técnico de información es incompleto y no favorable a los usuarios.

- Los conocimientos se confunden con las informaciones y por lo tanto son tratados como objetos congelados.

La gestión, bajo el punto de vista de los conocimientos, significa fomentar los negocios empresariales y la cooperación orientada a objetivos y valores de la empresa en su conjunto, de forma que se asegura el éxito a corto plazo de las unidades de negocio y la construcción de competencias a largo plazo de toda la empresa.

Jack Welsh, de *General Electric*, lo ha formulado de la siguiente manera: "Lo que nosotros hemos buscado es construir lo que podría denominarse un híbrido, es decir, una empresa con los recursos y el alcance de una gran compañía –el cuerpo–, pero con la sed por aprender, el apremio por compartir y la determinación para la acción –el espíritu– de una pequeña empresa".

Por lo general en una empresa existen tres condiciones para cumplir con la organización y transferencia efectiva de conocimientos:

- Condiciones básicas: el modelo de empresa, los principios directivos y los sistemas de incentivo deben acoplar el éxito de las unidades de negocio y la contribución al desarrollo de la empresa en conjunto.
- Reglas de juego: hay que conseguir en la empresa un mercado de conocimientos con oferta y demanda.
- Procesos/estructuras: hay que desarrollar soportes y medios eficientes de organización y transferencia del saber.

La condición básica que fomenta la ecología del conocimiento contiene un sistema de valores que se caracteriza por los conceptos de confianza, trabajo en equipo y libre disponibilidad para el cambio continuo.

Actualmente, en la mayoría de las empresas los objetivos y sistemas de incentivos están todavía referidos a unidades de negocio. El rendimiento individual está mejor remunerado que el trabajo en equipo. Bajo la óptica de la gestión del conocimiento, las empresas comienzan a considerar en sus sistemas de incentivo las contribuciones evaluables de la estructuración y transferencia de conocimientos. En la remuneración de la fuerza directiva tiene mayor peso el éxito de la empresa en su conjunto, la transferencia de conocimientos y el trabajo en equipo entre unidades de negocio.

A través de la introducción del tablero de mando y control se pueden completar los indicadores financieros tradicionales con criterios referenciados a las áreas de competencias, fundamentalmente clientes, trabajadores, procesos e innovaciones. También resulta de interés el procedimiento de aplicación práctica denominado "programa de los 12 puntos" para evaluar el estado de la gestión del conocimiento tanto en las grandes como en pequeñas y medianas empresas (PyMES). Este programa será explicado con más detalle en el Capítulo 7. Para la explotación y el aumento del capital de conocimientos, las empresas asignan cada vez más una creciente responsabilidad al ámbito directivo. El éxito de estos esfuerzos es satisfactorio cuando la dirección se declara partidaria de la gestión del conocimiento.

A través de la creación de un mercado de conocimientos en la empresa se articulan las ofertas y demandas, se pone en contacto a los oferentes y demandantes, se intercambian saberes y se fijan las condiciones de intercambio. Para esto, en primer lugar se debe conseguir la transparencia, "quién sabe qué en la empresa", por el lado de la oferta. A este respecto las empresas han creado, análogamente a las guías de teléfono, las denominadas "páginas amarillas" o "mapas de conocimientos". Cada vez más, cada trabajador o grupo de trabajadores puede incorporar sus competencias al sistema de información. A través del *benchmarking* abierto de las empresas, la competencia amistosa, etc., se identifican las mejores prácticas. Los centros de competencias efectúan una especie de empaquetamiento del *know-how*. Los oferentes de servicios internos de la empresa, suelen ser con frecuencia los departamentos centrales reestructurados, que compiten entre ellos y con oferentes externos. Se subrayan las *best practices* y las elevadas competencias profesionales.

Después de representar en forma transparente la oferta de conocimientos, hay que poner en contacto a demandantes y oferentes. A este respecto ganan cada vez más importancia las redes formales e informales. Mediante ferias, toma de contacto vía *intranet*, organización de conferencias, intercambio de experiencias, etc., se representan otras posibilidades para poner en contacto la oferta y la demanda de habilidades.

Para el éxito del consecuente intercambio de conocimientos o del desarrollo conjunto de éstos, es decisivo que existan intereses comunes de oferentes y demandantes. El intercambio y desarrollo de conocimientos puede ocurrir por medio de redes de competencia, proyectos cooperativos, rotación de personal, intercambio de manuales, así como por informaciones de procesos y clientes.

La experiencia enseña que un proceso de cambio combinado de arriba hacia abajo (*top down*) y de abajo hacia arriba (*bottom up*), apoyado por una técnica de información afín, promete un buen punto de partida para que una empresa introduzca la gestión del conocimiento. Por lo general, estas iniciativas deben tener en cuenta los siguientes aspectos:

- La dirección debe declararse claramente partidaria de la gestión del conocimiento: La estructuración y transferencia de saberes tienen gran significado para la protección de una capacidad de competencia sostenible de la empresa.
- Se deben reformar los sistemas directivos y de incentivos desde el punto de vista del conocimiento. En especial hay que desarrollar los correspondientes indicadores, para medir el éxito comercial desde el punto de vista de las habilidades.
- Hay que estructurar un proceso de mejores prácticas para la transferencia de los conocimientos dentro y fuera de la empresa.
- Se debe montar un sistema de información de tres niveles: "¿quién sabe qué?", foros de discusión (por *intranet*, mediante aplicaciones de *groupware*) y un banco de datos consolidado.

Con esta estrategia de introducción de la gestión del conocimiento se hace evidente el resultado a corto plazo, que apoya una estrategia a largo plazo de la gestión del saber.

Capítulo i
Hacia una sociedad del conocimiento

1.1 - Una nueva calidad de la competencia

El significado del recurso conocimiento en las organizaciones será cada vez más reconocido. Esto tiene validez tanto en el nivel microeconómico de la empresa como en el nivel macroeconómico[1]. Las condiciones básicas sociales y organizadoras para la generación y el aprovechamiento efectivo del conocimiento determinarán en el futuro próximo la capacidad de competencia de las empresas y de sus economías.

Actualmente, la mejor utilización del conocimiento existente en muchos lugares de la empresa puede conducir a un aumento muy significativo de la productividad y calidad. Un directivo entrevistado ha resumido estos aspectos de la siguiente forma: *"Si supiéramos lo que sabe nuestra empresa, entonces podríamos satisfacer mejor los deseos de los clientes, ofrecer productos innovadores con antelación, reaccionar más rápido a los cambios del mercado y aumentar nuestra productividad. Es decir, podríamos ser mejores en menos tiempo"*[2].

Siempre que el deseo de ser mejor, y más rápidamente, ponga la mira en un aumento de la eficiencia, los parámetros fundamentales de la competitividad no se cambiarán o sólo lo harán insignificantemente. Así compensa una empresa elec-

---

1   Véanse Nonaka y Takeuchi 1995, v. Krog y Venzin 1995, Probst et al., 1997, Stewart 1997, DIW 1997.
2   North, 1996.

trónica líder, a través de las transferencias de conocimientos entre las fábricas, una caída anual de precios de alrededor del 15% en los circuitos integrados. A través de la transferencia de las mejores prácticas (*best practices*) aumenta la productividad; sin embargo, la caída de precios no se detiene. Para evitar esto último, deben ser cambiados los parámetros de competencia a través de innovaciones. Deben colocarse en el mercado productos únicos y difíciles de imitar.

La gestión de la empresa orientada al conocimiento significa, por tanto, no sólo ser mejor más rápidamente, sino también indica un cambio hacia una nueva cultura empresarial e innovadora, resultado de procesos altamente complejos, que deben ser iniciados, organizados y sostenidos con largo aliento[3]. Debido al resultado de los cambios culturales causados por la nueva configuración de sus recursos, la empresa no será fácilmente imitable.

Los productos permiten ser imitados, dependiendo de su complejidad, a corto o mediano plazo. Construir el conocimiento organizacional, combinarlo de forma nueva, transferirlo, asegurarlo y de ahí generar soluciones para las necesidades presentes y futuras es difícilmente imitable y por tanto es una fuente de ventajas competitivas sostenible. En la competencia de conocimientos se premiará la capacidad para jugar con una interminable cantidad de posibilidades para encontrar nuevos caminos, siempre mejores, de hacer las cosas[4].

La gestión de la empresa orientada al conocimiento significa básicamente emplear el recurso saber para aumentar la eficiencia y renovar la calidad, generando saberes en base a las informaciones y transformando éstos en ventajas competitivas sostenibles, que llegarán a ser mensurables como éxitos comerciales.

---

3 Volkman, 1995: 25.
4 Romer, 1986.

Caso 1: Aprendizaje de errores. Ingeniería K&P

En dos oficinas se llevan a cabo cálculos estáticos para las construcciones civiles, con alrededor de 30 ingenieros. Sólo tienen éxito en este ramo, los ingenieros que realizan proyectos eficientes y aprenden rápido de los errores, destacándose como especialistas para temas específicos. En las mentes de los trabajadores se originan conocimientos altamente especializados sobre soluciones y sobre errores frecuentes y recurrentes de construcción. ¿Cómo pueden almacenarse estos conocimientos, hacerlos accesibles a todos y ser utilizados para la formación y perfeccionamiento de los colaboradores más jóvenes?

En K&P se documenta la información en el utilitario Lotus Notes haciendo referencia al objeto y al tema, tanto los errores de construcción ocurridos con frecuencia como las buenas soluciones. Si un trabajador tiene que llevar a cabo un cálculo estático para un nuevo objeto, puede informarse en Lotus Notes sobre defectos de construcción ocurridos con frecuencia, reconocerlos rápidamente, eventualmente evitarlo en la propia construcción y llegar a conocer elementos de una "buena solución". Se origina un conocimiento colectivo, accesible en general, de la oficina técnica.

Aunque la utilidad del banco de datos de soluciones es evidente, no es siempre fácil ganar a los trabajadores para alimentarlos con las informaciones necesarias para su trabajo: trabajan bajo gran presión de tiempo, los errores documentados en parte los han cometido ellos mismos y no desean que sean relacionados con esto. Su propia especialización eventualmente tendrá menor valor si otros también tienen acceso a las experiencias.

En K&P se ha tomado hasta ahora el camino de ganar a los trabajadores a través de comunicación y persuasión, para la alimentación de la base de datos. Con el aumento de información de esta base de datos, aumenta la utilidad para los trabajadores. Es decir que comienza a establecerse una cultura de aprendizaje de los errores.

Al reconocido potencial de la gestión de la empresa orientada al conocimiento se le oponen, en muchas empresas, considerables problemas de realización. A pesar de las exigentes tecnologías de información, bancos de datos, intercambios de experiencias, grupos de trabajo, comités de dirección, etc., muchas empresas no consiguen, u obtienen en forma insuficiente o con altos costes, hacer transparente el conocimiento, aprovechar las sinergias y, con ello, "no reincidir en el invento de la rueda".

A menudo es más fácil descubrir, sobre todo en las grandes empresas, qué es lo que la competencia realiza o planea obtener: por ejemplo, información acerca de los desarrollos que se llevan a cabo en otro ámbito comercial de la propia empresa. Si ya es un desafío trabajar en equipo dentro de un segmento comercial, tanto más difícil es cooperar más allá de éste con el objetivo de transformar rápida y eficientemente todo el saber disponible en soluciones de problemas para los clientes.

Las formas de organización multidivisional de las grandes empresas se oponen frecuentemente a un libre flujo de conocimientos por encima de las barreras autoimpuestas[5]. Así es que se argumenta que una organización difícilmente pueda producir una eficiente transferencia de conocimientos dentro de la lógica de una organización jerárquica y multidivisional. Es un hecho que junto a las estructuras organizacionales se construyen barreras que tienen en cuenta los valores existentes. Con frecuencia los sistemas de evaluación y remuneración orientados individualmente ofrecen pocos incentivos para construir y repetir encauzadamente los conocimientos.

Sin embargo, una creciente concientización en los trabajadores y directivos se opone a estos obstáculos en muchas empresas, ya que "la organización e intercambio de conocimientos es vital para nuestro negocio y nos lleva adelante".

---

5   Hendlung, 1994.

Esta conciencia, desarrollada en los directivos y en los trabajadores, es una buena condición previa para un proceso de cambio hacia una nueva calidad de competencia.

El camino hacia la empresa orientada al conocimiento comienza con dos preguntas básicas:

1. ¿Qué conocimientos tenemos actualmente y cómo podemos aprovecharlos de forma óptima?
2. ¿Qué conocimientos necesitaremos en el futuro y cómo podemos conseguirlos o desarrollarlos?

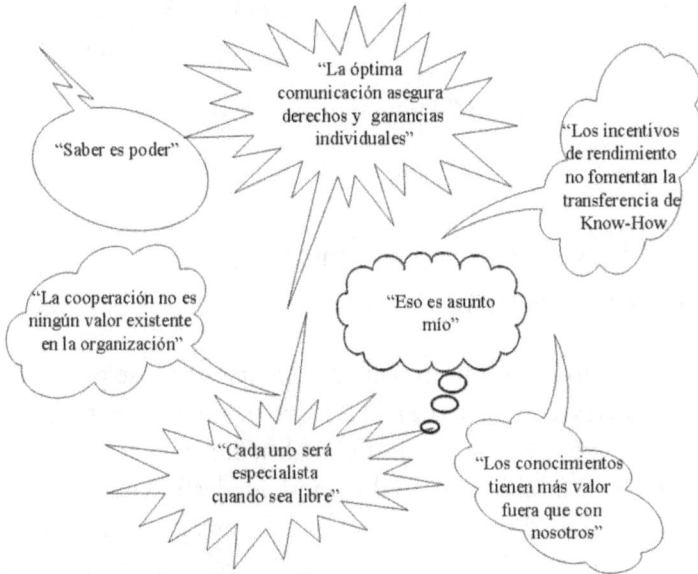

Figura 1.1 Impedimentos en la organización y transferencia de conocimientos

La respuesta a estas preguntas nos lleva a:

- Generar nuevos productos y campos de negocio.
- Aumentar la eficiencia.
- Asegurar el atractivo para los accionistas.

No obstante, antes de poder desarrollar las respuestas a estas preguntas debemos entender por qué, precisamente en estos tiempos, el recurso saber gana tanto significado y cómo los conocimientos pueden ser eficaces competitivamente.

¿Qué conocimientos tenemos actualmente y cómo podemos aprovecharlos de forma óptima? → Generar nuevos productos y campos de negocio ← ¿Qué conocimientos necesitamos en el futuro y cómo podemos conseguirlos o generarlos?

→ Aumentar la eficiencia ←

→ Asegurar el atractivo para los accionistas ←

Figura 1.2 Preguntas básicas de la gestión
del conocimiento.

1.2 - EL SABER COMO RECURSO CLAVE
DE LA ERA POSINDUSTRIAL

El aumento de la importancia del recurso saber se puede atribuir a tres conceptualizaciones evolucionantes y recíprocamente dependientes, que individualmente expresan:

- El cambio estructural de actividades intensivas en trabajo y capital, para las tareas intensivas en información y conocimientos significa que las empresas venden cada vez más informaciones, conocimientos, productos y servicios inteligentes. Este cambio estructural conduce a distintas formas de organización en la empresa, que tienen que ver con una nueva comprensión de los roles de los directivos y de los trabajadores.

- La globalización de la economía modifica la división internacional del trabajo. Los países actualmente calificados como naciones industriales se convertirán en naciones sabias. La producción física tiene lugar cada vez más en los países emergentes y en vías de desarrollo. Los procesos de aprendizaje internacionales se aceleran de forma tal que nuevos competidores hacen su aparición en el mercado en un período de tiempo más corto.

▪ Las tecnologías de comunicación e información posibilitan, aceleran y transparentan la información a nivel mundial y con costos bajos. Nos acercamos con ello un paso más a una competencia idealizada de "información perfecta". De ello resultan cambios de mercado más rápidos y velocidades de innovación más altas, que se manifiestan en caídas de precios, ciclos más cortos de vida del producto, individualización de las necesidades de los clientes y nacimiento de nuevos campos de negocio, entre otras modificaciones. Las tecnologías de la información y de la comunicación representan, por decirlo de alguna manera, el impulso que incita al cambio estructural y a la globalización[6].

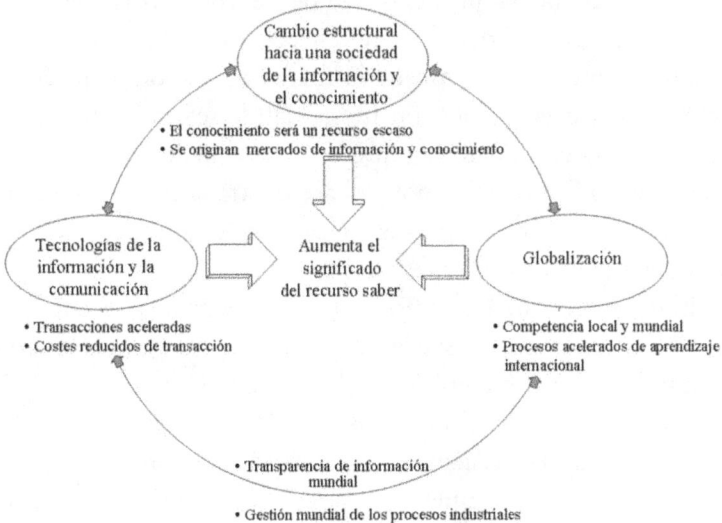

Figura 1.3
Tres conceptos que apuntalan el saber productivo.

6 Para obtener una visión general sobre los desarrollos de las tecnologías de información y comunicación bajo el punto de vista económico véase Picot et al., 1998.

1.2.1 - UN CAMBIO ESTRUCTURAL
HACIA UNA SOCIEDAD DEL CONOCIMIENTO

En su análisis de la sociedad poscapitalista Peter Drucker, 1993, declara que la productividad de los conocimientos, será en creciente medida, el factor determinante para la posición competitiva de un país, una región o una empresa[7]. El cambio hacia una sociedad de la información y el conocimiento global se tiene también en cuenta el concepto del quinto ciclo de Kondratieff[8]. El economista ruso Kondratieff ha establecido que el desarrollo económico de las naciones industriales se puede describir en períodos de 40 a 60 años, coincidiendo cada comienzo de una fase con una innovación clave. En esta evolución económica, en forma de ola, se suceden respectivamente prosperidad, recesión, depresión y recuperación.

Mientras que la primera ola, desde comienzos del siglo XVIII hasta mitad del siglo XIX, se basaba en el conocimiento sobre el aprovechamiento de la fuerza del vapor, a través de ella comenzó la Revolución Industrial; la segunda ola, desde mitad hasta el final del siglo XIX, aprovecha los conocimientos sobre la fuerza del vapor y el acero para la construcción de ferrocarriles, así como para la navegación, y cambió con ello la infraestructura europea.

El tercer ciclo de Kondratieff comienza a principios del siglo XX y se mantiene hasta la erupción de la Segunda Guerra Mundial y se caracterizó por los conocimientos sobre química y electricidad. En esta fase comienza también los avances innovadores básicos del automóvil. La producción en masa se impone, y aumenta la capacidad adquisitiva en forma masiva. La cuarta ola, que comenzó tras 1945 y que culminó a comienzos de los años setenta, trajo la televisión y el transporte masivo terrestre y aéreo. Con este ciclo de Kondratieff

---

7 Drucker 1993 y 1997, véase también Hope y Hope, 1997.
8 Nefiodow 1990, véase también Klodt et al.

comenzó la amplia subida en la economía mundial. Las economías políticas dirigentes de Occidente organizaron sus sectores de producción sobre números elevados de piezas y elevados incrementos de la productividad del trabajo, con alto empleo de energía y materia prima.

Hay muchas señales que indican que nos encontramos a comienzos de una nueva ola, el quinto ciclo de Kondratieff, en el que ya no se considerará al capital y al trabajo como recursos escasos, sino que se considerará a la información y a los conocimientos de ella derivados como recursos escasos y, por tanto, valiosos para la sociedad o la empresa. La información es la materia prima de la que se originan los conocimientos, y las informaciones constituyen el medio por el que se comunican y transportan éstos. El valor de los productos nacionales se determinará cada vez menos por la producción física pura. El contenido de materia prima y la intensidad de energía de los productos nacionales disminuye. Los bienes materiales pierden peso frente a los bienes inmateriales. La fuerza muscular será reemplazada por la fuerza mental[9].

Según Wilke[10], puede hablarse de una sociedad sabia o una sociedad basada en los conocimientos cuando las estructuras y procesos de la reproducción material y simbólica de una sociedad estén tan imbuidos de operaciones dependientes de los saberes, que la elaboración de la información, el análisis simbólico y los sistemas expertos tengan preferencia frente a otros factores de producción.

Las inversiones inmateriales en investigación, desarrollo, formación y perfeccionamiento, *software*, así como en el aumento de efectividad de los procesos de gestión y del suministro de información serán indicadores decisivos para la capacidad futura de rendimiento de una economía política. Además, se trata de gastos que, a través de la extensión de las

---

9 Klodt et al., 1997: 1.
10 Wilke, 1997: 6.

bases de conocimientos, contribuirán a aumentar el potencial productivo. Aunque cumplen con todas las características de gastos, estas inversiones inmateriales no serán contabilizadas en la factura global de la economía política como tales, con la excepción de gastos en *software*, banco de datos, valores de derechos de propiedad intelectual susceptibles de protección, sino como consumo o demanda intermedia de iniciativa estatal o privada. De este modo se subvalora sistemáticamente la inversión total en las previsiones futuras, fijando señales falsas para la política fiscal[11].

El cambio estructural hacia una sociedad de la información y el conocimiento también está acompañado de un profundo cambio en las relaciones de trabajo. "El status de la actividad lucrativa es cada vez más raro en un empleado, y cada vez más frecuente el de un comisionista, coempresarios o pequeño empresario. En consecuencia, no se cuenta por regla general con una seguridad del trabajo cimentada estatalmente o por convenios colectivos, ni tampoco con profesiones en las que se aprende como si fueran productos terminados que se ejercen con exclusividad toda la vida. Para ello, cada vez más, existe una ilimitada libertad de formación individual y una flexibilidad para toda su vida laboral. Las condiciones de trabajo –obligaciones, tiempos, lugares, marcos organizativos, etc.– son por regla general objeto de decisiones independientes o de negociaciones individuales, tanto con los clientes como con los compañeros de trabajo. La tendencia indica que se remunerarán según el tiempo de presencia sólo aquellas actividades en las que éste sea realmente decisivo; por regla general los pagos se harán efectivos según criterios de rendimiento o de éxito, o simplemente según la disponibilidad de ciertos potenciales en cuanto a capacidades y relaciones"[12].

---

11 Deutsches Institut für Wirtschaftsforschung, 1997: 387.
12 Lutz, 1997: 131.

Si las informaciones y los conocimientos de estas actividades son bienes escasos, entonces se debería desarrollar un mercado para estos bienes en el que la oferta y la demanda se equilibren por mecanismos de compensación del mercado[13]. Actualmente se está percibiendo cómo internet se convierte en un mercado de información mundial líder, como ya lo ha descrito Dertouzos, el investigador del MIT, en 1991: "Por mercado de información entiendo la reunión de personas, ordenadores, comunicaciones, software y servicios que están involucrados en las transacciones interorganizacionales e interpersonales de información del futuro. Estas transacciones contienen la elaboración y la comunicación de informaciones bajo los mismos motivos económicos que hoy estimulan los mercados tradicionales de bienes materiales y servicios"[14].

Rayport y Sviokla[15] hacen referencia al "espacio de mercado", en el que se comercian informaciones y se crea valor, en contraposición al "lugar o sitio de mercado", en el que se comercia con productos físicos. Las cadenas físicas de creación de valor se van constituyendo, y en el futuro se sustituirán, con cadenas o redes de creación de valor virtual[16]. "Estas redes de creación de valor son sistemas autoorganizados de elaboración de la información, que satisfacen las exigencias estratégicas centrales del futuro, llamada "inteligencia organizacional". Es decir, que se produce la transformación rápida e íntegra de los conocimientos existentes y nuevos, en utilidad adicional para los clientes. Para ello se ocupan no sólo del aprovechamiento óptimo de las técnicas de información y comunicación, sino también del cuidado consciente de la confianza, de la calidad

---

13 Véase la discusión de Earl (1997) acerca de si los conocimientos, bajo el punto de vista económico, tienen las características de un bien escaso o de un bien público.
14 Dertouzos, 1997: 10.
15 Rayport y Sviokla, 1995.
16 Véase Wüthrich et al., 1997.

de las relaciones personales y de las redes informales, todas condiciones previas de la inteligencia organizacional"[17].

En este caso la tendencia indica que los inversores orientados al futuro inviertan en empresas intensivas en información o saberes, donde el valor de una empresa se define cada vez más por su capital de conocimientos y cada vez menos por el valor contable determinado por su patrimonio físico. Así podemos reconocer desde los años ochenta una evolución continua del valor contable y valor bursátil de las empresas. Empresas como SAP o Microsoft se valoran en la Bolsa con el décuplo de su valor contable.

En los países de habla inglesa, para explicar las diferencias de ambos valores, se ha acuñado el concepto del llamado *activo intangible* (intangible assets). Los elementos de este activo inmaterial son los nombres de las marcas, las bases de clientes y de proveedores, conocimientos de mercado, así como las competencias individuales y colectivas de solución de problemas que se almacenan en la organización, en los trabajadores, en tecnologías, *software*, procesos de producción, patentes, etcétera[18]. Por tanto no es sorprendente que precisamente junto a las empresas de *software*, los fabricantes de marcas y de productos intensivos en conocimientos, como por ejemplo los medicamentos, muestren un patrimonio inmaterial creciente.

En el quinto ciclo de Kondratieff los inversores valoran cada vez menos los procesos de cómo se originan determinados productos basados en recursos físicos, y cada vez más de cómo de informaciones se originan conocimientos, y cómo éstos son transformados en éxitos comerciales. Es decir que aumenta la demanda de la "empresa inteligente" en un contexto global[19].

---

17 Lutz, 1997: 131.
18 Sveiby, 1997 y 1998.
19 Quinn, 1992.

Tasa de crecimiento agregado de todos los sectores	

Tasa de crecimiento de los sectores dominantes	

	1700 - 1820	1780 - 1890	1870 - 1945	1935 - 1975	1970 - 20XX
Sectores de crecimiento dominante	Energía hidráulica tráfico marítimo, canales	Carbón, acero, máquina de vapor, ferrocarril, equipos mecánicos	Automóvil, camión, industria química, procesos metalúrgicos	Producción de electricidad, energía nuclear, aeronaves, radio, televisión, ordenadores.	Telecomunicación y navegación satelital, fibra óptica, robotización.
Nacimiento de nuevas tecnologías	Energía de vapor, mecánica	Electricidad, química, telegrafía, motor de combustión y eléctrico	Electrónica, turbinas, tecnología aeronáutica, informática.	Microchip, transferencia digitalizada de las comunicaciones	Biotecnología, inteligencia artificial, economía mundial
Organización industrial	Industria artesanal de empresas con especialización flexible	Industria de fabricación masiva de materias básicas	Industria de fabricación masiva de productos estandarizados	Fabricación masiva de productos con diferenciación de productos	Redes de producción con especialización flexible para la diferenciación de productos
Modelo de gestión	División del trabajo por especialización intensificada	Ventajas cuantitativas en producción de materias básicas	Realización de las ventajas cuantitativas en la fabricación de productos	Crecimiento de la negociación en la fijación del precio por diferenciación de productos	Aumento de la negociación en la fijación del precio por intensificación de innovación

Klodt et al. 1997, p. 63, basado en Grübler y Nowotny (1990) y van Duijn (1983)

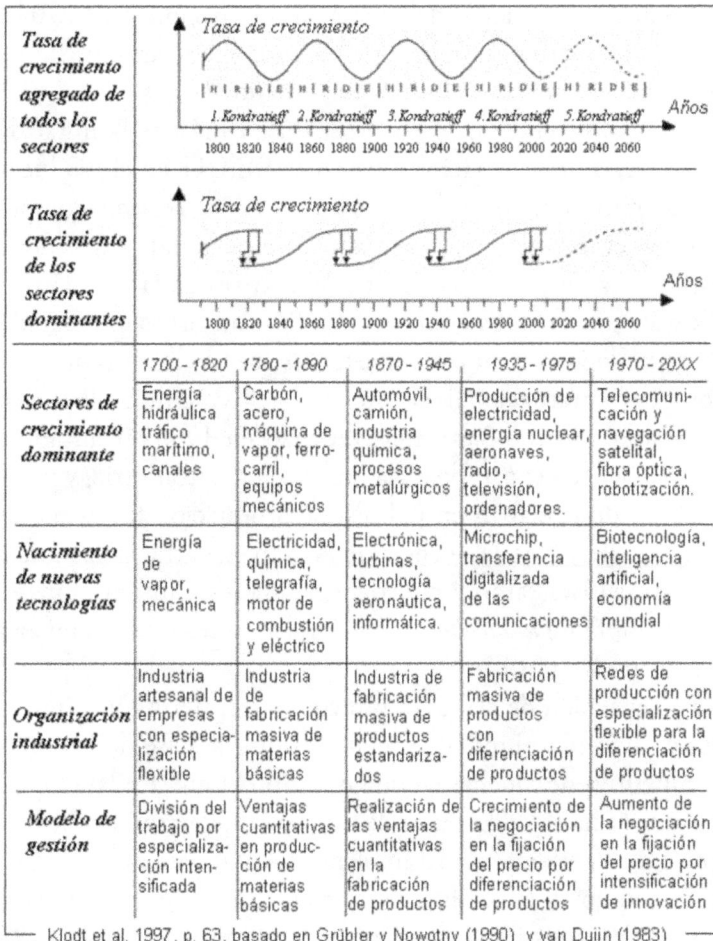

Características de las fases del ciclo de Kondratieff

1.2.2 - Redes mundiales de conocimiento

La disponibilidad mundial de informaciones, así como las posibilidades eficientes de comunicación y a buen precio, han conducido a un crecimiento explosivo del comercio mundial y de las inversiones extranjeras directas con el aumento de la participación de distintos países. El lema de la globalización simboliza un aumento del comercio internacional del 270%, así como una quintuplicación del flujo de las inversiones extranjeras directas en los últimos 10 años[20].

En una generación se ha reducido en más de la mitad la parte del producto nacional bruto de EE.UU. en el producto bruto mundial, pasando del 50% al 23%. Nuevos competidores empujan en el mercado internacional y aprenden rápido. La empresa electrónica ACER, fundada en 1976 en Taiwán con 11 trabajadores, aprendió a un ritmo muy rápido a través de *joint-ventures* y convenios, siendo hoy un productor líder internacional de ordenadores y semiconductores. El grupo coreano Samsung comenzó en 1995 sin ninguna experiencia en el campo de la producción automotriz, y ya en 1998 se desplazaban en la línea de producción los primeros automóviles, bajo la licencia de Nissan. La atracción masiva de especialistas automovilísticos japoneses e internacionales y la compra de *know-how* a través de asesores internacionales hicieron esto posible.

La capacidad de elaborar, proteger y transferir conocimientos en una red mundial será en el futuro la base de la fuerza competitiva de muchas empresas. ABB pertenece a las empresas que se han dado cuenta de esto (pero que también luchan con las dificultades de su implementación). Así declaró Sune Karlsson en su función como director del segmento de ABB Power Transmission: "Nuestra mayor fuerza es que tenemos 25 fábricas alrededor del mundo, cada una con su propio gerente, director de desarrollo, director de marketing y director de producción. Estas personas trabajan diariamente en los mismos problemas. Queremos conseguir un proceso continuado de transferencia de conocimientos. Cuando lo consigamos, tendremos una ventaja que ninguno de nuestros competidores podrá conseguir"[21].

---

20 World Trade Organization, 1996: 14.
21 Traducción según Peters, 1992: 51.

En la nueva división del trabajo internacional gana creciente importancia la comercialización de informaciones y conocimientos consustanciados, empaquetada en productos y servicios, frente al aprovechamiento de diferencias de costes de las economías de escala, que caracterizaban la división internacional del trabajo en el cuarto ciclo de Kondratieff. En el período de 1985 a 1995 aumentó la exportación mundial de bienes alrededor de 2,5 veces, la exportación de servicios alrededor del triple y los pagos de licencias, como medida para la venta de propiedades intelectuales, en cerca de cuatro veces. En la exportación de mercancías se oculta una parte creciente de productos semielaborados y productos terminados, que se proporcionan a través de las redes de proveedores y se montan en los productos finales[22].

Las hasta ahora naciones industriales se convertirán en cierto modo cada vez más en naciones sabias, gracias a que las empresas disponen de los conocimientos de mercado internacionales que les permiten desarrollar nuevos conceptos de producto, organizan procesos de producción internacionales, así como dirigen la logística internacional de la cadena de abastecimiento internacional (*supply-chain*). La producción física y también parcial del desarrollo de componentes de producto tiene lugar en los nuevos países industriales, descritos hasta ahora como países emergentes. Este concepto de empresario de la división internacional del trabajo está descrito en el ejemplo siguiente[23].

Caso 2: "Empresarios" organizan redes mundiales de la producción

La exigencia de presencia global con empleo reducido de capital conduce a un cambio de fabricantes con grandes fondos de producción hacia un "empresario de la producción", es decir, aquel que emprenda y actúe mundialmente desarro-

---

22 World Trade Organization, 1996: 14.
23 Véase North, 1997.

llando conceptos de producto, pidiendo la ejecución de módulos de productos a proveedores de sistemas, coordinando la producción de piezas y el montaje en un sistema de producción internacional y que se haga responsable de la venta de los productos. El poder de los empresarios de producción se halla en sus conocimientos mundiales sobre mercados, técnica e innovaciones. Para organizar mundialmente el desarrollo de productos, la producción y venta, el empresario tiene que estar en condiciones de transferir conocimientos importantes a lo largo de la cadena de creación de valor, es decir, dirigir y apoyar logísticamente un proceso de aprendizaje internacional.

El concepto de empresario de producción se ha impuesto sobre todo en las ramas de la industria automovilística, textil y electrónica.

Así se basa, por ejemplo, el concepto multidoméstico para los vehículos industriales de Mercedes Benz para con el conocimiento de los mercados, sobre todo en los países en vías de desarrollo, donde los mismos no pueden ser ganados con vehículos de alta tecnología producidos con los costos de Alemania y que son vendidos sobre la base del dólar. Para estos mercados de crecimiento solo son adecuados los camiones que se adaptan al poder adquisitivo y a las condiciones de utilización local conteniendo la mayor cantidad posible de piezas de la producción que allí se realiza. La idea básica puesta en marcha es que Mercedes se deshace cada vez más de los riesgos de inversión y producción para desplazarse más en el ámbito mundial hacia el rol de proveedor de know-how, logística y diseño[24].

En la fábrica de Volkswagen en Resende (Brasil) se implanta localmente el concepto de empresario de producción. Con el concepto "consorcio modular" los proveedores se convierten en competentes para la producción de pequeños camiones

---

24 Conforme a "Die Zeit" 04/12/92.

y autobuses. Ocho firmas ensamblan los vehículos con su propia fuerza de trabajo, en tanto que Volkswagen se limita fundamentalmente al soporte logístico y al marketing. En los 37.000 m² de superficie industrial cubierta, líneas marcadas en el suelo separan una firma de proveedores de otra. En el acabado completo de la producción deben ser terminados diariamente 100 camiones con 1.500 trabajadores, de los cuales sólo 200 están en la nómina de sueldos de VW. De los 300 millones de U$S de costes de inversión, 250 millones de U$S son asumidos por VW; el resto se reparte entre los proveedores, que deben tomar parte en el proyecto por un mínimo de 5 años[25].

También Benetton actúa como empresario de producción. Sólo el 20% de la producción total procede de su propia empresa. El restante 80% proviene de firmas ajenas, especializadas en actividades laborales intensivas. En contraposición, las actividades de alta calidad y técnicas están considerablemente centralizadas. Las empresas ajenas o subempresas son independientes, pero utilizan el diseño y siguen las instrucciones técnicas fijadas por la casa Benetton llegando a convertirse, en la mayoría de los casos, en sus proveedores exclusivos. La familia Benetton participa en el capital de algunas de las mayores subempresas. Las redes de venta están organizadas en un sistema escalonado de franquicias. Alrededor de 70 firmas independientes trabajan como vendedores de zona para el grupo. Los más de 3.000 puntos de venta son llevados por empresas independientes como socios de franquicia. Benetton es mundialmente responsable para el marketing, cuenta con los vendedores de zona y la información de los datos de venta y de mercado, lo que hace que su posicionamiento a través del concepto de franquicia le permita crecer rápidamente con poco capital propio[26].

---

25 DPA Meldung, 1996.
26 Conforme a Fornengo Pent 1992: 223-224. Para el concepto de "impresario de producción" véanse North, 1997, así como North y Aukamm, 1995.

El recurso saber es cada vez más crítico para la decisión del emplazamiento de la empresa. Se trata tanto de la elaboración de conocimientos como de la disponibilidad de los adecuados trabajadores calificados y empresas proveedoras. Tiene sentido investigar, desarrollar o producir allí donde más se pueda aprender. Bajo este punto de vista es que Honda ha establecido su centro de desarrollo europeo en Alemania, en tanto que empresas alemanas investigan y desarrollan en el campo de la técnica genética en los EE.UU., y no es difícil predecir que, en el futuro, en la elección del emplazamiento internacional tendrá menos importancia el aprovechamiento de las ventajas comparativas originado por el análisis de los costes tradicionales que el aprovechamiento de las ventajas comparativas en conocimientos.

También en la gestión operativa de las empresas internacionales juega un papel cada vez más importante la elaboración y transferencia de conocimientos. Con respecto a esto hay que tomar decisiones sobre dónde se constituirá qué conocimientos y cómo pueden ser transferidos eficientemente los conocimientos en los sistemas de empresas. Las empresas transnacionales se convertirán, con sus clientes y proveedores en redes de conocimientos internacionales.

1.2.3 - CARACTERÍSTICAS DE LAS EMPRESAS INTELIGENTES

Las informaciones, como factor de producción, no tienen un valor intrínseco, dado que éste se origina en primer lugar, a través de la transformación y el empleo de estos conocimientos en la empresa[27].

¿Qué características tiene entonces una empresa de este tipo, que transforma los conocimientos en éxitos comerciales? La empresa orientada al conocimiento se distingue de las empresas tradicionales por una serie de características que se describen mediante distintos tipos de elementos instrumentales,

---

27 Picot et al.; 1996: 425.

como por ejemplo el test de inteligencia de empresas, citado en el Apéndice.

En especial, las empresas se convierten en inteligentes cuando cumplimentan las exigencias diferenciadas de los clientes. La empresa inteligente equilibra la caída de precios, para los productos o servicios estándares, con la oferta de soluciones complejas integradas. Esto tiene importancia, por ejemplo, en la industria suministradora de componentes para la oferta de módulos y sistemas, en contraposición a la producción de partes o componentes individuales. Si bien en el asesoramiento empresarial se aconseja la introducción de productos estándar para bajar la presión de precios, en el caso de los proyectos empresariales con componentes esencialmente estratégicos se requieren más conocimientos y, por ello, están mejor remunerados. Los mercados con altas velocidades de innovación y cortos ciclos de vida de productos requieren una rápida estructuración y transferencia de los conocimientos.

La empresa inteligente ofrece soluciones para los problemas de los clientes, que cada vez son menos intensivas en trabajo y capital, y cada vez más intensivas en conocimientos, difícilmente imitables, o bien no sustituibles actualmente o a corto plazo. También la capacidad de imitar eficientemente, bajo el lema "imitando somos imbatibles", puede ser una estrategia de competencia con éxito.

Además rápidamente se generan nuevos campos de negocio y se desarrollan productos más efectivos que los que hace la competencia. Los inversores de las empresas inteligentes están interesados en un aumento continuo del valor del activo inmaterial de la empresa.

Mientras que en las empresas tradicionales los conocimientos son tratados con frecuencia como informaciones, que son divisibles y almacenables a voluntad, como si fueran alimentos congelados, para la empresa inteligente crece en importancia la estructuración y transferencia de los mismos, tanto de un proceso de aprendizaje individual como colectivo. Los trabajadores de una empresa de este tipo pueden decir por sí mismos con razón: aprendemos rápidamente de otras empresas, transferimos los conocimientos hacia y desde nuestros clientes, proveedores, socios de alianzas y competidores.

Las empresas inteligentes están caracterizadas sobre todo por las condiciones básicas que permiten a las "plantas de conocimientos" crecer y desarrollarse en la empresa. A este respecto hablamos también de una ecología del conocimiento. Los valores fundamentales y existentes en una organización de este tipo son confianza, libertad para las innovaciones y autenticidad. Este último valor garantiza que los trabajadores sean apoyados en las soluciones no convencionales, gozando de libertad tanto en su forma de actuar como en su forma de organizar el trabajo. Un ejemplo de ello son los especialistas en *software* altamente remunerados, que frecuentemente se mueven en un ambiente de oficina no convencional y que pueden permitirse sus "tics", porque son creativos y fomentan la libertad de su creatividad.

La nueva generación de modelos de empresa enfatiza el significado de los conocimientos para el éxito comercial, donde los principios directivos y los sistemas de incentivos tienen que crearse de tal forma que remuneren no solamente los resultados individuales, sino fundamentalmente la contribución al éxito conjunto de la empresa. De ahí se origina un interés no sólo para producir un buen resultado para la propia unidad, sino también para ayudar a otras unidades empresariales, clientes y proveedores a ser mejores. Mientras que en las empresas tradicionales no existen indicadores para la estructuración y transferencia de conocimientos, las empresas inteligentes miden ambas, relacionándolas con los objetivos comerciales. La gestión del saber separada de los objetivos comerciales no tiene sentido y se manifiesta fundamentalmente a través del aumento de los indicadores no financieros referidos a clientes, colaboradores y procesos frente a los indicadores financieros tradicionales.

Un cambio sustancial frente a las empresas jerárquicas tradicionales es el hecho de que en las empresas inteligentes, se remunera de forma equivalente las posiciones de *management* y las posiciones de expertos del conocimiento. Mientras que en la empresa tradicional se necesita un cierto número de trabajadores o la responsabilidad para ascender a una posición de jefe de departamento, en la empresa inteligente se alcanza su posición por los conocimientos que se poseen y transmiten a otros, la capacidad de conducir a otros trabajadores en la adquisición de conocimientos y la capacidad individual de aprender y demostrar la especialización externamente. La posición de soporte de conocimientos debe ser continuamente renovada. Lo que es válido para la empresa, es válido también para nuestra sociedad.

En el caso empresarial, estas condiciones básicas se transforman en operativas a través de un mercado de conocimientos en la empresa, en el que la oferta y la demanda deciden sobre la construcción e intercambio de conocimientos. La empresa inteligente consigue transparencia: quién sabe qué, dentro y fuera de la empresa. La transferencia y desarrollo de conocimientos se orientan hacia los mismos intereses, las mejores prácticas y los expertos ofrecen un incentivo permanente para la imitación o bien para el enfrentamiento en una competencia amistosa.

En nuestra visión de una empresa sabia, múltiples soportes y medios apoyan las tareas operativas. Un proceso de transferencia de conocimientos en una empresa de este tipo está definido del mismo modo en que están estructurados los desarrollos de nuevos campos de negocio, productos y procesos.

Los conocimientos de la organización se empaquetan en redes de aptitudes que también son competentes para la división y protección de los conocimientos. La lealtad de los trabajadores a estas redes de competencia (*communities of practice*) es a menudo mayor que a una unidad comercial específica de la empresa. En las empresas inteligentes, múltiples proyectos cooperativos fuera de los límites de la esfera funcional o comercial fomentan el trabajo en equipo. Las empresas inteligentes efectúan un intensivo *benchmarking* –tanto interno como también externo– donde ponen de relieve las *best practices*, su distribución y cuestionamiento; también deciden si se utilizan o no en las unidades individuales. Es decir que existe un proceso eficiente de mejora continua. El síndrome de "no inventado aquí" es reemplazado por el principio "robar ideas es desvergonzado" propagado por Motorola. La formación y perfeccionamiento tienen, en este tipo de empresa, una gran importancia. Ahí se dirigen los procesos de aprendizajes individuales y colectivos orientados a la demanda, se ejercita el trabajo en equipo y la transferencia de conocimientos por encima de las unidades comerciales. Los trabajadores ya no son "mandados" a formación de perfeccionamiento, sino que dirigen activamente su propio proceso de aprendizaje.

Mientras que en las empresas jerárquicas tradicionales a menudo no se ven con buenos ojos los contactos informales –"con los colegas de la filial mejor que no hable, ya que nos podrían quitar el negocio"–, en las empresas inteligentes se fomentan los contactos informales y el trabajo en equipo, entre otras cosas, a través de ferias de contacto, bolsas de información, creación de cantinas, salones de descanso y otras posibilidades de encuentros informales. No todas las posibilidades de comunicación electrónica se implementan para posibilitar una reunión y conocimiento personal de los trabajadores. En este tipo de empresas la disposición de las oficinas y la creación de espacios sociales y de trabajo favorecen la comunicación de los trabajadores.

Un elemento importante de las empresas inteligentes es la tecnología de la información y la comunicación. Une a todos los socios de la organización, así como a clientes importantes, proveedores y otras fuentes externas de conocimientos. Los medios electrónicos se utilizan intensivamente para las discusiones y transferencias de conocimientos. Los bancos de datos e *intranet* están a la disposición para un acceso actualizado, completo e integrado a informaciones relevantes, por encima de las barreras de las unidades comerciales y de las unidades funcionales. Los medios son favorables a los usuarios, permiten aprenderlos fácilmente o se ajustan a la forma de trabajo individual.

El lector puede objetar que una empresa como la anteriormente mencionada no existe en la realidad, o que estas utopías tampoco tendrán posibilidades prácticas en el futuro. No obstante, se puede decir que ya son muchas las empresas que concuerdan con los criterios aquí detallados, o que han tomado medidas para aproximarse a esta visión. Una firma con mucho éxito, desde este punto de vista, es General Electric, que en su reestructuración hacia la empresa orientada al conocimiento está ya muy avanzada y de la que repetidas veces encontraremos referencias en este libro. También los fabricantes de audífonos Phonak de Suiza y Oticon de Dinamarca muestran muchas de las características de una empresa inteligente. La enumeración podría seguir con Buckman Laboratories y Sequent Computers en EE.UU., KaO en Japón, Semco en Brasil y la empresa MLP de prestación de servicios financieros en Alemania.

En cambio, la empresa inteligente significa para los empleados y directivos formas de trabajar y roles cambiados, como fue descrito entre otros por el representante líder del aprendizaje organizacional[28]. En este nuevo contexto organizacional, los trabajadores deben estar en condiciones de "aprender a aprender". Deben tener como competencias básicas, junto a su competencia técnica, la capacidad de tratar con nuevas

---

28 Véanse entre otros; Senge, 1990, Probst y Büchel, 1994, Picot et al., 1998: 467.

técnicas de elaboración de información, y estar en condiciones de conseguir rápidamente informaciones, así como de poder transformarlas en conocimientos. Se espera de ellos una acentuada capacidad de comunicación y una habilidad para la autogestión, así como la capacidad de pensar creativamente y de resolver por ellos mismos los problemas. Las competencias sociales o las "aptitudes de equipo" incluyen saber negociar en el grupo, resolver conflictos, trabajar en situaciones de estrés y con comportamientos inesperados de otros y compartir el cumplimiento de las tareas[29]. Los directivos son responsables ante todo de la creación de las condiciones organizacionales básicas, como también de la fijación de los objetivos y de medir el logro de los objetivos por los amplios criterios de una empresa inteligente. Ellos mismos son soportes de conocimientos, expertos, sea en un tema específico, sea para guiar a otros en el aprendizaje, sea para proporcionar objetivos y valores.

Éste es un modelo muy útil para efectuar el análisis del posicionamiento de la empresa respecto de la gestión del conocimiento y de su plan de apoyo.

Clasifique a su empresa, departamento o competidor en comparación con la media de las empresas de su sector de actividad.

Escalas:

1: deficiente, mucho peor que la media;
2: insuficiente, poco peor que la media;
3: satisfactorio, en comparación con la media;
4: bueno, mejor que la media;
5: excelente, mucho mejor que la media.

---

29 Picot et al., 1998: 456.

Tabla 1.1 - Test de inteligencia

	Capacidad de vigilar	Capacidad de respuesta	Capacidad de resolver problemas	Capacidad de aprender
Mercados	Lo que ocurre en los mercados	Ante nuevas tendencias del mercado	En los nuevos mercados	De los mercados
	1 2 3 4 5	1 2 3 4 5	1 2 3 4 5	1 2 3 4 5
Competidores	Lo que hacen los competidores	Ante nuevas ofertas de los competidores	Conjuntamente con los competidores	De los competidores
	1 2 3 4 5	1 2 3 4 5	1 2 3 4 5	1 2 3 4 5
Clientes	Lo que están pidiendo los clientes	Rápida y concisa ante la consulta de los clientes	Anticipar, detectar y resolver problemas de los clientes	De los clientes
	1 2 3 4 5	1 2 3 4 5	1 2 3 4 5	1 2 3 4 5
Productos	Nuevos desarrollo en marcha	En la introducción de nuevas funcionalida- des o nuevos productos	Dentro de un plazo, de forma efectiva y eficiente	De los productos de mi empresa
	1 2 3 4 5	1 2 3 4 5	1 2 3 4 5	1 2 3 4 5
Procesos	Nuevas formas de hacer	Ante la aparición de nuevos procesos	De proceso	De los procesos
	1 2 3 4 5	1 2 3 4 5	1 2 3 4 5	1 2 3 4 5
Colaboradores	Qué hacen sus colaboradores y con quién	Ante las inquietudes de los colaboradores	De los colaboradores	Conjuntamen- te con los colaboradores
	1 2 3 4 5	1 2 3 4 5	1 2 3 4 5	1 2 3 4 5
Proveedores	Qué hacen sus proveedores y para quién	Ante las propuestas de los colaboradores	De los proveedores	Conjuntamente con los proveedores
	1 2 3 4 5	1 2 3 4 5	1 2 3 4 5	1 2 3 4 5

Klaus North y Roque Rivas

Tabla 1.1 - Test de inteligencia (continuación)

	Capacidad de crear / innovar	Memoria organizativa	Cultura, actitudes y comportamientos	Capacidad de exportación de conocimiento
Mercados	Nuevos mercados	De la evolución de los mercados	Con respecto a las relaciones con el mercado. Asociaciones	A nuevos mercados
	1 2 3 4 5	1 2 3 4 5	1 2 3 4 5	1 2 3 4 5
Competidores	En relación con los competidores	De la evolución de los competidores	En las relaciones con los competidores	Conjuntamente con los competidores
	1 2 3 4 5	1 2 3 4 5	1 2 3 4 5	1 2 3 4 5
Clientes	Con los clientes	Formalización de trabajos anteriores realizados para los clientes	Confianza y trato con los clientes	A los clientes. Introducción de novedades
	1 2 3 4 5	1 2 3 4 5	1 2 3 4 5	1 2 3 4 5
Productos	Nuevos productos	De la evolución de los productos de mi empresa	Para innovar y cambiar criterios	Crear nuevas unidades o spin offs para nuevos desarrollos
	1 2 3 4 5	1 2 3 4 5	1 2 3 4 5	1 2 3 4 5
Procesos	Nuevos procesos	Mejores prácticas y lecciones aprendidas	Para innovar y cambiar criterios	Transferencia del conocimiento de procesos a otras unidades de negocio o filiales
	1 2 3 4 5	1 2 3 4 5	1 2 3 4 5	1 2 3 4 5
Colaboradores	Nuevas alianzas	Formalizar el conocimiento adquirido en las colaboraciones	Para cooperar de forma abierta y dinámica	De establecer acuerdos de explotación con terceros
	1 2 3 4 5	1 2 3 4 5	1 2 3 4 5	1 2 3 4 5
Proveedores	Nuevos proveedores	Formalizar el conocimiento adquirido con los proveedores	Para cooperar de forma abierta y dinámica	De trasferir los conocimientos a los proveedores
	1 2 3 4 5	1 2 3 4 5	1 2 3 4 5	1 2 3 4 5

Ahora seleccione del cuadro anterior los aspectos que fueron calificados con un puntaje 1 y con un puntaje 5 e incorpórelos en el cuadro siguiente.

Tabla 1.2 - Evaluación

Aspectos valorados con 1	Aspectos valorados con 5

En la tabla 1.2 usted dispone de un perfil de su empresa desde la perspectiva del grado de inteligencia o de aprovechamiento de los conocimientos que se practica en ella".

Capítulo 2
El conocimiento en las organizaciones

2.1 - La escalera de la competencia

El objetivo de las empresas orientadas al conocimiento es generar saberes a partir de las informaciones y convertir estos conocimientos en ventajas competitivas sostenibles, mensurables como éxitos comerciales. Bayer AG ha formulado la relación entre conocimientos y negocio de la siguiente manera: "Investigación es la transformación de dinero en conocimientos. Innovación es la transformación de conocimientos en dinero".

No se pretende iniciar una discusión filosófica sobre el saber, sino poner de relieve algunos conceptos básicos, que son importantes para las tareas empresariales de desarrollo y transferencia del mismo[30]. Comencemos en primer lugar con un ejemplo práctico de una empresa internacional de la industria electrónica.

Caso 3: Transferencia de las mejores prácticas

La directora de fábrica Angélica Laf lo primero que hace por la mañana es pulsar en la pantalla sobre el icono de la bandeja de entrada del correo electrónico. Un reporte de novedades (newsflash) le muestra que los resultados de la ronda periódica de benchmarking de las 50 plantas del consorcio

---

30 Para una idea general sobre la relación de informaciones y conocimientos, comparar Machlup, 1962, Von Krogh y Venzin, 1995, Kogut y Zander, 1992.

acaban de ser introducidas en el banco de datos de best practice. Ella selecciona la información después de realizar una observación general gracias a las informaciones preparadas gráficamente. Su fábrica está situada en una ponderación medio-alta en la comparación del benchmarking. Por correo sonoro (Voice-Mail) pide al grupo de las mejores prácticas interno de la empresa que analice las informaciones y tan pronto como sea posible adopte las correspondientes a otras fábricas, para compensar en alguna medida la creciente caída de precios con un aumento de productividad.

Por la tarde se reúne con este grupo y verifica en primer lugar los datos de la propia empresa registrados en el banco de datos de best practice. Concluye que está todo bien. Después relaciona las informaciones de benchmarking de la propia fábrica con las fábricas comparables. A través de una videoconferencia fijada a corto plazo con los socios del grupo de best practice de dos fábricas hermanas, será posible ver las diferencias de los indicadores en su contexto y conectar las diferentes informaciones.

El grupo de trabajo sabe qué es lo que los colegas en las otras fábricas hacen mejor. Han recibido indicaciones de cómo, por ejemplo, a través de una modificación de la velocidad de montaje de plaquetas electrónicas también puede ser aumentada la propia productividad de la fábrica. Podría ser puesto en marcha enseguida, si no hubiera alguna resistencia al nivel de responsabilidad de línea. Son incluidos en la discusión del grupo de best practice y motivados a actuar. Luego de tres días los resultados del estudio de benchmarking se han transformado en mejoras mensurables.

El grupo de best practice de producción electrónica ha demostrado su competencia (aptitud) colectiva para la solución de problemas. El corolario obtenido es que la capacidad de aprender más rápido que la competencia es la única ventaja competitiva sostenible.

A continuación se observará más de cerca algunos de los conceptos básicos mencionados en el contexto, que construyen los escalones de la escalera de la competencia.

Los signos (letras, cifras, signos especiales) se transforman, a través de reglas de ordenación de código o sintaxis, en datos. Estos datos son símbolos que todavía no han sido interpretados. Estos pueden ser números, como por ejemplo 2, 7, 25, 13 o también una luz roja en un semáforo. Los datos se convertirán en informaciones cuando se establezca una referencia, por ejemplo, 2,7 % de aumento de la productividad de la producción electrónica por trimestre en nuestro ejemplo de *benchmarking*, temperatura exterior de 13º C, precio de una calculadora: 20,00 UM (unidades monetarias).

Las informaciones son también datos que se encuentran en un contexto de significados y, desde el punto de vista empresarial, sirven para la preparación de decisiones y acciones. Estas informaciones no tienen valor para el observador si no pueden ser conectadas con otras informaciones actuales o almacenadas en el pasado.

Desde este punto de vista, los conocimientos forman parte del proceso de la conexión adecuada de informaciones. Los conocimientos nacen como resultado de la elaboración consciente de las informaciones. Estas últimas son la materia prima de la que se genera el conocimiento y la forma en la que los conocimientos se comunican y almacenan. En nuestro estudio de *benchmarking* se originan los saberes por la unión de diferentes informaciones. Se produce una relación de porqué en el contexto de la propia fábrica se consiguen mejores resultados.

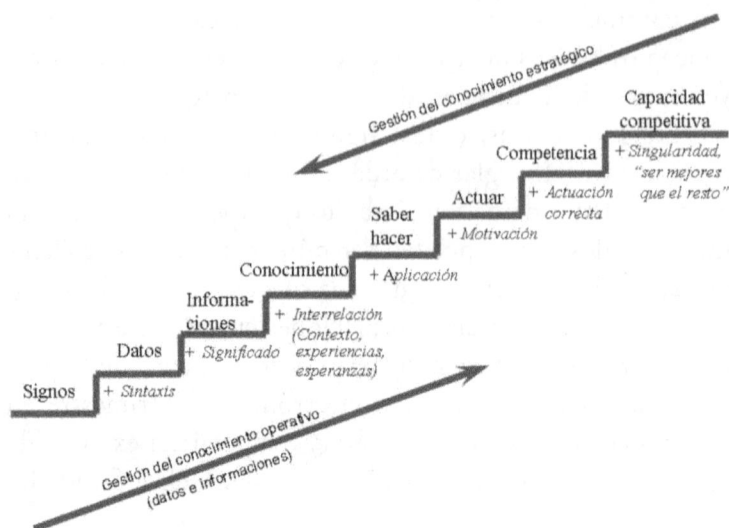

Figura 2.1 - La escalera de la competencia

Los saberes están impregnados por experiencias individuales, son contextualmente específicos y están unidos a las personas. Un "banco de datos de conocimientos" no puede existir; no obstante, existen bancos de datos que en parte archivan conocimientos como informaciones. Esto sucede técnicamente a través de las correspondientes series de signos.

La interpretación de informaciones puede resultar muy diferente, especialmente en contextos culturales distintos. Asentir con la cabeza lo interpretamos como aprobación, sin embargo en Grecia, asentir con la cabeza se interpreta como negación.

Apoyándonos en la definición de Probst, definimos el saber como la totalidad de conocimientos, capacidades y habilidades que disponen a las personas para la solución de problemas. Esto implica tanto los conocimientos teóricos como las reglas prácticas diarias y las instrucciones de actuación. El saber se apoya en datos e informaciones, pero en contraposición a éstos, está siempre unido a las personas. Los conocimientos se originan como un proceso individual en un contexto específico y se manifiestan en acciones.

El instituto americano Carnegie-Bosch define los conocimientos en un contexto empresarial de la siguiente manera: "El conocimiento hace referencia a un entendimiento tácito o explícito en una firma acerca de las relaciones entre fenómenos estructurados en una forma más o menos científica. Éste, a su vez, es incorporado en rutinas para llevar a cabo operaciones económicas en las estructuras organizacionales y procesos comerciales así como también, en lo que hace a la creencia y al comportamiento humano. El conocimiento implica una habilidad para relacionar entradas y salidas, observar la regularidad de la información, codificar, explicar y por último predecir"[31].

La acción, basada en la voluntad (motivación) del actuar, proporciona resultados mensurables de cómo una persona, un grupo, o una organización generan conocimientos de la información, y de cómo los utiliza para la solución de problemas.

Esta habilidad o capacidad se califica también como competencia de una persona u organización. Las competencias se concretan en el momento de utilización del saber. Von Krogh y Roos[32] lo han formulado como sigue: "...nosotros miramos más a la competencia como un evento que como un activo. Esto significa simplemente que la competencia no existe en la forma como se fabrica un automóvil, sino que ella existe cuando el conocimiento logra llevar a cabo la tarea". La competencia, es la aptitud de transformar los conocimientos en acciones orientados a un objetivo, es lo que distingue al maestro del aprendiz, al estudiante de violín del virtuoso, al equipo deportivo con éxito de brillantes jugadores individuales.

---

31 CBI, 1995.
32 Von Krogh y Roos, 1996, 425..

Especialmente se consideran importantes las competencias clave de una organización[33]. Estas competencias son la unión entre habilidades y tecnologías, basadas en el conocimiento explícito e implícito, y se caracterizan por la estabilidad temporal, más que por los productos. Adicionalmente, las competencias clave generan valor para los clientes, son únicas entre la competencia, consiguen la entrada a nuevos mercados y no son fáciles de imitar y transferir, actúan en sinergia con otras aptitudes y hacen a la empresa única, es decir, mejor que las otras[34].

En este sentido, las competencias clave representan la capacidad de una empresa. Aclararemos este aspecto de la eficacia competitiva de los conocimientos en el apartado 2.3.

Una empresa está orientada al conocimiento cuando es capaz de crear todos los peldaños de la escalera del saber. Si un peldaño de la escalera no se establece, debido a la ausencia de compatibilidad de los datos, información incompleta, motivación ausente del hacer, "se da un traspié" en el recorrido de la escalera del saber. Esto impide la puesta en marcha de estrategias comerciales o de negociación operativa.

Grado de madurez de la gestión del conocimiento (GC)

En relación con la escalera de la competencia diferenciamos cuatro grados distintos de madurez dentro del concepto de la gestión del conocimiento. Sobre la escalera del saber se han visualizado los cuatro grados de madurez que se observan en la figura 2.2.:

- Soluciones en información y tecnología (IT).
- Soluciones individuales específicas de cada área problemática.
- Organización del conocimiento profesional.
- Gestión empresarial orientada al conocimiento (CG).

---

33 Véase Hamel y Prahalat, 1994, Rumelt, 1994.
34 Von Krogh y Venzin, 1995, 423.

Figura 2.2 - Grado de madurez de la gestión del conocimiento
en la escalera del saber

El primer grado de madurez comprende la ejecución de la GC con ayuda de las soluciones de información y tecnología (IT). Por lo general las empresas que implementan las estructuras de información y comunicación fomentan la transparencia de la información, hecha realidad mediante el acceso a los documentos y a los bancos de datos. Las medidas organizativas que acompañan el desarrollo del intercambio de conocimientos no han sido adoptadas en este escalón.

En el primer grado de madurez son tenidas en cuenta aquellas empresas donde la gestión del conocimiento se ha fundamentado en la tecnología de la información y la comunicación.

El segundo grado de madurez comprende a las empresas que han introducido la GC en algunas áreas específicas o en ciertas unidades de negocios. A todo esto, seguramente usted reconoce que para lograr una efectiva gestión del conocimiento no es suficiente considerar los aspectos técnicos sino que necesitan ser creadas determinadas condiciones marco y reglas de juego apropiadas. Para ello se han desarrollado soluciones individuales específicas, que hacen que el saber esté disponible para determinadas áreas problemáticas. Entre otras, se puede mencionar; conocimientos de servicio, personal y clientes.

Mediante el intercambio personal de conocimientos se aumenta la base de conocimientos existentes. Se tiene en cuenta el empleo de elementos auxiliares tales como los *Help-Desks* o sistemas expertos.

Las empresas que se encuentran en el tercer grado de madurez son descritas como organizaciones profesionales del conocimiento. Esta organización del conocimiento supera los límites de las unidades departamentales o de negocios mostrando las siguientes características:

- Infraestructuras de comunicación e información con procesos de redacción y responsabilidad organizacional por el contenido;
- Estímulo a los trabajadores para que compartan el conocimiento;
- Integración de la gestión del conocimiento en los procesos de negocios y organización de proyectos;
- Apoyo al intercambio de conocimientos mediante las comunidades de prácticas (CoPra) y el centro de competencia;
- Medición del aprovechamiento del saber.

El cuarto grado de madurez representa un estado muy avanzado de comportamiento. En este caso se habla de la conducción de la empresa orientada al conocimiento, la que es fomentada e impulsada por directivos, gerentes y trabajadores. Un elemento importante de esta cultura empresarial es el aprendizaje externo (por ejemplo; en mercados, tecnologías, competidores, proveedores, clientes, etcétera) y el interno. La cultura de la empresa es apoyada por infraestructuras de información y comunicación y otros medios, tales como las CoPra, centros de competencias y *work-outs*.

Antes de profundizar el concepto de saber o conocimientos, se aclara a continuación mediante un ejemplo el aprovechamiento de los conocimientos codificados en forma de patentes.

Caso 4: La mejor utilización de patentes por Dow-Chemical[35].

Dow produce alrededor de 2.000 productos químicos en aproximadamente 15 unidades comerciales y en más de 40 joint-ventures. Con una cifra de ventas de alrededor de 20.000 millones U$S, Dow gasta anualmente aproximadamente 1.000 millones U$S en investigación y desarrollo, llevado a cabo por unos 4.000 colaboradores. Mundialmente Dow tiene alrededor de 25.000 patentes y gasta aproximadamente 30 millones U$S anuales para la gestión de su portafolio de patentes.

Durante muchos años, Dow tuvo sólo una visión general e insuficiente sobre las patentes existentes, que fueron utilizadas en forma ineficiente. Por ello, Dow se fijó el objetivo de utilizar mejor su know-how codificado en patentes y desarrollarlo sistemáticamente. Para ello Dow eligió la siguiente forma de proceder:

1. Elaborar un portafolio de patentes para cada unidad comercial.
• Identificar todas las patentes.
• Determinar si todavía están activas.
• Encontrar una unidad de negocio que se beneficie de la patente, o bien que la patrocine. Es decir que, con el mantenimiento de la patente se asumen los costes relacionados a ella.

2. Valorar el aprovechamiento de las patentes.
• Evaluar las patentes según los siguientes criterios: "se aprovecha", "la aprovecharemos", "no la aprovecharemos".
• Decidir sobre las patentes de la categoría "no la aprovecharemos"; "renunciar a la patente"; "buscar un posible concesionario".

---

35 Petrash, 1996, 365–373.

3. Integrar el portafolio de patentes en la estrategia empresarial.

• Comprobar cómo se pueden integrar las patentes existentes en la estrategia comercial, para utilizar de forma óptima los conocimientos existentes.

• Identificar los "vacíos de know-how" que se originan por la puesta en marcha de la estrategia comercial planeada.

• Considerar cómo se puede conseguir externamente o desarrollar internamente y proteger el know-how que falta.

4. Apoyar la estrategia con un análisis y evaluación tecnológica de la competencia.

• Evaluar el valor de las patentes existentes y el posible coste de la compra adicional de know-how, o bien su desarrollo interno.

• Sistematizar las patentes existentes según criterios tecnológicos y realizar un análisis tecnológico de la competencia. Para la sistematización de patentes Dow utiliza un llamado árbol de patentes, en el que se visualiza la propia patente en relación con las de la competencia evidenciando las faltas de ramas o raíces.

5. Invertir en el portafolio de patentes.

• Decidir sobre la creación y el desarrollo de know-how adicional conforme a los puntos 3 y 4.

• Explotar externamente las patentes innecesarias (renuncia, concesión de licencias). Debido a que muchas de las patentes no necesarias también tienen un reducido valor externo, Dow tomó la decisión de ceder estas patentes como donación a universidades e instituciones parecidas, de forma que eventualmente puedan ser allí utilizadas.

6. Gestionar los procesos para obtener las patentes.

• Establecer una responsabilidad descentralizada para la gestión de patentes. Dow ha fundado más de 75 grupos de gestión intelectual denominados "Intellectual Asset Management Teams", que a nivel de las unidades comerciales son responsables de la gestión de patentes. Los miembros de este grupo son directivos de distintas áreas funcionales de una unidad comercial. Se reúnen dos o tres veces al año para discutir sobre la mejora de los procesos de las patentes y sobre el aprovechamiento y desarrollo de patentes según los cinco pasos arriba descritos. Los grupos son dirigidos por el centro de gestión intelectual Intellectual Asset Manager, que informa tanto a la dirección de investigación y desarrollo, como a la función central "Tech-Center".

- Respaldar la gestión descentralizada de patentes con una gestión técnica de una unidad comercial centralizada. Dow apoya con un llamado centro tecnológico (Tech-Center) las actividades descentralizadas del desarrollo tecnológico en el que, referidos a distintos temas, se sistematizan los conocimientos tecnológicos. En él se construyen las correspondientes redes de expertos, se mantienen los sistemas de información, se lleva a cabo la formación y ampliación de estudios y se apoya el proceso de gestión de patentes descentralizado. Superada la gestión pura de patentes, este Tech-Center debe concebir el desarrollo del activo intelectual con respecto a la estrategia comercial y fomentar el desarrollo sistemático de know-how.

Según los datos de la empresa, la mejor gestión de patentes ha traído hasta ahora más de 40 millones U$S en capital adicional y ahorro para el ámbito comercial. A futuro, se quiere traspasar las experiencias ganadas con la gestión de patentes a nombres de marcas, propiedades intelectuales y otras formas de *know-how*.

2.2 - Dimensiones del conocimiento

A continuación queremos profundizar el concepto de saber, en el que subrayamos tres dimensiones:

1. **Dimensión "naturaleza" de los conocimientos**: Aquí queremos dedicarnos a la pregunta: ¿Cómo se considera

a los conocimientos? Se los considera como un objeto, un resultado que es divisible, duplicable y transportable a voluntad; o como un proceso individual, poco controlable; para nombrar las dos posiciones extremas.

2. **Dimensión "disponibilidad" de los conocimientos**: Desde esta perspectiva se enfrentan en especial la distinción de conocimientos individuales versus conocimientos colectivos, y conocimiento implícito versus conocimiento explícito.

3. **Dimensión "valor" de los conocimientos**: Con frecuencia los conocimientos se califican también como activo inmaterial de una empresa o como "Capital intelectual". Si bien los conocimientos constituyen un capital, la cuestión clave es, ¿cómo se puede fijar un valor para los conocimientos?

2.2.1 - Dimensión "naturaleza" de los conocimientos

Von Krogh y Roos[36] establecen tres formas de considerar el saber en la empresa:

- La epistemología de la elaboración de la información considera que la información y el saber se pueden entender en forma similar. En este caso se debe invertir, como es natural, mayormente en la velocidad de elaboración de la información. Bajo este punto de vista, un aumento de la capacidad de elaboración de la información conduce también a un aumento del desarrollo de los conocimientos en la empresa.

- La epistemología de las redes parte de considerar a los conocimientos como un resultado de interacción entre las personas y la red. De ahí proviene la idea que una empresa debería invertir en poner en contacto a los trabajadores en toda la organización, así como en fomentar

---

36 Von Krogh y Roos, 1996, 334.

la utilización de las tecnologías de información y comunicación. Siguiendo este punto de vista, se desarrollan más conocimientos cuanto mayor es la cantidad de personas que tienen la ocasión de reunirse en la empresa.

- La epistemología autoreferencial considera que los conocimientos son un proceso privado, dependiente de las experiencias personales de cada uno de nosotros. Lo que significa conocimiento para una persona, es para algún otro sólo datos brutos. Cada uno tiene conocimientos organizacionales con alguien. Es por lo tanto necesario conseguir un contexto que estimule un diálogo continuado en la empresa.

Von Krogh y Roos prefieren este último punto de vista respecto a la construcción de los conocimientos; sin embargo, enfatizan que toda organización trabaja con las tres epistemologías según los momentos y tareas que pueden ser distintas.

El concepto del saber o conocimientos se clasifica por tanto entre las dos situaciones extremas "conocimientos igual a objeto" y "conocimientos igual a proceso" dependiendo de la situación. Cuando, por ejemplo, un vendedor sabe cuántos clientes "A" tiene la empresa, este conocimiento corresponde más bien a una cualidad de una información. Por tanto, este conocimiento es más un objeto. Sin embargo, si se trata de cómo podemos utilizar mejor las informaciones disponibles sobre nuestros clientes "A" para cerrar negocios, entonces tiene más las características de un proceso. Gardner[37] ha descrito estos aspectos diferentes con los conceptos de "saber qué", "saber cómo", "saber porqué", "saber dónde" y "saber cuándo". Polanyi[38] acentúa el punto de vista de proceso con la declaración siguiente: "el conocimiento es una actividad que puede ser mejor descrita como el proceso de conocer".

---

37 Gardner, 1995.
38 Polanyi, 1996.

Las posiciones extremas de "conocimiento igual a objeto" y "conocimiento igual a proceso" se aclaran mejor cuando se divide las palabras de la frase "capital de conocimientos" en sus dos componentes, poniendo de relieve las diferencias de ambos conceptos. Sveiby[39] argumenta que la analogía entre conocimientos y capital no es beneficiosa para la estructuración y transferencia de conocimientos, ya que conduce a una falsa comprensión de los conocimientos.

Para la creación de la empresa orientada a los conocimientos consideramos la dimensión del proceso de los saberes como dominante. En consecuencia, la empresa debe conseguir las condiciones básicas para fomentar la construcción y transferencia de los mismos.

CAPITAL	CONOCIMIENTO
• Independiente de las personas	• Unido a las personas
• Desaparece cuando se reparte	• Crece cuando se divide/reparte
• Se amortiza como inversión	• Gana valor cuando se utiliza
• Estático (Objeto)	• Dinámico (Proceso)
• Fácil de medir	• Difícil de medir

Figura 2.3 - Diferencias entre conocimiento y capital

Caso 5: Integración de conocimientos

Una gran empresa alemana de la tecnología del transporte compra una empresa francesa con alrededor de 500 empleados, para ganar know-how adicional a corto plazo. Del lado alemán, las negociaciones de absorción se llevan a cabo por el departamento de fusiones y adquisiciones M&A (Mergers and Acquisitions). Tras el cierre del contrato, una unidad comercial asume la tarea de integrar la nueva filial francesa

---

39 Sveiby, 1997.

en el consorcio, sin tener experiencia en los problemas de integración. M&A conoce a la empresa francesa, pero tras el cierre del contrato sólo participa informalmente en la integración ulterior.

Los expertos franceses afrontan escépticamente la fusión. El alejamiento de los empleados y la reducción de los grupos disminuyen considerablemente el valor de la adquisición; los conocimientos están documentados sólo rudimentariamente. El comprador alemán dispone de pocos trabajadores de habla francesa, que podrían tender un puente con la nueva filial, o bien podrían integrarse en grupos. Las culturas empresariales de la gran empresa alemana y de la mediana empresa francesa comprada son muy diferentes. La nueva "empresa madre" alemana envía una fuerza directiva para asumir la gestión comercial en la filial francesa y allí los problemas comienzan.

¿Cómo puede crearse una integración más efectiva? El valor de la adquisición es dado por el del know-how de los trabajadores. Por ello es razonable que ya en una fase temprana no sólo hay que dejar que se produzcan fusiones y adquisiciones (M&A), sino también tomar las medidas que construyen la confianza, como por ejemplo fomentar que los trabajadores de ambas empresas se conozcan, identificar los soportes de conocimiento o grupos importantes e influir positivamente su actitud respecto a la fusión.

Tras el cierre de las negociaciones debería celebrarse un coaching de los procesos de integración de expertos con experiencias del departamento de M&A. La estructuración de un proceso general de M&A e integración es además de mucha ayuda. Fundamental para el éxito, es que los conocimientos y los soportes de saberes no sean considerados como objetos los que a través de un contrato de compra se pueden disponer libremente.

2.2.2 - Dimensión disponibilidad de los conocimientos – el modelo "SEICI"

La dimensión "disponibilidad" de los conocimientos está definida por la forma, el sitio y el tiempo. De este modo se entiende tanto el aspecto "conocimiento individual frente al conocimiento colectivo" como "conocimiento implícito frente a conocimiento explícito". Estos dos aspectos son estrechamente interdependientes[40].

Para el éxito de la gestión de la empresa orientada a los conocimientos es decisivo saber cómo se crea el proceso de convertir el conocimiento individual en colectivo y el conocimiento colectivo en conocimiento individual. "La empresa es el sitio en el que los conocimientos e inteligencia individuales se unen en inteligencia colectiva, creativa, capaz de actuar empresarialmente"[41].

Para describir este proceso se distinguen dos tipos de conocimientos: el conocimiento explícito y el conocimiento implícito. El conocimiento implícito representa el conocimiento personal de un individuo, el cual se basa en ideales, valores y sentimientos de cada persona. Juicio subjetivo e intuición dan cuerpo al conocimiento implícito, que está profundamente anclado en las acciones y experiencias de cada uno. Esta forma de conocimiento es muy difícil de formular y de transmitir, ya que está incorporado a cada persona.

El conocimiento implícito se proporciona, entre otros rubros, con la educación al asumir el comportamiento de nuestros padres sin ser consciente de ello. Por el contrario, el conocimiento explícito es metódico, sistemático y existe en una forma articulada. Están almacenados, en forma despersonalizada, en los medios de comunicación pudiendo ser grabados, traspasados y almacenados con ayuda de los medios de la tecnología de la información y la comunicación. Esto puede aplicarse a

---

40 Comparar Hedlun y Nonaka, 1993, Nonaka y Takeuchi, 1995.
41 Morin, 1997, comunicación personal a K. North.

descripciones detalladas de procesos, patentes, organigramas, documentos referidos a calidad, etc.

Nonaka y Takeuchi han formulado como problema básico de la gestión del conocimiento el paso de conocimiento implícito a explícito. Sólo si el conocimiento existe en forma explícita, puede estar disponible para la organización y ser utilizable más allá de las personas individualmente o de los grupos de personas. Una tarea de la gestión del conocimiento es entonces crear y dirigir un proceso de producción de conocimientos desde este punto de vista. Nonaka y Takeuchi[42] lo han formulado así: "Por creación del conocimiento organizacional queremos significar la capacidad de una empresa como una forma holística de crear nuevos conocimientos, distribuir los mismos a toda la organización e incorporarlos a los sistemas, servicios y productos". Para ello sirven los siguientes cuatro modelos básicos de producción y transformación de conocimientos organizacionales:

de	de implícito a conocimiento explícito	
implícito	**Socialización:** Intercambio de conocimientos experimentados	**Externalización:** El conocimiento conceptual se origina a través de la codificación/documentación
a Conocimiento explícito	**Internalización:** Operabilidad del conocimiento individual	**Combinación:** Conocimiento sistemático a través de la unión de conocimientos ya conocidos

Figura 2.4 - Formas de transformación
de los conocimientos

---

42 Nonaka y Takeuchi, 1995, p. VIII, comparar también Krogh et al., 2000.

- **De implícito a implícito**: Este caso tiene lugar cuando dos personas intercambian directamente conocimientos. A esta conversión del saber tácito en tácito se la denomina "socialización". Un ejemplo es la observación de un determinado trabajo por un colaborador (aprender por socialización). Esto también es válido para la relación tradicional maestro-aprendiz, en la que generaciones de maestros transmitieron los conocimientos implícitos del oficio, así como las destrezas particulares. De esta forma se han renovado las grandes escuelas de pintura del renacimiento y del barroco, al tiempo que han conservado y trasmitido los conocimientos durante generaciones. Lo aprendido en un proceso aumenta los propios conocimientos implícitos. Este modelo básico se trata de una generación de conocimiento limitada, ya que este conocimiento no se convierte en explícito, y por tanto no está a disposición de toda la organización. Por otro lado, esta transferencia también ofrece una protección frente a imitaciones.

- **De implícito a explícito**: En este modelo básico se consiguen conocimientos nuevos y valiosos para la organización, ya que los conocimientos implícitos son documentados mediante la llamada "externalización". Este modelo básico de exteriorización del conocimiento ocupa una posición clave en el proceso de producción de conocimientos en la organización, ya que transforma los conocimientos implícitos en "basamentos de la construcción de conocimientos" explícitos. La explicación se produce a través del diálogo de los trabajadores, de la reflexión colectiva y de la concientización de los conocimientos.

- **De explícito a implícito**: El saber explícito y documentado se internaliza en forma tácita por los trabajadores a través de la asimilación, de la complementación y de la reorganización de sus conocimientos. Este proceso está estrechamente relacionado con el aprender haciendo, con la creación de rutinas de acción o la adquisición de habilidades[43].

- **De explícito a explícito**: Los nuevos conocimientos explícitos se originan a través de la conjunción de otros saberes manifestados previamente. Mediante la llamada "combinación", el conocimiento total de la organización no aumenta, ya que sólo se resume o se expresa de otra manera lo que es conocido.

No obstante, esto puede ser muy útil, por ejemplo cuando el asesor, basándose en presentaciones de proyectos ya existentes, genera una nueva concepción en la demostración de un producto para un cliente. Los conocimientos aportados por los clientes, distribuidos en distintas unidades de negocio, se reúnen e intercambian de modo que se facilite una buena disposición para la modificación futura del mercado a través de redes informáticas, bases de datos, etcétera.

Para la transformación del conocimiento implícito/explícito y para la transferencia de saberes de los individuos al grupo u organización, Nonaka y Takeuchi han postulado el modelo de la "espiral de los conocimientos", que tiene en cuenta la creación del conocimiento organizativo como resultado de un proceso dinámico. El punto de partida del modelo está constituído por los empleados individualmente y su capacidad para crear y distribuir conocimientos entre los compañeros de trabajo, donde cada individuo valora la exteriorización de los saberes. Por otro lado, interioriza las experiencias del grupo completo.

A través del continuo cambio de externalización e internalización de conocimientos de diversas fuentes de habilidades, los trabajadores, los grupos o la organización, superando los límites de la empresa, se consigue poner estas capacidades a disposición de los distintos niveles y generar un aumento pro-

---

43 Esta presentación se basa en Rehäuser y Krcmar, 1996; Consideraciones sobre destreza y formación en rutinas de negociación, véase y compare con Singleton 1978 así como con Hacker, 1978.

ductivo de la empresa. Condición previa para ello es tanto la comunicación personal entre trabajadores, como el empleo de tecnología de la información y la comunicación.

Esto configura una espiral de los conocimientos que se desarrolla en cuatro fases:

1. En la *fase de socialización*, donde se produce el intercambio de conocimientos implícitos, se crean los conocimientos experimentados, por ejemplo modelos mentales o capacidades técnicas.

2. En la *fase de externalización* de conocimientos (de implícito a explícito) se produce el denominado conocimiento conceptual, nuevo.

3. En la *fase de combinación* (de conocimientos explícitos) se crean los conocimientos sistemáticos, que se manifiestan en prototipos, nuevos métodos o nuevas ideas comerciales.

4. En la *fase de internalización* (de explícito a implícito) se generan los conocimientos operativos.

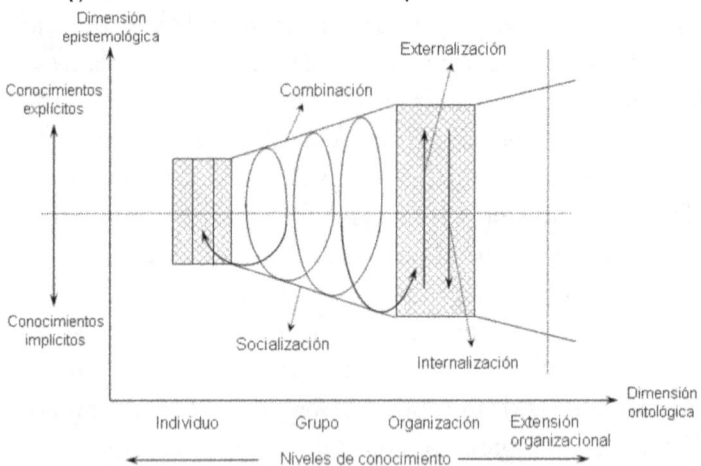

Figura 2.5 - Espiral de creación de conocimientos organizacionales.

Cómo puede llegar a ocurrir esto, se aclara en el siguiente ejemplo.

Caso 6: El mejor pan de Osaka[44]

En 1985 los técnicos en desarrollo de productos de la compañía Matsushita Electric en Osaka estaban ocupados en la construcción de una máquina de fabricar pan de uso casero. Pero el prototipo no podía amasar y cocer correctamente la masa. A pesar de todo el esfuerzo, la corteza exterior se quemaba mientras la interior se quedaba cruda. Entonces se le ocurrió al técnico en desarrollo de software Ikuko Tanaka una idea brillante. ¿No gozaba el hotel Osaka International del prestigio de cocer el mejor pan de toda Osaka? ¿Porqué no beneficiarse de ello? Por consiguiente, Tanaka fue con el panadero jefe del hotel para observar su técnica de amasar y además vio cómo el panadero estiraba la masa de una determinada manera.

Tras un año de experimentación Tanaka, en estrecho trabajo conjunto con los ingenieros de proyecto, había cambiado finalmente de tal forma las características de construcción de la máquina (algunas barras especiales adicionales instaladas en el interior) que el aparato imitaba eficazmente la técnica de estiramiento del panadero y cocía el pan en una calidad como la que Tanaka había aprendido en el hotel.

El resultado fue el "procedimiento de trabajar la masa" único de Matsushita y un producto que ya en el primer año superó todos los récords de venta en los nuevos aparatos de cocina. Tanaka había convertido los conocimientos implícitos del panadero jefe en conocimientos explícitos, en forma de especificaciones claras para el producto máquina de hacer pan. Ikuko Tanaka se apropió en primer lugar de los secretos tácitos del panadero del hotel (socialización). Después tradujo estos secretos en conocimientos explícitos, que pudo comunicar a sus

---

44 El ejemplo sigue la presentación en Nonaka, 1992.

socios de grupo y otros en Mitsushita (externalización). Por último, el equipo estandarizó estos conocimientos, los resumió en un manual y en un libro de trabajo y les dio la forma de un producto (combinación). Para terminar, las experiencias con la construcción del nuevo producto por Tanaka y los pertenecientes al grupo, condujo a una profundización de sus propias bases de conocimientos implícitos (internalización).

En el modelo descrito de transformación de los conocimientos de privados a públicos (implícitos a explícitos), sin embargo, no se tiene en cuenta que debido a las barreras estructurales y motivacionales en la organización, los conocimientos están repartidos desigualmente en la empresa (bases de conocimientos locales). Por otro lado, los conocimientos disponibles no están a disposición en el momento necesario y en el lugar deseado[45].

Partiendo del principio de que los conocimientos accesibles para la adopción de una decisión concreta, por lo general, no se encuentran disponibles debido a las barreras estructurales, resulta que el aprendizaje individual es la condición previa para el aprendizaje organizacional. No obstante, la gestión del conocimiento no puede limitarse a los procesos de aprendizajes individuales y colectivos como tales, sino que debe eliminar las patologías de información y comunicación encontradas en una organización o formularlas adecuadamente para crear las condiciones básicas que fomenten los saberes, que garanticen tanto los procesos de aprendizaje como la disponibilidad de conocimientos. Es decir, que esta disponibilidad está condicionada por la forma en que se transfieren y convierten los saberes por parte de los oferentes y demandantes de conocimientos, y por el contexto en el que ocurre el aprendizaje.

En la literatura inglesa[46] se califica el hecho de que los conocimientos en una organización sólo son libremente disponibles

---

45 Compare con Kirsch, 1992 (Modelo de capas de la base de conocimientos organizacionales).

46 Hipple, 1994, Szulanski, 1997.

con determinadas restricciones. Los conocimientos "se adhieren", "se sujetan" y tiene que "soltarse" con las medidas de creación organizativas correspondientes.

La disponibilidad de conocimientos también está condicionada por los factores tiempo y lugar. Especialmente en las empresas que operan globalmente, los soportes del saber no están universalmente a disposición las veinticuatro horas del día. Un problema en el *software* que tiene una empresa filial en Asia, puede eventualmente no ser solucionado porque el especialista en USA todavía no está en el puesto de trabajo o porque se encuentra de vacaciones. En un ramo en el que se gira en torno a respuestas muy rápidas, la consultora McKinsey, por ejemplo, ha organizado una red de consultores (*On-call consultants*) que garantizan una respuesta apta en el plazo de 24 horas, respecto a las preguntas específicas de cualquiera de las 60 oficinas en 28 países[47].

El factor tiempo responde también a la presencia del conocimiento en la empresa, por no estar codificado en los sistemas de información. Una disponibilidad rápida de los conocimientos o las informaciones tiene especial importancia para las empresas que se encuentran en esferas de un mercado que cambia rápidamente. Hoy en día, en muchas empresas se tarda todavía demasiado hasta que las informaciones están actualizadas, por lo que se toman las decisiones a futuro con informaciones y conocimientos sin renovar.

La disponibilidad de los conocimientos, está además marcada por el factor geográfico donde los mismos se originan o donde se encuentra un demandante de conocimientos. A pesar de los medios electrónicos, muchas veces es necesario el intercambio de conocimientos desarrollado personalmente, y la confianza construida durante los encuentros personales llevados a cabo regularmente pese a las distancias. Junto a este aspecto más motivacional, se focaliza la construcción de centros de conoci-

---

47 Peters, 1994. p. 169-171.

mientos locales y globales, y su conexión, como una importante tarea estratégica de las empresas internacionales[48].

2.2.3 - Dimensión valor del conocimiento

el capital intelectual

Partiendo de la observación de que el análisis tradicional contable de una empresa es cada vez menos significativo para el valor de mercado, a finales de los años ochenta, especialmente en Suecia y Norteamérica, comenzó la preocupación de cómo podría reflejarse mejor el valor de una empresa y de cómo podría reflejarse mejor el valor de los activos intangibles o inmateriales[49].

La compañía de seguros sueca Skandia y el Canadian Imperial Bank of Commerce fueron empresas pioneras, que desarrollaron una nueva estructura del capital empresarial. En su enfoque se completa el capital financiero con el llamado "capital intelectual". El movimiento de "capital intelectual"[50] considera los conocimientos bajo la óptica de su valor o su potencial de creación de valor. El capital intelectual es conocimientos que pueden ser convertidos en valor[51]. La consideración de los saberes como capital y parte del activo inmaterial, al que se le puede asignar un valor, integra a la gestión de conocimientos en la lógica existente en la gestión de recursos financieros y físicos, ayudando a estructurar y a hacer mensurables algunos aspectos del difícilmente tangible concepto del saber.

Sin embargo, el conocimiento se convierte muchas veces por esta consideración valorativa en un objeto que, con determinados medios, se prepara cosméticamente para representar una determinada situación lo mejor posible y de esta

---

48 Comparar Bartlett y Ghoshal, 1989, así como Doz, 1997.
49 Comparar Sveiby y Lloyd, 1987, Sveiby et al., 1989.
50 Comparar Stewart, 1997.
51 Edvinsson y Sullivan, 1996, 358; comparar también Edvinsson y Malone, 1997.

forma convencer a los inversores, o bien para colocar a la empresa como empresa progresista en la nueva era del conocimiento. La analogía "el conocimiento es capital" es fácil de comunicar; no obstante descuida su carácter procedimental y tienta para que sea tratado de igual forma que la información, como ya hemos visto en el apartado que trata sobre la naturaleza de los conocimientos.

Además, los valores intangibles o el sinónimo conceptual *capital intelectual*, queda determinado sólo parcialmente por los conocimientos. Así por ejemplo, la imagen de una empresa o la marca de un producto son, parcialmente, convertidas en valores, que pueden ser incluidos en el capital intelectual. Tampoco el número de clientes es una medida directa de los conocimientos de una organización, debido a que contribuyen a la construcción de conocimientos de una empresa cuando los mismos se originan con ellos. El conocimiento de los clientes, que es accesible para la empresa, y el conocimiento de los trabajadores (sobre clientes, procesos, tecnologías, etc.) son parte del capital intelectual. Sin embargo, los trabajadores y los clientes no pertenecen a la empresa como el capital tangible.

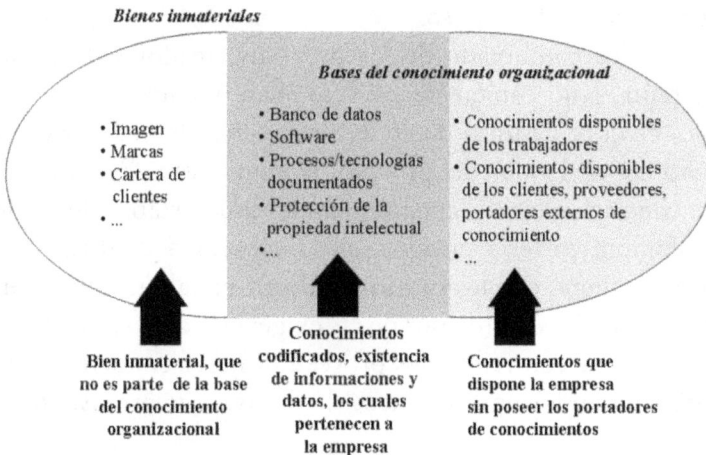

Figura 2.6 - Bases del conocimiento organizacional.

¿Cómo puede ser estructurado el conocimiento bajo el punto de vista del capital intelectual y qué factores determinan el valor de los saberes? En la estructuración del capital empresarial, siguiendo a Skandia, se describe el valor de mercado de una empresa por su capital financiero y su capital intelectual. El capital intelectual, por otra parte, se desglosa en capital humano y capital estructural, donde el primero se compone de las competencias y las capacidades de los trabajadores.

El capital estructural se compone de capital de clientes y capital organizacional. El capital de clientes representa el valor de las relaciones de los mismos con la empresa. Saint-Onge define el capital de clientes como la profundidad, amplitud y la lealtad de la base de clientes[52]. Capital de clientes puede ser por ejemplo, los pacientes de un médico, la base de clientes de una casa de ventas por catálogo, la red de filiales de un banco con sus relaciones con clientes. Sveiby enfatiza que en esta categoría del capital, también deberían ser incluidas las relaciones con proveedores y suministradores[53]. Skandia desglosa el capital organizacional en capital de innovación y de proceso.

El valor combinado de los procesos creadores de valor, se reúne bajo capital de proceso. Éste incluye, por ejemplo, el valor de un proceso de realización de pedidos en la empresa o el valor del proceso de suministro. Este último se concretiza en los conocimientos de los trabajadores de la compra en los mercados, en la capacidad de dirigir las negociaciones con los suministradores, en la estructuración del desarrollo de procesos de las exigencias de compra hasta encontrar y contratar a los proveedores. Los conocimientos están retenidos en los bancos de datos, *software*, así como

---

52 Comparar Bontis, 1996.
53 Sveiby, 1997.

en los valores y finalidades de los trabajadores del departamento de suministro.

Estos conocimientos sistemáticos de suministro tenían para Volkswagen tanto significado, que atrajeron al GM-Manager López y a los trabajadores de compra de Opel. Opel perdió con esto un importante *know-how* al facilitar que una ventaja de conocimientos fuera trasladada al competidor VW. También se muestra aquí que no se solicita sólo conocimientos en forma de paquetes de *software*, sino que se remunera la capacidad de transformar éstos en éxitos comerciales. También cuando Leif Edvinsson enfatiza una y otra vez en sus conferencias que el capital estructural es el capital "que queda cuando los trabajadores se van a casa", así tiene este capital estructural sólo un valor en relación con los trabajadores, ya que son ellos los que codifican los conocimientos y establecen las conexiones.

Las informaciones codificadas en los bancos de datos, *software* y descripciones de procesos pueden en verdad ayudar a compensar la marcha de un trabajador en particular; sin embargo en gran parte, no tienen valor cuando hay una marcha masiva de trabajadores o éstos abandonan la organización de otra forma.

Al capital de innovación, el segundo pilar del capital organizacional, Skandia lo define como la fuerza de renovación de una empresa (*renewal strengths*) y se manifiesta en propiedad intelectual protegida como patentes, licencias, nombre de marcas y valores intangibles que posibilitan el *flujo futuro de caja*. Estos contienen, por ejemplo, la valoración de la creatividad[54].

En la figura 2.7 está esquematizada la estructura del capital empresarial de Skandia.

---

54 Comparar Sveiby y Lloyd, 1987.

Valor de mercado

```
                          Valor de mercado
          ┌───────────────────────┴───────────────────────┐
   Capital financiero                             Capital intelectual (1)
   ┌──────────────┬──────────────────────┬──────────────────┐
Capital humano (2)   Capital organizacional (3)   Capital de clientes (4)

  ─Competencia        ─ Capital de proceso (6)    ─ Bases de clientes

  ─ Relaciones        ─ Cultura                   ─ Relaciones de clientes

  ─ Valores           ─ Capital de Innovación (5) ─ Potencial cliente
```

Figura 2.7 - Estructuración del capital empresarial de Skandia

Una consideración respecto a los distintos tipos de capita, se corresponden con:

1. **Capital intelectual:** La suma del capital humano y estructural o conocimiento convertido en valor.
2. **Capital humano:** La competencia y capacidad de los empleados.
3. **Capital organizacional:** Competencias sistematizadas y modularizadas, sumado a sistemas para la conducción de las fortalezas innovativas de la compañía y a la capacidad organizativa de crear valor.
4. **Capital de clientes:** El valor que tiene la relación de la compañía con sus clientes.
5. **Capital de innovación:** Fortalezas renovables en una compañía expresadas como derechos comerciales protegidos, propiedad intelectual y otros valores y activos intangibles.
6. **Capital de proceso:** El valor combinado de los procesos de creación de valor.

Estos enfoques posibilitan considerar analíticamente los conocimientos al dividirlos en componentes a los que después se les puede asignar un valor bajo ciertas circunstancias. A continuación nos ocuparemos de la asignación de un valor al capital intelectual y qué criterios influyen.

El valor de los saberes se mide fundamentalmente por la escasez y por el potencial de creación de valor de este recurso. Nuestras experiencias en una economía físicamente dominante ayuda poco en la formación de precios para los recursos que no son físicos. A menudo, el potencial de creación de valor de conocimientos comprados no es claramente evaluable ni para el vendedor de conocimientos, ni para el comprador de conocimientos. Como los conocimientos están unidos a personas y contextos, es difícil una comparación directa de las ofertas de saberes.

En la valoración de los conocimientos, el oferente se orienta en primer lugar, en lo que le ha costado la creación de esos conocimientos: "He gastado tanto tiempo y dinero en la creación de estos conocimientos, ahora me gustaría venderlos tan caro como sea posible". No obstante, para la valoración de este recurso son los gastos internos de producción, por ejemplo, la formación de los empleados o la organización de un grupo de desarrollo de *software*.

En primer lugar, los gastos originados en una empresa no son siempre registrables como costes, y en segundo lugar estos gastos pueden ser elevados, por ejemplo, por formación y perfeccionamiento ineficiente o bien porque los conocimientos adquiridos no tienen ya valor sobre la base de los rápidos cambios en el mercado. Bajo este punto de vista, con frecuencia la valoración orientada a los gastos es inadecuada. Por otro lado, existe para los usuarios de conocimientos la inseguridad sobre el potencial de creación de valor unido a los conocimientos transferidos. Esto es, por ejemplo, un problema básico de las asesorías empresariales, ya que el cliente, en especial en la asesoría orientada a los procesos, compra un proceso de aprendizaje conjunto sin un resultado asegurado.

Las siguientes preguntas forman parte de una primera orientación en la valoración de los conocimientos para los compradores, usuarios e inversores de conocimientos:

- **Usuario de conocimientos**: ¿Para qué utilizo los conocimientos y qué potencial de creación de valor está unido a ellos?
- **Oferente de conocimientos**: ¿Cuánto fue mi gasto para crear estos saberes y cómo puedo hacer que los mismos resulten con el mayor valor de mercado? ¿Cuánto vale nuestro equipo de desarrollo o nuestros procesos de ejecución de pedidos en el suministro externo de prestaciones?
- **Inversor**: ¿Contribuirán los conocimientos de esta empresa al éxito del mercado?

Los oferentes, usuarios e inversores de conocimientos, valorarán implícitamente los mismos por medio del siguiente tipo de criterios, entre otros:

- Especificidad versus universalidad.
- Validez objetiva y subjetiva en cuanto al contenido.
- Validez del tiempo medio de vida de los conocimientos.
- Unicidad versus disponibilidad general.

Partimos del principio que establece que cuando mayor es la especificidad de los conocimientos, más valorados serán. Con este razonamiento un representante de la industria electrónica fundamenta como objetivo de la transferencia de saberes mediante la disponibilidad de las mejores prácticas, de todo lo que resulta simple, rápido, barato, cuyo proceso completo es fácil de aplicar mundialmente en el área de producción, mientras que en el nivel de la empresa se solicitan más bien conocimientos universales sobre las tecnologías y procesos comerciales.

Como se ha subrayado previamente, la validez de los conocimientos tiene tanto una dimensión de contenido como una dimensión temporal. La dimensión de contenido hace referencia a la forma de creación de valor, en la que se pueden distinguir tres niveles:

1. Conocimientos científicos aceptados, que tienen una validez general bajo unas condiciones definidas en forma precisa.

2. Opiniones o juicios, que son objetivamente comprensibles, por ejemplo, el peritaje de un automóvil, o las reglas de comportamiento.

3. Experiencias individuales o colectivas y su potencial de acción.

Se argumenta basándose en los costes de adquisición de los conocimientos y las relaciones determinantes de su valor, donde son más aceptados aquellos saberes que se relacionan con la experiencia[55].

Si, por ejemplo, los investigadores farmacéuticos pueden comprar conocimientos aceptados relativamente baratos en forma de bancos de datos de información, entonces son relativamente mayores los costes de juicios y predicciones de formación de modelos moleculares. Por lo tanto, el valor de un grupo de investigadores o de una alianza estratégica con un laboratorio se evalúa mucho más que la reunión de conocimientos comúnmente aceptados.

La validez temporal de conocimientos tiene en cuenta su "fecha de caducidad". Los conocimientos tecnológicos suelen tener una validez más larga que los conocimientos de mercado, cuyo valor en pocos días o semanas pueden bajar a cero. Otro criterio para valorar los conocimientos es su unicidad o su valor de rareza en relación con una demanda. Así, es posible que un experto tenga conocimientos únicos, por ejemplo, sobre un tipo particular de orquídea existente en el mundo, sin que estos conocimientos sean demandados. También es importante saber, con qué rapidez son imitables estos conocimientos o si los mismos, aplicados a una tecnología pierden valor cuando esta última se sustituye por otra.

Para los fines de gestión, una evaluación analítica del capital intelectual tiene mayor significación. Básicamente se pueden diferenciar dos enfoques:

---

55 Earl in Prusak, 1996.

1. La descripción y evaluación analítica de los diferentes componentes que forman parte de la base del conocimiento organizacional, así como otras partes elementales del bien inmaterial, tal como fuera presentado por Sveiby[56], como concepto *de monitoreo de activos intangibles*, por Stewart[57] como *navegador de capital intelectual* y por parte de Roos et al.[58] mediante el *índice* IC. En Dinamarca se han llevado a cabo estudios de balances de conocimiento en más de 20 empresas en el marco de un proyecto piloto.

2. Principios, que consideran indicadores financieros y no financieros, son integrados en la totalidad de un sistema para el control operativo y estratégico de una empresa. El modelo más importante es el desarrollado por Kaplan y Norton[59], denominado *panel de control* sobre el que se apoya el navegador de Skandia del grupo de seguros sueco Skandia.

Todas estas consideraciones forman parte de la evaluación del valor de los saberes. La base del conocimiento organizacional de una empresa puede ser representada estructuralmente como si fuera un balance del saber, que complementa al conocido balance financiero.

En un balance de conocimientos se deben diferenciar las magnitudes de capacidad intangibles en: capital humano (competencias, comportamientos, etc.); capital estructural (IT, propiedad intelectual, cultura organizacional, organización de procesos, etc.) y capital de vinculación (relación con los clientes, con los proveedores, con el público, etc.).

En la entrada del modelo de balance de conocimientos establecido por el círculo de trabajo, se observan la visión y

---

56 Sveiby, 1997.
57 Stewart, 1997.
58 Roos et al., 1998.
59 Kaplan y Norton, 1996.

estrategia de la organización conjuntamente con las medidas a adoptar ante las posibilidades y riesgos existentes en el ámbito del negocio en estudio. La organización deduce una serie de medidas a ser tenidas en cuenta, de acuerdo a la correspondencia existente entre las distintas dimensiones del capital intelectual, a saber: capital humano, estructural y de vinculación, y su futuro posicionamiento. Por cierto que serán registrados los cambios que se producen en la interacción entre las dimensiones del capital intelectual y los procesos de conocimientos.

También se puede observar cuáles son los valores de ajuste de los factores individuales que debe tener la organización, especialmente aquellos que tienen que ver con los riesgos y con la estabilidad. Por último, se puede visualizar la correspondiente configuración de la organización para que apunte a un exitoso futuro.

Figura 2.8 - Balance de conocimientos

El efecto conjugado de los procesos de negocios y procesos de conocimientos conducen conjuntamente con otros recursos materiales y financieros, los que no son considerados en el balance de conocimientos, al éxito de los negocios. A la luz de este resultado se deducen las consecuencias que depara el futuro, cuando se puede conducir considerando las modificaciones en las visiones y estrategias.

La valoración financiera de los elementos individuales del balance de conocimientos se halla todavía en sus principios, pero ya se practica en la argumentación de los fundamentos de fusiones y adquisiciones. Así es como se han desarrollado frases estándares tomadas de consultorios médicos en la evaluación de un paciente, aplicándolas en forma parecida en la evaluación de un cliente y la correspondiente aceptación de su seguro. No obstante, en este trabajo se apunta en especial a los criterios para evaluar el potencial de creación de valor.

De acuerdo a la línea de pensamiento de Sveiby, un monitoreo de activos intangibles[60] tiene tres categorías, a saber: trabajadores, estructura interna y estructura externa.

¿Cómo se podría, por ejemplo, describir y valorar desde este punto de vista la "unidad comercial" del equipo de fútbol de primera división Bayern Munich de Alemania? En primer lugar, los trabajadores son los jugadores del equipo, que reciben un valor de mercado agregado por sus respectivas sumas de pases y sus éxitos deportivos en la temporada actual. Estos jugadores tienen un valor individual como "expertos", pero también tienen un valor de equipo. Además, el entrenador como trabajador puede recibir un valor, sería como el trabajador-asesor, etc., que podría ser descrito y cuantificado con alguna mayor dificultad en la estructura interna de los procesos de asesoría o de desarrollo del equipo. En tanto que en la estructura externa tiene una gran importancia las relaciones con los clientes (seguidores del Bayer Munich).

A través de la gestión de la empresa orientada al conocimiento se transforma la base de saberes organizacionales y se miden los efectos de esta intervención como resultados comerciales. La condición previa es conseguir claridad en la observación de la eficiencia competitiva de las habilidades.

---

60 Sveiby, 1997.

A continuación se presentan algunos principios selecciona-dos de evaluaciones.

La magnitud más simple para determinar el valor de un bien inmaterial es la diferencia entre el valor de mercado, el que es medido en la empresa por la cotización oficial de la bolsa, multiplicado por el número de acciones, y el valor contable de una empresa, que puede ser tomado del balance anual. Esto puede acontecer suponiendo que todos los valores tienen que ver con elementos de bienes inmateriales y no de lo que pro-viene de los cálculos tradicionales del balance.

Si bien este tipo de cálculo es simple, desde las tres siguientes fundamentaciones no es muy caritativo:

La cotización de bolsa se modifica rápidamente y no está expresado solamente mediante factores racionales e influenciables. Una caída de un 5% en la cotización de bolsa para valores contables constantes no tiene la misma significación que una caída del 5% de los valores de la base del conocimiento.

El valor contable y, parcialmente, el valor de mercado de una empresa, son de escasa aplicación. A través de la extensiva aplicación de las posibilidades de amortización, aparecen en la contabilidad valores más bajos que los valores reales (esto da lugar a las reservas inmovilizadas u ocultas).

La capacidad de indicación de una tasa de bienes inmateria-les es limitada.

¿Qué es lo que puede deducir de ella un ejecutivo o inversor?

En vez de considerar la diferencia entre el valor de mercado y el valor contable, parece ser que la mayor significación para el análisis se encuentra en el cociente determinado por el valor mercado y el valor contable. Con este coeficiente una empresa puede comparar mucho más fácilmente las mejoras con res-pecto a firmas semejantes. Si éstas se encuentran en la misma zona de influencia económica y están expuestas a similares factores exógenos, es de mayor conveniencia y significación la aplicación de un *benchmarking* en todo el conjunto de las diferentes empresas.

El cociente entre valor de mercado y valor contable puede ser presentado como un signo de alarma en función del tiempo, lo que no es suficiente para su uso en la organización del conocimiento, el cuidado del mercado o su presentación transparente.

Cociente de Tobin

El premio Nobel de ciencias económicas James Tobin desarrolló un coeficiente denominado "q" y que lleva su nombre, el cual compara el valor de mercado de un bien con referencia a su costo de reposición. Cuando q < 1 entonces el valor de mercado del bien, por ejemplo un edificio, es menor que los costos de reposición. En consecuencia la empresa intentará adquirir o retener, lo menos posible, bienes de este tipo.

Por otro lado, la expresión q > 1 indica que el valor de mercado del bien es mayor que los costos de reposición. Esto es aplicable a los conocimientos y portadores de los mismos.

Un alto q refleja el valor tanto de inversiones y tecnología como de trabajadores. Cuando q es muy elevado, por ejemplo 2, significa que el empleo de este bien es muy rentable. Es en esta relación que el cociente q puede ser visto como una medida de renta monopólica, aplicable a bienes del mismo tipo, al alcanzar la empresa altas ganancias con estos recursos. Es por ello que éste q sirve también como medida para evaluar la imitabilidad y las ventajas de una competitividad sustentable. De esta forma una empresa puede, por ejemplo, contratar en el mercado laboral, jóvenes investigadores a bajo precio para integrarlos en grupos de desarrollo en funcionamiento, para que mediante su capacidad de rendimiento ofrezca soluciones tecnológicas con un valor de resultado, que va mucho más allá del valor obtenido por la suma de los valores individuales de mercado de cada investigador.

Para una empresa el cociente q se puede calcular tomando el valor de mercado y dividiendo éste por el valor de reposición de los activos inmovilizados. La ventaja del cociente q de Tobin yace especialmente en la neutralización de los diferentes efectos causados por las prácticas de amortización de la relación valor de mercado-valor contable.

La significación de esta magnitud es más elevada cuando son comparadas empresas similares en un largo período de tiempo.

2.3 - El conocimiento como factor de competencia

¿Cómo pueden conseguir las empresas ventajas competitivas con el desarrollo y aprovechamiento de los conocimientos?

Junto a los factores de producción clásicos, cada vez más se califica a los conocimientos como otro factor de producción. Además del trabajo y el capital, la capacidad de hacer, la experiencia de los empleados, así como los conocimientos objetivados en la planta de producción sobre procesos de producción de bienes específicamente empresariales, han ido creciendo hacia un tercer factor de producción.

Los factores de producción son bienes que sirven para la generación de otros bienes y construyen así el potencial cuantitativo y cualitativo de una empresa para la producción de rendimientos. Por consiguiente, los conocimientos se convierten en un factor necesario para la producción de rendimientos, ya que la ausencia del bien "conocimiento" puede impedir la producción planificada de un sistema de producción. También la escasez del recurso conocimiento convierte a este faltante, en el sentido de la teoría clásica empresarial, en un factor de producción[61].

---

61 Specht, 1989,101 citado por Albrecht, 59.

La consideración de los conocimientos como factor de producción puede aclarar que con la ausencia de ellos no es posible una producción con buen rendimiento, sin embargo sólo es limitadamente posible explicar las marcadas ventajas competitivas a través de los saberes, ya que éstos se consideran cada vez más como un factor competitivo estratégico. A este respecto, se han desarrollado dos puntos de vista complementarios, el enfoque referido al entorno[62] y el enfoque referido al recurso[63].

El enfoque referido al entorno, parte de que las ventajas competitivas pueden ser resultado de la inequidad de reparto de información y conocimientos entre las empresas. Cada empresa tiene ventajas de información y conocimientos con cuya ayuda pueden reconocer las oportunidades de mercado antes que la competencia y –dado que disponen de las correspondientes aptitudes– convertirlas en negocios. Bajo este punto de vista la ventaja consiste en "reconocer las diferencias de conocimientos o información económicamente importantes, así como en la transformación económica de tales diferencias"[64]. Pero una competencia dinámica trae consigo la imitación del comportamiento de las empresas con éxito y por lo tanto pierde la ventaja competitiva. Se deben distinguir nuevas ventajas de información y conocimientos, así como transformarlas en las correspondientes acciones empresariales. Por ello esta forma de competencia exige ser más rápido que la competencia.

El enfoque referido a los recursos, parte de que las ventajas competitivas se pueden conseguir cuando las empresas son o actúan de otra forma que la competencia. En contraposición al enfoque referido al entorno, en el enfoque referido a los recursos son posibles las diferencias permanentes entre las empresas, que son resultados de los recursos, que no son ili-

62 Porter, 1980.
63 Penrose, 1959, Hamel y Heene, 1994, compare con Krogh y Venzin, 1995.
64 Picot 1990, p. 6 ff. Cita basada en Rehäuser y Krcmar, 1996.

mitadamente móviles o imitables[65]. Según Barney (1992) los recursos se valoran respecto a su potencial para la creación de ventajas competitivas sostenibles según cuatro criterios:

1. Generación de valor para los clientes.
2. Rareza o escasez en comparación con los de la competencia.
3. Imitabilidad.
4. Sustituibilidad.

Los dos últimos criterios se consideran como determinantes para la obtención de ventajas competitivas sostenibles. Los obstáculos a la imitación se producen, por un lado, porque los conocimientos están, por un lado, codificados, pero, al mismo tiempo, están protegidos legalmente como, por ejemplo, las marcas y las patentes; y, por otro, porque los conocimientos de interés existen de forma implícita, si bien los saberes explícitos están unidos a personas o grupos de personas. Es decir, los obstáculos a la imitación están unidos directa o indirectamente a los conocimientos y al desarrollo de los mismos. Se observa que, cada vez más, se emplean los activos inmateriales en la explicación de ventajas competitivas sustentables.

Se argumenta que estos activos son la verdadera fuente de la fuerza competitiva y el factor clave en la adaptabilidad empresarial basándose en tres razones: Los activos inmateriales son difíciles de acumular, se pueden utilizar más veces al mismo tiempo y resultan ser tanto *inputs* como *outputs* de las actividades comerciales[66]. Se considera a los conocimientos, más que otros recursos de la empresa, como difíciles de imitar, sustituir y como un raro recurso que ofrece un gran potencial para la generación de valor. Si esto es así, entonces se plantea la pregunta de si no se tendría que definir nuevamente el concepto de empresa. Los conocimientos se convierten cada vez más en una razón de ser, considerados como factor determinante para

---

65 Barney, 1992, presentación basada en Krogh y Venzan, 1995.
66 Itami y Rohel, 1987, p. 13 y 14.

la existencia y el tamaño de las empresas. "El análisis sobre qué organizaciones son estas, podría estar basado en el entendimiento de lo que ellas son capaces de hacer"[67].

En el pasado, las cuestiones que tenían que ver con la existencia de las empresas y su tamaño, frecuentemente se aclaraban mediante la optimización de los costes de transacción. En la teoría de este tipo de costes predomina un punto de vista contractual-teórico, en el que la delimitación de la empresa hacia fuera y la estructuración interna de la organización se efectúa a través de decisiones bajo la consideración de costes de transacción y producción.

El origen de la empresa se explica a través de un empaquetamiento de contratos en la empresa que permiten ahorrar los costes de transacción, ya que el número de relaciones contractuales se reduce considerablemente frente a la colaboración contractual de individuos independientes. De todas formas, también se producen costes de transacción internos de coordinación y control, de forma que una empresa alcanza su tamaño óptimo, cuando el coste marginal de coordinación de las actividades dentro de la empresa corresponde a los costes marginales determinados por un sistema de precios[68].

Los conocimientos representan en el principio de los costes de transacción un rol subordinado. La teoría de los costes de transacción, es en gran parte un análisis estático de la empresa y ofrece poca ayuda para la actuación de la empresa en un entorno que se modifica rápidamente.

¿Cómo puede ser explicada la existencia de la empresa bajo un punto de vista de los conocimientos?

Morin entiende a la empresa como el lugar en el que los conocimientos e inteligencia individuales se reúnen en inteligencia colectiva y creativa, capaces de ser activos empresarial-

---

67 Kogut y Zander, 1992, p. 383, compare también con Richter, 1994.
68 Gablers Wirtschaftslexikon (Lexico de términos económicos de editorial Gabler), p. 3277.

mente. Desde este punto de vista las empresas existen porque están en la situación de transferir los conocimientos individuales a conocimientos colectivos y emplearlos en su desarrollo. El éxito de la empresa según este enfoque está fundado en:

1. La disponibilidad de los conocimientos individuales a un determinado nivel, con una determinada especialización, que resulta relevante para las actividades comerciales existentes en la empresa.

2. A través de la calidad de los procesos de transformación de conocimientos individuales a colectivos.

3. En la calidad de la transformación de estos conocimientos colectivos en éxitos comerciales.

Sin embargo, esta descripción de una empresa desde un punto de vista de los conocimientos no aclara todavía la existencia de la misma. Los individuos pueden reunirse para compartir sus conocimientos, estructurar el saber colectivo y, con ello, realizar negocios[69].

Según Grant[70], la existencia de la empresa está condicionada por la capacidad limitada de los cerebros humanos para conseguir, almacenar y elaborar conocimientos. De esto resulta una especialización individual en un campo particular de saberes, donde la oferta de soluciones de problemas complejos exige esfuerzos coordinados de distintos especialistas. Los mercados, por sí solos, no son capaces de asumir este rol de coordinación, ya que no pueden movilizar los conocimientos implícitos y no dan una respuesta al riesgo de robo de propiedad intelectual, en el caso de conocimientos explícitos, por un comprador potencial de saberes.

Por lo tanto, las empresas existen debido a que están en la situación de conseguir las condiciones para la producción de

---

69 Para una aclaración sobre empresas orientadas al conocimiento véase Spender, 1996, Grant, 1996, Tsoukas, 1996, Demsetz, 1991, Kogut y Zander, 1992.

70 Grant, 1996. P. 112.

bienes y servicios mediante la integración de los conocimientos especializados de los individuos que la componen. De aquí que una tarea importante de la gestión de la empresa orientada al conocimiento sea conseguir las condiciones básicas con las que los trabajadores estén en la situación de construir conocimientos colectivos y transformarlos en éxitos comerciales con sus conocimientos específicos.

Resumen:

- En este capítulo hemos visto que en las organizaciones los conocimientos se pueden clasificar y juzgar de muy diferentes maneras. El trato con los conocimientos está marcado por el punto de vista: "qué son los conocimientos y qué significado tienen para nuestra organización".

- La imagen de la escalera del saber aclara la relación de los conceptos de datos y capacidad competitiva.

- Los conocimientos pueden ser considerados según la situación, como objeto o como proceso. En este libro se profundiza en la consideración de proceso de los conocimientos.

- La disponibilidad de los conocimientos se determina por la transferencia alternativa de conocimientos individuales en colectivos y conocimientos implícitos en explícitos.

- Los conocimientos se consideran componentes del activo inmaterial o "capital intelectual". El valor de los conocimientos se basa en la escasez y en el potencial de creación de valor.

- Los conocimientos pueden ser considerados como factor de producción, factor competitivo estratégico o como fundamento de existencia de las empresas. La imitabilidad y sustituibilidad de los conocimientos son criterios determinantes para la ventaja competitiva sostenible.

Capítulo 3
Organización del conocimiento

3.1 - El balance de la gestión empresarial

Las empresas que quieren tener éxito en la competencia de conocimientos, deben dominar dos tipos de balances: uno es el que se corresponde con el dominio de la estabilidad y la renovación, y el otro que tiene que ver con la cooperación y la competencia. Por un lado, la excesiva estabilidad puede impedir la renovación, pero, por otro lado, demasiada renovación puede significar que ya no es posible un controlable desarrollo comercial. Esto se suele observar en aquella empresa que lucha con la denominada "maldición de las tasas de crecimiento", las que suelen ser demasiado altas.

Algo parecido ocurre con el equilibrio entre cooperación y competencia, tanto dentro como entre las empresas. Por ejemplo, una alta competencia en la elección de empresas proveedoras puede traer altos rendimientos a corto plazo, pero en el mediano plazo pueden conducir a una lucha extrema de precios, problemas de calidad y un alejamiento de las fuentes de conocimiento. Una competencia encubierta interna en la empresa impide el intercambio de las mejores prácticas, conduciendo inexorablemente a que los conocimientos no se difundan. A su vez, una excesiva cooperación, si bien permite a la competencia acceder a los conocimientos, impide soluciones beneficiosas respecto a los costes, ya que se focaliza en el trabajo conjunto a cualquier precio[71].

---

71 Con referencia a sinergias véase Marki, 1995.

Estabilidad y renovación, cooperación y competencia son el *leitmotiv* de la gestión de la empresa orientada al conocimiento, como veremos a continuación.

3.1.1 - ESTABILIDAD VERSUS RENOVACIÓN

Algunos interrogantes que se presentan a continuación permiten dilucidar ciertas situaciones de apariencia inextricable. ¿Cómo tienen éxito las empresas que equilibran estas dos fuerzas contradictorias de estabilidad y renovación? ¿Cómo fomentan las empresas el orden y el control mientras reaccionan a los desafíos de renovarse y aprender?[72] ¿Cómo pueden conseguir las empresas condiciones básicas relativamente estables, en las que se pueden combinar y organizar flexiblemente a trabajadores y recursos?[73]

Por un lado, las empresas deben tener la capacidad de comportarse de manera distinta, combinando sus recursos de una nueva manera[74]. Los conocimientos representan una cartera de opciones, configurando en cierta forma una plataforma para desarrollos futuros.

El concepto denominado "plataforma organizativa"[75] tiene en cuenta este punto de vista. Es decir que las empresas deben estar en la situación de desarrollar eficientemente sus negocios operativos, aprovechar lo mejor posible sus experiencias y capacidades en situaciones competitivas a corto plazo, pero a la vez deben buscar la forma de equilibrar las tensiones que se originan en este crecimiento.

Bajo un punto de vista orientado a la evolución[76], una empresa acumula conocimientos a lo largo de su existencia, los

---

72 La presentación basada en Volderba, 1997.
73 Véase Ciborra, 1996, 113.
74 Guth y Ginzburg, 1990.
75 Ciborra, 1996, véase también Kogut y Zander, 1992.
76 Con respecto a la teoría evolutiva de la empresa véase, entre otros, D. Schneider, 1996, Seglar, 1985.

que no sólo son fuente de la movilidad, sino también de aptitudes específicas. La determinación y especialización en determinados campos de actividad y modelos de acción resulta de los costos de varios recursos, en los que la empresa ha enfocado su capacidad de hacer a través de las inversiones hechas en medios de elaboración, instalaciones, personal, programas de desarrollo, etc. Además, los empleados asumen ciertos modelos mentales compartidos por la empresa, los que hacen a un determinado dominio habitual del comportamiento humano en la toma de decisiones de los distintos niveles de la misma.

Los modelos mentales son supuestos e imágenes profundamente arraigados que influyen sobre la forma de actuar y comprender el mundo, siendo el dominio habitual un conjunto de ideas y conceptos los cuales son codificados y almacenados en nuestro cerebro en un determinado período de tiempo, hasta que se produce la ocurrencia de un evento extraordinario. Este fenómeno puede ser probado matemáticamente mediante el modelo de redes neuronales de reconocimiento de patrones, cuyo resultado cumple ampliamente las hipótesis básicas del mecanismo de comportamiento humano.

Los conocimientos acumulados posibilitan, en el caso positivo, un desarrollo efectivo de los negocios operativos dando lugar a un mayor fortalecimiento de las ventajas de la empresa y contribuyendo al perfeccionamiento constante. Es en este tipo de estabilidad dinámica que se basa la gestión total de la calidad.

En forma similar a una perspectiva evolutiva, el punto de vista relacionado con los recursos de la empresa[77] parte de que la misma representa una reunión de recursos materiales tangibles e inmateriales o intangibles, que deben ser identificados, escogidos, desarrollados y medidos para alcanzar ventajas competitivas.

---

77 Nelson y Winter, 1982.

Por otro lado, una empresa que lleva demasiado lejos su capacidad de innovación, y con ello su estabilidad, descuidando la producción eficiente del producto, no es competitiva.

Caso 7: Oticon y la organización espagueti[78]

A las 8 horas en punto de la mañana del 8 de agosto de 1991 comenzó lo que en la empresa Oticon todavía hoy se conoce como revolución cultural. Se trata de la transformación de un fabricante de audífonos que en la primavera de 1992 se convirtió en la primera empresa proveedora mundial de audífonos completamente digitales. La firma está convencida de que su actual posición de mercado se debe a su permanente renovación llevada a cabo en el marco del modelo denominado organización espagueti.

Con la imagen de esta típica pasta de tradición italiana, Oticon ha descrito la diferencia entre una forma organizativa, jerárquica y lineal, y una forma organizativa creativa y no lineal: la explicación se focaliza en que si se apilan espaguetis crudos, se puede pensar en una analogía de las comunicaciones donde se reflexiona acerca de cómo debe hablar el espagueti 77 con el espagueti 23. Como estos dos espaguetis no se tocan directamente, por lo tanto el espagueti 77 debe llegar al espagueti 23 a través de los espaguetis número 92, 98 y 95. De esta forma se observa el flujo de las informaciones a través de rodeos e intermediarios, en un sistema jerárquico donde los conocimientos no se intercambian directamente.

Se repite el experimento con espaguetis cocinados, donde se observa que el espagueti número 77 toca de alguna forma, en el confuso ovillo de espaguetis, al número 23, en tanto que muchos otros pueden a la vez escuchar y discutir cuando los dos espaguetis se comunican. El número de puntos de contacto y compañeros de conversación en el ovillo de espaguetis es mucho mayor que en el caso de los espaguetis

---

78 Hensch y Wiesner, 1997, 15 ff.

crudos. Esta analogía resulta de interés cuando se cambian los espaguetis por trabajadores. En vez de un plato de pasta se obtiene una organización espagueti, es decir, un enrejado de relación y comunicación como se vive en Oticon, donde de cada miembro de la empresa se espera un desempeño simultáneo en varias y distintas funciones donde hagan lo mejor que se pueda hacer.

Todas las actividades pueden ser llevadas a cabo por grupos de trabajadores del mismo nivel, con la libertad de tomar la iniciativa y de llevarla a cabo en forma independiente. La comunicación se efectúa en gran parte sin papeles e informalmente, resultando una corta conversación mucho mejor que un largo memorándum. En este contexto, los medios electrónicos apoyan las tareas rutinarias. Como en el cerebro humano, donde gran número de células cerebrales se comunican entre sí de una forma confusa y casual originando la red de impulsos y reacciones sinápticas un pensamiento claro, así debe ser la caótica e ilimitada comunicación, que da lugar a nuevos conocimientos sobre los audífonos totalmente digitales e inteligentes. De esta forma es que se consiguió en seis meses de interacción de este modelo de plataforma organizativa la introducción de la revolución cultural de la empresa.

¿Cómo tuvo lugar este tipo de revolución cultural? A los denominados "trabajadores espagueti" no cocidos y acostumbrados a la jerarquía, se puede decir figurativamente que se los echó en agua hirviendo. El comienzo de la nueva organización se fijó con el traslado de las oficinas principales a las áreas creadas específicamente para la organización-espagueti, donde el mensaje clave fue "el 08.08, a las 8:00 somos una organización-espagueti". La preparación de la revolución, su planificación y las obras necesarias duraron alrededor de 15 meses, en tanto que la terapia de *shock* del traslado, pocos días. Las resistencias y los miedos pudieron ser superados en gran parte a través de un trabajo de convicción paciente y de una comunicación abierta efectuados previamente, antes de producirse la reorganización. La principal motivación fue la perspectiva de un trabajo mejor, más interesante y más satisfactorio. Además, el resultado de la reorganización redujo el número de los escépticos. Poco después de la reorganización se observó en Oticon que los audífonos totalmente automáticos e inteligentes –que se había fijado la organización como objetivo– se habían descubierto desde hacía mucho tiempo en la empresa.

Debido a los problemas técnicos, a la carente comunicación entre los departamentos de investigación y desarrollo y de promoción de ventas de aquella época y debido a la carente imaginación, nadie había clasificado el proyecto como prometedor. En la organización espagueti se reconoció enseguida el potencial de este descubrimiento y se explotó en un tiempo récord. Se desarrolló un nuevo concepto de *marketing* y el tiempo de desarrollo de nuevos productos se redujo a la mitad. La transformación en una empresa orientada al conocimiento ha cambiado fundamentalmente a Oticon, de un productor de audífonos a una empresa que se ocupa de cuidados integrales del oído.

3.1.2 - COMPETENCIA VERSUS COOPERACIÓN

Bajo el punto de vista de los conocimientos las empresas aprenden cada vez más a combinar los antagonismos de competencia y cooperación. Así es que, por ejemplo, se desarrollan conjuntamente en la industria electrónica nuevos chips de memoria por el trabajo conjunto de empresas rivales (por ejemplo Siemens, Motorola, Intel, Matsushita), aunque ingresen al mercado competitivamente con distintos productos. La colaboración intensiva y a largo plazo de las empresas automovilísticas con sus proveedores es otro ejemplo de competencia y cooperación bajo el punto de vista de los conocimientos.

El cliente, lógicamente, saca buen provecho de la situación de competencia en la elección de los proveedores; sin embargo, en el largo plazo, se une a los proveedores para construir nuevas competencias. Por lo general, la competencia se encuentra cada vez más en el ámbito de productos finales claramente diferenciables y no en el ámbito de componentes o módulos.

Cuando la firma BMW quiere proporcionar "el placer de conducir" del automóvil no desperdicia ningún conocimiento, así se trate del desarrollo de una dínamo que la diferencie de la competencia. La empresa cede esta innovación con plena confianza a los proveedores de autopartes de este tipo de productos. En estos casos, BMW, en vez de concentrarse en este tipo de producto, focaliza su atención en aquellos campos que posibilitan las diferenciaciones perceptibles y deseables por los clientes.

La principal característica de la empresa inteligente es saber realizar el balance entre competencia y cooperación. Suele ocurrir que distintas sucursales de una consultora empresarial o de una aseguradora compitan por los mismos clientes. Dentro y entre empresas se origina cada vez más una colaboración competitiva. En esta "colaboración competitiva"[79] cooperan empresas para mantener el acceso a los conocimientos o bien para adquirir conocimientos colectivos, siendo el *benchmarking* entre la competencia un buen ejemplo de la estrategia de competencia y cooperación.

En las grandes empresas pueden surgir cooperaciones en determinados campos de la actuación comercial a través de alianzas estratégicas, mientras que en otros campos son fuertes competidores. En resumen, se puede decir que la colaboración competitiva es un juego donde se suman las ventajas que fortalecen en el tiempo la capacidad competitiva de ambos socios.

---

79 Hamel, 1991,86.

	Cliente	Proveedor
	Un jugador es nuestro competidor cuando ...	
Competidor	los clientes estiman menos el valor de nuestros productos cuando ellos disponen los mismos de otros jugadores (Ejemplo: Autos con igual clase de rendimiento)	para un proveedor es menos atractivo suministrarnos únicamente a nosotros que cuando suministra en forma simultánea a otros jugadores (Ejemplo: Competencia para portador de *know-how*, para capital)
	Un jugador es nuestro complementario cuando ...	
Complementario	los clientes estiman más el valor de nuestros productos cuando adicionalmente ellos disponen los mismos de otros jugadores (Ejemplo: CD y reproductor de CD)	para un proveedor es más atractivo suministrarnos a nosotros, cuando él adicionalmente suministra a otros jugadores (Ejemplo: Producción en grandes cantidades de *chips* electrónicos)

Figura 3.1 - Situación de la decisión entre competencia y complementariedad

¿Cuándo se anuncia la cooperación y cuándo la competencia? Nalebuff y Brandenburger han investigado esto bajo el punto de vista de la teoría de juegos y han acuñado el concepto de "*co-opetición*"[80]. Los jugadores en el mercado son complementarios o competidores, y determinan la forma de la relación con clientes y proveedores. Para decidir si es más ventajosa la cooperación o la competencia en una empresa se deben examinar y deducir su estrategia de "*co-opetición*".

La cooperación no siempre es planeada y estipulada a nivel de gestión, originándose muchas veces informalmente. Así, Stadler y von Hipple[81] han podido demostrar tomando el ejemplo de empresas de acero competitivas en EE.UU., que los trabajadores negociaban sus relaciones laborales informalmente sobre la base de la reciprocidad de informaciones según el principio DIRI (Dar Información; Recibir Información).

---

80 Nalebuff y Brandenburger, 1996.
81 Stadler, 1995 y von Hipple, 1987.

La cuestión acerca de cuáles son las formas de organización que pueden ser creadas por la combinación de estabilidad y renovación, competencia y cooperación, ganancia monetaria a corto plazo y construcción de aptitudes a largo plazo, conocimientos individuales y motivación, así como el logro de una negociación colectiva en un contexto local y al mismo tiempo global, podría ser resuelta bajo el punto de vista de la construcción y transferencia de conocimientos.

3.1.3 - Organización del conocimiento

Por lo general convergen y se entrelazan distintos tipos de dimensiones de organización estructural y procedimental. El conocimiento se encuentra en departamentos específicos, proyectos y procesos de negocios relacionados y allí no es sistemáticamente elaborado, particionado y transferido a las unidades organizacionales. Pareciera que de los muchos lenguajes empleados en una empresa, el más relevante es aquel determinado por la fundamentación de las dificultades que se encuentran en el camino de estructuración de una empresa orientada al conocimiento.

Con respecto al entendimiento organizacional, la tesis correspondiente observa que en la empresa falta la cuarta dimensión de la organización del conocimiento, considerando:

- La organización jerárquica y funcional.
- La organización del proceso.
- La organización del proyecto.

Estas tres dimensiones no se encuentran bien configuradas si no se cuenta con los conocimientos necesarios y con una perspectiva sistemática de generación y utilización, así como de superación de los límites que circunscriben a las unidades organizacionales.

La organización jerárquica por lo general presenta una unidad funcional organizativa de tal forma que los productos configuran continuidades de elementos estructurantes, los que, a su vez, en un determinado ámbito regional poseen una identidad, un lenguaje específico y un comportamiento adecuados para la solución de problemas. Así es que se observa que las personas que trabajan en *marketing* piensan distinto a los investigadores y a los que trabajan en logística y en producción. La solución de los problemas de los clientes se resuelve mediante un proceso complejo de entendimiento donde el conocimiento se subordina a las áreas de función.

Para sobreponerse a estas barreras con el objetivo de satisfacer efectiva y creativamente necesidades, tanto de los clientes internos como externos, se creó la segunda dimensión denominada organización del proceso. Ésta trata, en este contexto básicamente, de relacionar los conocimientos orientados al cliente. Cuanto más se canalizan los conocimientos a lo largo de la cadena del proceso mejorando su desarrollo y transporte en forma continua, tanto más bajo es el coste de la transferencia de los mismos entre distintos procesos.

Los procesos se comportan como los hilos de un tejido, los cuales comienzan a separarse cuando la trama o red que los sostiene no cuenta con un aprendizaje adecuado y la correspondiente transferencia del conocimiento. Es por eso que los procesos necesitan de estabilidad y mejoras incrementales, sobre todo cuando falta la capacidad para resolver cuestiones implícitas que hacen a la conducción de la organización del proceso.

Lo citado anteriormente necesita de una tercera dimensión que relacione los conocimientos agregados, considerando que la organización de proyectos tiene por meta orientar el conocimiento a un determinado objetivo al tiempo que se elaboran en forma conjunta nuevas soluciones.

Los proyectos, sin embargo, no suelen tener continuidad y solamente son condicionados en situaciones tales donde la elaboración sistemática de experiencias, la generación y extensión del proyecto es utilizable. En esto se observa que las tres dimensiones mencionadas no están conformadas para que los conocimientos despierten intereses de explotación local por parte de algunas unidades de la organización para su generación y aplicación en el corto plazo, y es por ello que se necesita de una cuarta dimensión.

La organización de conocimientos es la que crea un contexto común donde se posibilita la extensión específica del entendimiento mediante la formación de un lenguaje común, el fomento de la compatibilidad en las capacidades para la solución de problemas, la configuración de un espacio de interacción de los seres humanos, la infraestructura física, la información y tecnología, así como los medios para su representación y difusión en los procesos de aprendizaje.

A continuación se presentan algunas formas seleccionadas de organización considerando específicamente la estructura y transferencia del conocimiento, donde el lector puede evaluar hasta qué punto estas formas de organización permiten disponer de un espacio para una cuarta dimensión.

3.2 - ALGUNAS FORMAS DE ORGANIZACIÓN TÍPICAMENTE IDEALES

Para aumentar la efectividad y la eficiencia en el pasado las empresas han dispuesto sus organizaciones según grupos de producto, inversiones de procesos, necesidades geográficas o funciones[82]. Estas formas de organización tienen en cuenta los criterios de estabilidad, especialmente el control, donde las exigencias de renovación, el deseo de muchos colaboradores de más espacio y creatividad, técnicas de información y comunicación que posibiliten la realización de nuevas formas

---

82 Véase, entre otros, Frese, 1987, Kieser y Kubicek, 1997, Galbraith, 1995.

de organización, de las cuales solamente cuatro tipos ideales son tenidas en cuenta a continuación[83], a saber: infinitamente plana, invertida, explosión de estrellas y telaraña.

Las mismas se diferencian desde el punto de vista de los conocimientos, por medio de la:

1. Localización de los conocimientos: ¿Dónde se encuentran en primera línea los conocimientos que presentan las competencias clave de una empresa?

2. Localización de la clientela: ¿Dónde se transforma el conocimiento en nuevas soluciones para los clientes?

3. Determinación del flujo de conocimiento: ¿En qué dirección fluyen los conocimientos creadores de valor?

4. Aplicación del método de la construcción de conocimientos: ¿Cómo transforma una organización la base de los conocimientos individuales en conocimientos colectivos?

Todas las formas de organizaciones señaladas tienden a delegar la responsabilidad donde tienen lugar los contactos entre la empresa y los clientes, creando una organización más plana y reduciendo los niveles jerárquicos. Todas buscan los caminos que permitan una comunicación más rápida con los clientes en una forma adecuada y más individual. Estas formas de organización exigen un abandono de la forma de pensar tradicional sobre la línea de mando, la estructura "un trabajador, un jefe", el centro como fuerza directiva y la gestión de activos físicos como clave del éxito, pero cada una se diferencia sustancialmente en sus objetivos y en su gestión. A continuación se representa cada tipo de organización tanto en su fundamentación teórica como empírica.

3.2.1 - LA ORGANIZACIÓN INFINITAMENTE PLANA

En este tipo de organización se pone en contacto un centro con muchos nodos, los que teóricamente pueden ser infinitos.

---

83 Quinn et al., 1996, Tadler, 1995 y von Hipple, 1987.

Esta analogía se puede observar, por ejemplo, en los empleados del servicio exterior, y en sucursales o entre socios de negocios con franquicia. La aptitud del líder o los conocimientos necesarios para construir y dirigir una cadena de comida rápida, para comercializar la vajilla Tupperware o los productos cosméticos de Avon se encuentran en el centro de la organización, en tanto que los conocimientos de clientes se suelen manifestar paralelamente con escasa comunicación directa con el empleado de la sucursal, negocio, etcétera.

El centro de la organización infinitamente plana se identifica con la fuente de información, la coordinación, la sección de transferencia de las mejores prácticas, es decir, con las soluciones de problemas. Este centro es el motor para un proceso de crecimiento, en el que nuevos nodos identificados por entidades microeconómicas son introducidos en el mercado. A partir de esta conceptualización se infiere que estos centros generarán nuevos productos y prestación de servicios en forma continua, los que serán incrementados por las vías electrónicas de comunicación donde, por ejemplo, los nodos son puestos a disposición para ser configurados a través del correspondiente paquete de *software*.

Tales estructuras de organización planas, resultan especialmente efectivas cuando las actividades de los nodos se separan en fases simples para poder ser optimizadas. Éste es el caso de las recetas y directivas empresarias en las cadenas de comidas rápidas o en los componentes básicos de las transacciones que manejan los operadores financieros o bancarios. En el mejor de los casos se acelera la curva de aprendizaje en los sistemas de información de toda la empresa, de forma tal que el empleado con un nivel de capacitación relativamente escaso puede obtener un comportamiento de alta capacidad de rendimiento.

En cierta forma esto último recuerda a la división taylorística del trabajo, donde concurre una alta eficiencia con rápido crecimiento en un proceso continuo de innovación.

En organizaciones denominadas de superficie infinita, corporizadas por ejemplo, en la empresa postal Federal Express o en los macromercados de consumo Wall Mart de EE.UU., donde no existe más el tipo de carrera tradicional. Los sistemas de estímulo salarial deberán tener en cuenta una gran cantidad de características de rendimiento cualitativas y cuantitativas.

Este tipo de organización plana presenta una posibilidad interesante en la estructuración y equipamiento eficiente para el sensado del mercado de organizaciones inteligentes con trabajadores que cuentan con escaso nivel de capacitación.

Caso 8: Transferencia en la prestación de servicios financieros - Merill Lynch

En la firma Merill Lynch de los EE.UU. se han desarrollado las operaciones de negocio de cerca de 18.000 agentes (corredores) en más de 500 agencias de negocio ampliamente dispersas en las que se ofrece a los clientes soluciones hechas a la medida.

El operador local actúa como un empresario independiente que no cuenta con una gran experiencia en el negocio de inversiones ni posee largos años de capacitación en el rubro. No obstante, al disponer de un sistema desarrollado de información, está en la situación de suministrar recomendaciones de inversión bien diferenciadas, así como también informaciones detalladas y precisas sobre una gran cantidad de complicados instrumentos financieros.

El apoyo a estos operadores se efectúa desde una central en la que trabajan pocos expertos en finanzas con sobresaliente capacidad de análisis. Ellos cooperan con otros especialistas externos, entre los que se cuentan aquellos descubridores de nuevos modelos de inversión que evalúan las conclusiones de los procedimientos de negocios y recolectan sus peritajes en modelos de software y en bancos de datos.

La central descompone en partes el proceso de asesoramiento de inversiones, en pasos reproducibles simples, y pone la información a disposición de los operadores financieros. La red electrónica de comunicaciones de la empresa garantiza al operador el acceso inmediato al conocimiento requerido en cualquier momento.

Ellos son informados por la central en forma detallada en lo que respecta a cierres de firmas, directivas de negocios, ingresos, condiciones de los valores negociables, alternativas de inversión, consideraciones impositivas y nuevas ofertas en valores negociables.

Como se mencionó oportunamente, el software de la firma siempre está disponible en línea y también es útil como un medio de capacitación rápida. Con este modelo de organización se asegura que todos los operadores trabajen de acuerdo a directivas legítimas, con gran parte de los errores eliminados en los escritos y en los cálculos, en tanto que los clientes son provistos con nueva información del mercado. En forma resumida, esto significa que el estado total del conocimiento de la empresa está a disposición de cada uno de los operadores.

En los proyectos grandes y complejos se forman grupos específicos, con la finalidad de reunir por corto tiempo a los talentos diseminados en las distintas unidades de la empresa para solucionar un problema determinado del cliente. De esta forma, los operadores trabajan en forma conjunta durante años en muchos proyectos diferentes con distintos colegas.

Esto significa que para desarrollar negocios se complementa el concepto de organización de superficie infinita con la estructuración en red que relaciona el reembolso o remuneración de los empleados con su participación en proyectos de desarrollo para los clientes. Por lo general son sancionados aquellos empleados que no actúan orientados a la actividad grupal o no asesoran satisfactoriamente a los clientes[84].

---

84 Presentación basada en Quinn et al., 1996, 99 ff.

3.2.2 - La organización invertida

Este tipo de forma de organización considera a la tradicional pirámide jerárquica, pero invertida. Tanto las competencias especiales de la empresa como los conocimientos del cliente se encuentran en los nodos, y no en el centro. Ejemplos de tales organizaciones son los hospitales o empresas de consultoría, donde los nodos se identifican con los médicos y los socios de la consultora. En la organización invertida, se intercambia generalmente el conocimiento entre los nodos y el centro, y viceversa. Tal tipo de reparto del conocimiento es distributivo, es decir que la organización ofrece un apoyo logístico o administrativo a sus especialistas, pero no emite órdenes o controles que hacen a la operatoria del negocio.

La función de la gestión de línea básicamente se limita a la superación de los cuellos de botella, al desarrollo de una cultura empresarial y al asesoramiento según consulta. Estos son algunos aspectos que hacen al intercambio de experiencias y al trabajo mancomunado así como también a la disposición de ofertas de prestaciones de servicios para especialistas.

Puede existir lógicamente una jerarquía dada para asegurar la consistencia del desarrollo de tareas de acuerdo a determinadas reglas, como por ejemplo, las regulaciones legales. La gestión de línea asume, por así decirlo, la función de comando.

La organización invertida funciona bien cuando se efectúa la prestación de servicios a los clientes, es decir, cuando la más importante actividad está indicada en el momento que ocurre el contacto con el cliente (médico), y cuando los empleados necesitan disponer de una mayor información y conocimientos sobre los problemas de los consumidores y posibles soluciones de cualquier otra empresa.

Un especial desafío para tales organizaciones invertidas es la confiscación o apoderamiento de una efectiva transferencia de conocimientos y una estructuración de las competencias de la empresa en su totalidad como pensamiento colectivo, así como también el aseguramiento de que una idea tenga lugar, cuando un especialista o un grupo de expertos la deja a disposición de la empresa para que puedan desarrollarse otros nuevos campos de negocios.

Más allá de la pérdida formal de autoridad para los antiguos jefes de tipo tradicional, esta situación puede resultar traumática.

A los especialistas usualmente les gusta ignorar las reglas y normas de la empresa y esa es la razón que explica porqué en la organización invertida son influyentes los sistemas de valores e incentivos, los que permiten hacer efectivo el pago del rendimiento individual, como la acción cooperativa que impulsa el desarrollo de toda la empresa. Cuando esto no ocurre, no se traslada la alta competencia individual en una mayor capacidad de la empresa. Un ejemplo típico de ello es la universidad, la que exceptuando algunos casos aislados, cuenta con algunos catedráticos de una alta competencia específica en determinados ámbitos del saber, que no son aprovechados para que en actividades conjuntas, eleven la competencia y capacidad de renovación de la misma.

Caso 9: Prestación de servicios de rehabilitación NovaCare

Con la reforma del régimen de salud en la República Federal de Alemania se está en la búsqueda de nuevas estructuras. Una interesante comparación con respecto a la organización de profesiones paramédicas es la prestadora de servicios de los EEUU NovaCare, en la que actúan en un tipo de sistema de franquicia más de 5.000 terapeutas, entre los que se cuentan terapeutas ocupacionales, fonoaudiólogos, fisioterapeutas, etc.

Estos especialistas ofrecen sus servicios en más de 2000 lugares distribuidos en 40 estados, siendo fuertemente reducidas sus actividades indirectas y del tipo administrativo por parte de la central la que, a su vez, asume, por ejemplo, las contrataciones con instituciones que cuentan con instalaciones de rehabilitación, asilos de ancianos, etc., el pago de los servicios profesionales como así también el apoyo en la planificación de entrevistas e informes sobre el transcurso del tratamiento. Además se organizan los estudios de actualización profesional así como el ofrecimiento de prestación de los terapeutas, con la finalidad de obtener una estabilización y elevación del nivel de ingresos.

NovaCare almacena gran parte del conocimiento de sus especialistas en un sistema de software y por medio de procedimientos administrativos, por ejemplo, directivas mediante las cuales los terapeutas pueden cumplir con las indicaciones respecto a los pacientes, planificación de plazos y presentación de facturas.

La mejora del rendimiento de la empresa NovaCare se debe, en parte, a su observación de las tendencias, casos y problemas donde puede ganar experiencia cuya validez se proyecte hacia el futuro. Su servicio de Novanet reúne informaciones de todos los terapeutas, en lo que respecta a costos, prestación de servicios, especialmente métodos de tratamiento, así como las modificaciones de modelos de cuidados médicos en distintas áreas.

Estas informaciones son de significación decisiva para la contratación, capacitación, motivación y actualización profesional de los terapeutas. Con ellas los conocimientos son fáciles de acceder y pueden ser analizados, pudiendo llegar a ser protocoladas este tipo de actividades en bloques de 10 minutos.

Estas informaciones detalladas son almacenadas en un banco de datos, y que pueden ser utilizadas para una serie de aplicaciones de interés, por ejemplo, instalaciones de cuidado, hospitales, clínicas de rehabilitación, aseguradoras de salud, etc. NovaCare utiliza detalladamente informes de colegas y pacientes, para así poder evaluar y remunerar a sus especialistas basándose en la calidad y el rendimiento ofrecido de los mismos.

Los terapeutas disponen de una amplia independencia, especialmente en lo que se refiere al tratamiento de los pacientes. Las oficinas regionales de administración de la empresa llevan a cabo líneas de trabajo bajo su responsabilidad tales como la contabilidad, marketing y logística para apoyo de sus terapeutas. Desde este punto de vista resulta de sumo interés la distribución de la estructura organizativa en temas que tienen que ver con la logística, el análisis y el apoyo administrativo que responden a tareas estructurales, las que son efectuadas por terapeutas calificados[85].

3.2.3 - La explosión de estrellas

Son organizaciones que pueden ser presentadas como la forma que adquiere la explosión de una estrella al disponer de conocimientos especializados y creativos de valor, tanto en los nodos como en el centro. Este tipo de empresa genera constantemente nuevas áreas de negocios, es decir, nuevas empresas, las que a su vez generan y estructuran nuevos emprendimientos empresarios y así sucesivamente.

El inversionista actúa con amplia independencia proporcionando su capital al mercado. La organización tipo explosión de estrella es análoga a un *holding* financiero al estar definida como una participación de conocimientos ofrecidos por especialistas competentes para que continuamente generen nuevos emprendimientos.

Ejemplos de este tipo de empresas son los estudios de cine, aseguradoras o también empresas de *software*, las que con ayuda del procesamiento electrónico de datos desarrollan productos diferenciados y nichos de mercado. En este modelo de empresa se observa la constante renovación y recombinación de conocimientos mediante los que se puede llevar a cabo una significativa comparación como así también la estabilización

---

85 Presentación basada en Quinn et al., 1996, 191 ff.

de los componentes organizativos. Las organizaciones del tipo explosión de estrella son, por lo tanto, exitosas cuando disponen de costosos y complejos recursos *know-how* que les permiten actuar en un ámbito de negocios que se modifica rápidamente. Es por esto que los conocimientos caros y especializados son amortizados en mercados diferentes.

En este modelo de organización su centro configura una cultura de empresa, cultiva la innovación y el riesgo, fija prioridades y selecciona personas clave. En cierta forma, es una empresa dentro de la empresa la que proporciona los recursos más eficientes. La actividad empresaria tiene lugar en el actor que realiza la inversión, en tanto y en cuanto sea económicamente exitosa y disponga de un buen margen de libertad para configurar adecuadamente su área de negocios.

Un problema clásico en esta forma de organización, es que la gestión central frecuentemente pierde, en un tiempo muy corto, la confianza en el responsable de la colocación de inversiones, cuando no se posiciona rápidamente con éxito en un mercado deseado. Por lo general, se intenta consolidar a este operador y, con ello, influir en la dinámica de su actividad. Uno de los problemas que se presenta cuando el operador desarrolla una alta demanda de capital, es que la central no puede cubrir un monto determinado, siendo no deseada una capitalización en el mercado.

Caso 10: El generador de productos – 3M

La compañía Minnesota Mining and Manufacturing (3M) es poco conocida en cuanto a su estrategia de planificación de largo plazo en el desarrollo de procesos y productos, como así también por su capacidad, espíritu inventivo y actuación empresaria tipo bottom up. En 3M la obsesión por generar nuevos productos está corporizada por el denominado undécimo mandamiento: "Tú no debes matar ninguna nueva idea de producto". Contrariamente a los procedimientos tradicionales de decisión, en 3M no se aplica el principio de que una idea tiene que ser comprobada en todos sus detalles, sino que prevalece el que hace referencia a "aquel que opina que una idea no es buena tiene que observar la carga de la prueba".

El colaborador dispone hasta el 15% del tiempo de trabajo para proseguir con sus sueños e ideas libremente (la regla del 15%). Cada unidad de negocio es medida entonces para saber si alcanza al menos un 25% de la producción de los productos que cuenten con al menos cinco años de antigüedad. La práctica demuestra que considerando estos aspectos se establece un poco más del 30% del volumen de las ventas.

3M crea las condiciones marco dentro de las que individualmente los inventores y la empresa puedan desarrollar sus ideas bajo el lema "crecer y separar", para que continuamente se generen nuevas unidades de negocio. El apoyo de este crecimiento suele ser llevado a cabo mediante una categorización de tecnologías esenciales, una serie de foros técnicos, la ampliación de los grupos de trabajo y una determinada tolerancia a las fallas.

Cuando una idea de negocio no es exitosa, tanto el inventor como la empresa en sí, tienen la garantía de retomar las actividades de su anterior puesto. Lo importante es que este tipo de leyenda del inventor o empresario exitoso es impulsado a ser imitado. Así es que se cuenta cómo Art Fry cuando estaba cantando en el coro de la ópera y se cayó su apunte musical, tuvo la idea de desarrollar un papel que sea adhesivo. Se trató de una creación que tuvo que vencer una serie de obstáculos y comentarios tales como: "Algo así no lo necesitamos para nada", hasta su cristalización como producto de un negocio exitoso[86].

---

86 Véase las presentaciones de Nonaka y Takeuchi, 1995.

3.2.4 - La red telaraña

La red telaraña es la metáfora de una red organizacional ideal típica. Las redes de una empresa se forman por un conjunto de actividades económicas, las que se identifican en un mercado con coordinaciones y jerarquías organizadas que se vinculan entre sí en forma inteligente y las que a través de relaciones cooperativas, competitivas y relativamente estables entre más de dos empresas independientes, son señaladas como unidades empresarias[87].

Los nodos en un centro empresario de competencias pueden significar tecnologías específicas, productos o servicios, y los nodos pueden ser identificados como portadores de responsabilidades regionales existentes en el largo plazo y también como proyectos temporarios. La forma más pura de este tipo de red es internet, la cual no está gobernada por nadie y donde se posibilita un intercambio de informaciones. Para determinadas situaciones de pedidos o proyectos se produce un desplazamiento del conocimiento en la red tal como cuando una araña va en busca de su presa. Los conocimientos fluyen entre diversos nodos.

El desarrollo del conocimiento es del tipo exponencial. Inclusive con una muy pequeña cantidad de nodos resulta una multiplicidad de combinaciones. Tales redes referidas a pedidos, encargos o proyectos existen desde hace siglos, tanto en las universidades como en los grupos comerciales. Un modo típico de trabajo temporal conjunto es el desarrollo de soluciones específicas para la relación consumidor/usuario.

La ventaja de las redes se focaliza en la simultaneidad, la alta especialización, el servicio en diferentes regiones geográficas, así como también la concentración en un problema específico o la atención exitosa de las necesidades de un usuario determinado. Es por eso que este modelo de red encuentra a su vez aplicaciones en la gestión internacional de empresas, por

---

87 Sydow y van Well, 1996, 197.

ejemplo, en la forma del modelo transnacional empresario[88]. Tan bueno es este tipo de red para una rápida respuesta y soluciones de problemas *ad hoc*, como de difícil aplicación en el desarrollo de estrategias de largo plazo.

Las redes funcionan solamente en una cultura de apertura y voluntad de cooperación donde la competencia entre nodos individuales como partes específicas del conocimiento, pueden ser evitadas.

Los sistemas de evaluación podrían ponderar en forma sencilla el éxito individual como así también el aporte sumado al triunfo de los otros nodos de la red. Subrayando lo anterior podemos agregar que los intereses comunes de los miembros de la red, un sistema común de valores o la coincidencia de sistemas de evaluación y la ganancia redituable a través del trabajo en conjunto son esenciales para cada red.

Según Quinn[89] para una efectiva gestión de red se debe observar lo siguiente:

1. Las redes deberán solaparse, para mejorar su aprendizaje y el intercambio de información.

2. Las estructuras jerárquicas deberán permanecer indefinidamente conscientes.

3. Los objetivos de la red (objetivos de proyecto) son continuamente ajustados y reforzados.

4. Para elaborar las reglas de asignación de medios, es decir, la distribución de las ganancias, los nodos individuales deben ser evitados.

5. El desarrollo de los mecanismos continuos sirve para conducir la red hacia ambientes externos de negocio, donde existen nodos con información actualizada.

6. Tanto los usuarios como también los colegas deberán evaluar el rendimiento de los nodos.

---

88 Bartlett y Ghoshal, 1989, véase capítulo 5.3, que trata sobre configuración y control de las condiciones marco.

89 Quinn, 1996,22.

7. Los trabajadores implicados en los nodos son incentivados en forma grupal o individual mediante recompensas o remuneraciones.

Por regla general, varias de estas idealizaciones típicas de formas organizacionales se encuentran una al lado de la otra. Así, por ejemplo, ocurre con el sistema Sabre de American Airlines y su correspondiente sistema operativo, cuya organización fue concebida en forma diferente. El servicio de reserva es como una telaraña en donde las operaciones de vuelo son del tipo organizativo infinitamente plano, la administración financiera es jerárquica tradicional, el mantenimiento y el servicio de pista son jerárquicamente descentralizados, y la capacitación y actualizaciones profesionales son organizados funcionalmente. Esto significa que en una empresa podrían coexistir estructuras y contextos organizacionales diferentes, de forma que cada una satisfaga plenamente la actividad de su área específica.

Caso 11: Prestación de servicios financieros tipo red - MLP[90]

MLP es considerada una red económica excepcionalmente exitosa en la prestación de servicios financieros. En la red trabajan más de 3.000 empleados autónomos, los cuales son económicamente dependientes. Se proporciona, bajo una conducción estratégica, el servicio en aproximadamente 310 oficinas. La red MLP se diferencia de una serie de estrategias organizativas y de mercado por su competitividad, concentrando su objetivo estratégico en clientes privados, donde el área de influencia de cada consultor es asumida a muy largo plazo en el asesoramiento de casi 400 clientes.

Son muchos los clientes que han comenzado por adquirir un programa de prestación de servicios desde el inicio de su actividad profesional en la universidad (médicos, abogados, economistas, ingenieros, etc.), que los acompañe en su

---

90 Sydow y van Well, 1996, 198 ff.

trayectoria laboral hasta el aseguramiento de su retiro de la economía activa, para lo cual desean ser asesorados según la necesidad de cada uno.

Mientras que la competencia desarrolla el producto tradicional, el que es proporcionado y distribuido a los clientes, la actividad del consultor, entre tanto, genera aproximadamente el 80 % de sus nuevos negocios con la generación de productos en la red, los que armonizan con el perfil de cada uno de los clientes.

Los consultores de MLP, casi sin excepción, son académicos los que en forma continua realizan actualizaciones profesionales dentro de su sistema de capacitación, participando en diversas etapas de nuevos desarrollos de productos y asesoramiento. Esta participación y disposición del consultor en el desarrollo del conocimiento, se fomenta mediante una gratificación en dinero.

Recién después de culminar las capacitaciones respectivas el empleado recibe la confirmación para que facilite la información y el producto en cuestión. Uno de los más importantes criterios de selección para el consultor es la capacidad de cooperación. Junto al entrenamiento tiene lugar, predominantemente en las unidades de negocios, el posicionamiento y socialización del nuevo consultor mediante la guía de los mentores, a través del jefe respectivo y de los compañeros del lugar de trabajo.

En general, el comportamiento cooperativo es recompensado sobre todo por participar en atractivos círculos de trabajo y agremiaciones. Existe también la posibilidad de sanción que se hace extensiva a un amplio espectro que abarca desde el retiro del apoyo recibido hasta la rescisión del contrato por parte de la central. A través de la organización de la consultora se lleva a cabo una coordinación en las unidades de negocios en las que trabaja conjuntamente un máximo de 20 consultores, los que no solamente interactúan en un espacio social con los colegas para la generación del respectivo conocimiento, sino que también ejercen un control estratégico de gestión más afianzado. La central hace las veces de almacenamiento central de conocimientos y controlador de la estructura y transferencia del conocimiento de aproximadamente 11 círculos de trabajo. Junto a ello existe una multiplicidad de relaciones horizontales entre los consultores individuales de una unidad de negocio y entre varias. Exitosamente las organizaciones empresarias apoyan la generación de nuevas unidades para estructurar y posibilitar, de esta forma, una rápida expansión de la red donde se hacen más admisibles las nuevas posibilidades de negocios y en la que holísticamente el conocimiento se crea en forma individual e independiente.

Mediante la transferencia del conocimiento se alcanza en forma simultánea el evitar que se genere un monopolio del conocimiento en la red y que pueda llegar a convertirse en un centro de poder. Los once círculos de trabajo, formados por productos y por determinados grupos de clientes, hacen que se produzca la generación descentralizada del conocimiento. De allí en más los nuevos círculos de trabajo confeccionan nuevos productos financieros, prestaciones de servicios o modificaciones de los mismos. Uno de los aspectos más interesantes es el desarrollo de módulos de consultoría para la conducción sistemática de su lenguaje, así como filminas para entrenamiento y otros medios de almacenamiento.

Los miembros de los círculos de trabajo forman referentes, es decir, docentes del círculo de consultores que hacen posible el entrenamiento de nuevos compañeros de trabajo. Es usual que el empleado participante a estos círculos tenga un éxito superior al promedio de su área de acción, es decir, en la participación de productos y grupos de clientes donde es necesaria una determinada habilidad. El éxito obtenido en el círculo laboral puede promover al empleado hasta la jefatura del negocio local, y de allí en más recibir un aumento de honorarios.

El consultor, en tanto, con los productos y prestaciones de servicios en los que ha participado obtiene una alta rentabilidad. Estos honorarios por cooperación, desarrollo y transferencia de conocimientos son de suma utilidad como criterio para posibilitar la promoción del empleado, permitiendo que la prestación de servicios financieros de MLP se reproduzca en el tiempo como una red estratégica e intensiva en conocimientos.

3.2.5 - LA ORGANIZACIÓN HIPERTEXTO

Junto a la reformulación de la organización total de la empresa, donde la dialéctica tiene lugar entre renovación y estabilidad, cooperación y competencia, con el objetivo de obtener el éxito de los negocios tanto en el corto como en el largo plazo, existen principios organizacionales de funcionamientos paralelos *ad hoc* tales como los utilizados en las estructuraciones de los proyectos.

Identificaremos dos de estos principios organizacionales. Uno, es la organización hipertexto según Nonaka y Takeuchi y otro, es el modelo de plataforma organizacional según Ciborra.

El modelo de gestión propuesto por Nonaka y Takeuchi (1995), considera una dimensión organizativa más afín a la creación de conocimientos, caracterizado por una constitución híbrida, en donde coexisten elementos de una organización típicamente burocrática con aquellos que responden, mediante la existencia de grupos de proyectos, a la organización adhocrática. La organización hipertexto resume las ventajas de la organización burocrática y adhocrática en la generación de nuevos conocimientos, a través de los procesos de socialización y exteriorización. Es decir, este tipo de organización facilita el intercambio de conocimiento tácito entre expertos de distintas áreas de la empresa generando el conocimiento explícito pertinente. De esta combinación, resulta la yuxtaposición de la capacidad creativa adhocrática y la eficiencia manifestada implícitamente en la estabilidad burocrática.

Desde una consideración empírica, la organización hipertexto parte de tener en cuenta que en una empresa no puede tener cabida una estructura jerárquica autoorganizada que actúe conjuntamente con una estructura jerárquica formal. En tanto que la última dimensión estructural mencionada asegura la estabilidad, el modelo hipertexto eleva la capacidad estratégica de la organización de la empresa, al permitir que nuevos conocimientos sean adquiridos en forma continua mediante un procedimiento cíclico de aprovechamiento creativo.

Análogamente al comportamiento de un documento hipertexto, este tipo de organización dispone de diversos niveles o contextos interconectados. Desde la óptica empresarial podemos observar, en la figura 3.2, los niveles correspondientes al sistema de negocios, grupo de proyecto y base de conocimientos.

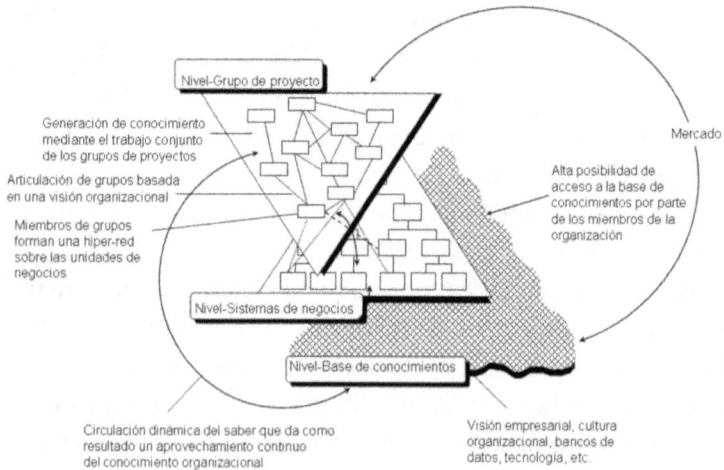

Figura 3.2 - La organización hipertexto

Desde el nivel sistema de negocios se ejecuta las acciones operativas. Éstas pueden discurrir a través de una estructura burocrática, pero también a través de procesos empresarios de una corporación de emprendimientos.

En el caso del nivel correspondiente al grupo de proyectos se comprometen varios grupos de proyectos en el desarrollo de nuevos conocimientos, como por ejemplo el desarrollo de nuevos productos. Los miembros del grupo son reclutados desde diversas unidades de negocios y son asignados al desarrollo del proyecto hasta que el mismo sea finalizado.

Por lo general, en el denominado nivel base de conocimientos, resultan saberes recategorizados en un nuevo contexto para, de esta forma, ponerlos a disposición de toda la empresa. Este nivel base de conocimientos, no consiste en una única unidad organizativa sino que se concretiza a través de los portadores de saberes de la empresa y los correspondientes sistemas de almacenamiento de información.

Un valor de interés en la organización hipertexto es que coexisten simultáneamente los tres diferentes niveles o contextos mencionados. El proceso que concluye con el resultado de los conocimientos es un circuito dinámico no forzado, que tiene en cuenta la sinergia de los tres niveles. Esto significa que los miembros del nivel grupo de proyectos, seleccionados de distintos departamentos y funciones provenientes del nivel sistema de negocios desarrollan actividades cuya finalidad es la obtención de nuevas capacidades. Cuando el proyecto es finalizado, las personas que participaron en el mismo se desplazan al nivel base de conocimientos, donde transmiten los saberes adquiridos en el proyecto mediante seminarios o talleres, confeccionando informes o alimentando con datos a los sistemas internos de información de la empresa.

Con posterioridad a la recategorización y recontextualización, los miembros del proyecto se desplazan finalmente hacia el nivel sistemas de negocio, donde se dedican a las cuestiones usualmente operativas hasta ser reasignados a un nuevo grupo de proyecto. La posibilidad en cuanto a la capacidad organizativa de obtención de saberes que brinda la organización hipertexto se manifiesta mediante su velocidad y flexibilidad ante los cambios que se producen entre los distintos contextos de las habilidades existentes en la empresa.

Caso 12: Organización hipertexto en investigación y desarrollo - Sharp

Desde su fundación desde el año 1912 Sharp ha ganado la reputación de "empresa de los productos nuevos". La constante búsqueda de creatividad y originalidad fue incorporada por la firma mediante el eslogan "no es imitación".

En el área de investigación y desarrollo (I&D) de Sharp encontramos tres niveles de la organización Hipertexto:

Nivel - Sistema de negocios: Las actividades diarias de I&D están organizadas en la forma tradicional. La central de I&D básicamente lleva a cabo desarrollos con un horizonte de tiempo de 3 o más años, los laboratorios que cubren la demanda mediata de las unidades de negocio con determinadas características específicas disponen de un horizonte de tiempo aproximado que se extiende entre 1,5 y 3 años, en tanto que la I&D de las áreas de negocios referidos a productos y procesos disponen de un plazo menor a un año y medio. Las instalaciones de I&D se comunican jerárquicamente desde la central a las áreas de negocios. Las conferencias, encuentros y círculos de trabajo coordinan el intercambio de los conocimientos explícitos de todas las áreas de I&D.

Nivel - Grupo de proyecto: Los productos nuevos son desarrollados por las denominadas "Task-Forces", que en forma totalmente independiente y paralela a la estructura de I&D se relacionan al nivel sistema de negocios. Si bien los productos nuevos se desarrollan en determinados proyectos, normalmente se tiene en cuenta la prioridad de aquellos que estratégicamente responden a un sistema de desarrollo. Los participantes de este último tipo de proyecto dejan los puestos en sus unidades de negocios y trabajan exclusivamente para este proyecto estratégico en un lapso de tiempo que se estima entre uno y dos años, por lo general, sin límite presupuestario.

Nivel -Base de conocimientos: La base de conocimiento de Sharp puede ser descrita mediante la explicitación de los conocimientos implícitos en el área tecnológica de la optoelectrónica.

Desde los niveles "sistema de negocios" y "grupo de proyecto" se generan conocimientos los que son recategorizados y colocados en un nuevo contexto con la finalidad de continuar sistemáticamente con el desarrollo de la optoelectrónica. El constante intercambio dentro de los niveles correspondientes al sistema de negocios y al grupo de proyectos, al almacenamiento y a la transferencia de conocimientos explícitos, produce una renovación de la base de conocimientos. Los conocimientos implícitos que hacen a la no imitación, son reforzados mediante múltiples intercambios dentro de una vivencia en una cultura de I&D.

Capítulo 4
El conocimiento es humano

4.1 - Un nuevo contrato social

Como observamos en el capítulo 2, el conocimiento no existe sin las personas, por lo que la gestión orientada a las habilidades significa sobre todo interactuar con aquellos que son portadores de saberes; en otras palabras: utilizar los potenciales del conocimiento de los compañeros de trabajo y, más específicamente, desarrollar y optimizar el acceso a los especialistas. Bajo los criterios del conocimiento los colaboradores se convierten en pensadores para solucionar problemas.

Mientras que el término tradicional "trabajador", interpretado como aquella persona que en determinada actividad laboral emplea el uso de la fuerza, sugiriendo un trabajo preponderantemente corporal, está siendo reemplazado por empleados que interactúan con el conocimiento. Esto último indica que la tendencia en el mercado laboral supedita la búsqueda de menos "mano de obra" y más "mente de obra".

La contraparte de esta situación es que el clásico trabajador y empleador encuentra cada vez menos lugar en una cultura empresarial orientada al conocimiento, sumándose modificaciones en el marco ético-jurídico de las regulaciones socioproductivas. Lutz[91] afirma: "En la producción industrial se ha

---

91 Lutz, 1997, p. 130; véase también Giarini y Liedtke, 1998.

perdido la figura guía del empleado en lo que respecta al trabajo regulado por contratos en forma colectiva".

Picot[92] et al. adhieren a esa posición de la siguiente manera: "Para el cumplimiento de las nuevas actividades en las estructuras empresarias se esperan nuevos entendimientos de los roles, así como también las conexiones con nuevos modelos motivacionales y cualificaciones necesarias".

Es decir, se perfila una definición de las nuevas empresas, donde no se trata solamente de nuevas estructuras empresariales, sino de cómo nosotros desarrollamos una nueva comprensión acerca de ellas.

De acuerdo con Morin[93], describimos a la empresa como el lugar en el que la inteligencia y el conocimiento individual se organizan en forma colectiva, creativa e inteligente, con la capacidad de ser socioeconómicamente activa.

¿Qué significa esto para el trabajo? Hasta ahora hemos presentado al trabajador, ampliando el concepto de su rendimiento ofrecido, en una estructuración dada, donde la tarea queda claramente definida por su finalidad, la remuneración acorde al cumplimiento de la misma, el nivel adecuado de la seguridad en su ejecución en tanto y en cuanto exista esta actividad en la empresa, y la satisfacción por obtener el resultado estándar que la empresa haya determinado. Esto es aplicable incluso para las modificaciones de las tareas, donde se le asegura al empleado un puesto de trabajo en un determinado marco regulatorio.

Caso 13: La fuerza de trabajo 21. Iniciativa de AT&T[94]

"Una corporación flexible en el posicionamiento de recursos y competencias establece una mejor posibilidad para que

---

92 Picot et al., 1996, 432.
93 Morin, 1997, comunicación personal.
94 Escher y Bajenaru, 1997.

sea exitosa. La fuerza de trabajo 21 se ha convertido en una herramienta para asegurar la flexibilidad en la disposición de los recursos en AT&T, como así también un medio de creciente difusión y proliferación de las competencias individuales y organizacionales".

La iniciativa de la fuerza de trabajo 21 de AT&T tiene por objetivo, mediante el desarrollo del colaborador y una estructuración del adecuada del conocimiento, mejorar el alcance de los objetivos estratégicos de la empresa en un mercado de comunicación liberalizado y combativo. La eficiencia y la efectiva aplicación de los conocimientos individuales y organizacionales en prestaciones innovadoras de servicio son observadas como posibilidad de diferenciación primaria en el mercado. Esto significa que también se deben desarrollar nuevas formas del contrato social entre trabajadores y empleadores.

En el proyecto Fuerza de trabajo 21, AT&T piensa especialmente acerca de cómo se puede asegurar a la empresa, por un lado el acceso a los recursos del conocimiento y, por otro lado, facilitar la suficiente flexibilidad para actuar en un mercado que se modifica rápidamente. El núcleo de las reflexiones forma la configuración del futuro trabajo conjunto con diferentes grupos de empleados y con una nueva definición de pertenencia con la empresa. En este modelo se considera que la fuerza de trabajo consiste en colaboradores esenciales, cuyo número llega a ser mucho más pequeño que el actual, los que son asignados a las unidades de negocio operativas. El apoyo a estos trabajadores está dado por los denominados centros de conocimientos internos, que se ocupan de desarrollar conocimientos altamente especializados.

Estos conocimientos, en forma conjunta, son aplicados por los empleados para aportar soluciones viables a los problemas de los clientes. A esto se suman empleados externos, clientes y proveedores con un valor agregado de conocimientos a la organización, eliminando los límites internos y externos de la actividad productiva. La organización se origina mediante una red de contratos bajo criterios de estructuración del conocimiento y aplicación del mismo en la solución a los clientes, donde tanto el empleado como su actividad laboral son determinados mediante la necesaria disposición de los conocimientos y su cohesión estrecha con la esencia de la actividad laboral. Así se exige, por ejemplo, que los procesos de pedidos de los clientes se lleven a cabo en un trabajo en conjunto con los trabajadores, para así lograr una mayor cohesión interpersonal.

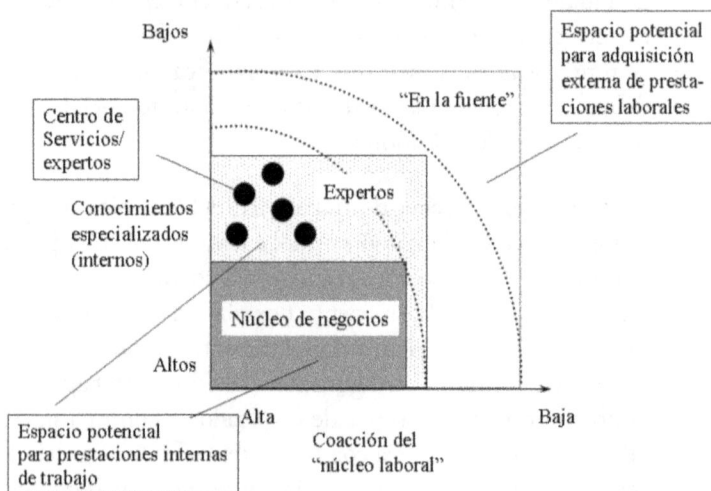

Figura 4.1 - Posibilidades de estructuración del trabajo

La nueva óptica acerca de la empresa significa también una modificación del contrato social. El portador de conocimientos pone a disposición de la empresa su inteligencia, su capacidad de aprender y su saber, en tanto que la empresa está comprometida en el desarrollo de estas capacidades y destrezas, para de esta forma asegurar el objetivo de contar con una base de conocimiento organizacional (inteligencia colectiva) para crear nuevos valores.

Es decir que el empleado es remunerado, según su colaboración en la creación de valor para la empresa, por un lado en forma de dinero y, por el otro, la empresa le ofrece la posibilidad de desarrollar en forma continua sus capacidades y destrezas. Es así que los límites clásicos entre trabajadores, clientes y proveedores desaparecen. Esto hace que los clientes puedan trabajar en el desarrollo de nuevos productos y ser bonificados por ello y de forma similar se puede hacer lo mismo con los proveedores. El empleado desarrolla y controla su propio portafolio de competencias de forma tal que pueda constituir nuevas actividades como ofrecimientos.

Antes que los roles y los perfiles de cualificación modificados de algunos grupos de trabajadores sean discutidos, debemos elaborar indicadores cualitativos que bajo criterios de gestión empresaria se orienten a conocimientos de significación. Muchas de estas cualidades no son nuevas, sino que se corresponden con las ya existentes de hace veinte años, en el sentido de poder satisfacer la exigencia de la humanización de la vida del trabajo[95].

A continuación observemos el siguiente anuncio ficticio del trabajo:

Caso 14: Un anuncio ficticio del trabajo "Inteligencia AG"

Somos una empresa en la cual aplicamos el conocimiento para su aprovechamiento por parte del cliente. Vivimos de nuestra inteligencia organizativa, la cual se construye basada en una utilización óptima de las tecnologías de comunicación e información, manteniendo un cuidado consciente de la confianza, las relaciones humanas, la calidad, así como también nuestras relaciones en red del tipo formal e informal con proveedores, colegas y clientes.

---

95 Véase Pictot et al. 1998, 433.

Nosotros esperamos de usted:
- Una sólida capacitación profesional.
- La adquisición rápida de informaciones, así como también la capacidad para interpretar situaciones y aplicar soluciones.
- Creatividad.
- Capacidad para autogestionarse.
- Competencia en las comunicaciones (conectividad).
- Disposición para formar su propia iniciativa.
- Trabajo conjunto en nuestras redes.
- Disposición para compartir el conocimiento.
- Lealtad con toda la empresa.

Nosotros le ofrecemos:
- Generación de espacios para la iniciativa y creatividad empresarial.
- Un sistema de valores, donde prima el trabajo en conjunto, el aprender de otros, autenticidad y apertura con las nuevas ideas.
- Una actividad ampliamente acordada por los grupos.
- Una movilidad horizontal (ajuste de una carrera empresaria del tipo clásico).
- Capacitación y perfeccionamiento profesional autoconfigurables, así como facilidades para el entrenamiento.
- Una remuneración orientada a la colaboración para la creación de valor.

La manera formulada en el anuncio del trabajo se diferencia notablemente de las formas típicas que experimentó hasta ahora la actividad laboral. La cuestión que se presenta se podría formular de la forma siguiente ¿Es éste un modo de describir el trabajo ideal del futuro?

Con la creación de las condiciones básicas, que promueven las iniciativas propias, la transferencia de la creatividad y del conocimiento, se genera una expectativa de una relación más estrecha por parte de las empresas con los empleados, con la finalidad de utilizar los conocimientos de los mismos y convertirlos en éxitos del negocio. Esto significa a menudo una intensificación del trabajo para los especialistas. Así es, por ejemplo, que se ha convertido un centro internacional del desarrollo de *software* en una empresa de desarrollo continuo durante las 24 horas del día en todo el globo. Un informe de un consejo de trabajo cita: "En épocas anteriores trabajamos en un proyecto y disponíamos de tiempo suficiente para hacer una reelaboración del mismo. Hoy en día a un proyecto le sigue otro. En épocas anteriores teníamos tiempo para cumplimentar fases de aprendizaje en tanto que en la actualidad, un par de horas deben ser suficientes para integrarnos en la actividad diaria que se presente"[96]. Esta clase del trabajo requiere ciertas características de las personas empleadas. Por ejemplo, que el denominado trabajador "tipo tigre" sea independiente y temporalmente extremadamente flexible. Esto se percibe en los centros de desarrollo donde el 75% de los empleados son jóvenes solteros. Los espacios que cuentan con mayor libertad, por otra parte, conducen hacia una consabida preferencia subrayada por el lema "haz lo que tú quieras pero sé rentable"[97].

También Quinn y sus colaboradores[98] recomiendan altos requisitos y una estructurada presión social, con la finalidad de utilizar el potencial mental de los empleados en estudios universitarios –comúnmente denominados en EE.UU. 'Profesionales'– con la finalidad de poder aprovecharlos mejor.

Éstos aconsejan emplear en primer lugar solamente a los mejores y ponerlos a pensar en nuevos problemas bajo la alta presión del éxito. Después de este entrenamiento inicial deberán utilizar su potencial rápidamente para enfrentarse a la complejidad de los problemas reales.

En Microsoft, por ejemplo, los nuevos compañeros de trabajo son asignados a equipos pequeños de tres a siete personas. Los nuevos colaboradores participan bajo la conducción de men-

---

96 Die Zeit 19.09.1997, 42.
97 Die Zeit 19.09.1997, 42.
98 Quinn et al., 1996, 95-104.

tores en forma inmediata en el desarrollo complejo de sistemas de *software*. Las legendarias ochenta horas semanales con sus largas noches, que tanto el banquero de inversión como el especialista en *software* elogian, responden a un entrenamiento adicional serio: Permiten a los mejores moverse a lo largo de una curva de aprendizaje distinta que la de otros compañeros de trabajo. El entrenamiento en el puesto de trabajo, la ayuda de mentores como así también la presión de la competitividad entre los colegas sirve para conducir hacia un mejor estado de conocimiento a los especialistas en su área de actividades. Quinn y colaboradores opinan que el conocimiento experto de estos especialistas crece, si se exige más de ellos.

La concepción de los objetivos, que parecen imposibles de satisfacer (objetivos flexibles)[99], como por ejemplo el lograr "seis sigmas" del estándar de calidad en Motorola, la duplicación del número de elementos activos por chip o solamente lograr el 50% de aumento que exige Hewlett Packard, obliga a los especialistas a decidir mantener este tren exigido de actividades o buscar alguna otra actividad tanto dentro como fuera de la empresa. "Las empresas de tecnología de punta impulsan a sus especialistas constantemente a no atrincherarse confortablemente detrás de los libros o de los modelos elegantes de la simulación o en los laboratorios. Estas compañías impulsan, tal vez en forma despiadada, a entregarse con alma y vida para vencer a las dificultades y de esta forma poder satisfacer a los reales clientes externos, a los sistemas existentes como así también a adaptarse con las diferenciaciones circunstanciales y culturales. En otras empresas de menor peso, esto no suele ocurrir"[100].

Este tipo de empresa tiene una competencia interna dura, cuenta con realimentación y evaluación regular de su funcionamiento, como también comparte culturas y conocimientos.

---

99 Objetivos elásticos, véase Thompson et al., 1997.
100   Quinn et al., 1996, 98.

Quien no coopera, tampoco se siente confrontado con la competencia por lo que no tiene posibilidad de continuar en la empresa.

También en el nivel de los trabajadores de producción, crece como persona con la libertad de la autodeterminación y la presión de la expectativa de rendir más que en las organizaciones clásicas de división del trabajo. Si los empleados especifican sus procedimientos de trabajo, entonces también saben que su trabajo va a ser puesto bajo la lupa constantemente para que sus conocimientos sean aplicados a las mejoras de productos y procesos, lógicamente como parte de su normal actividad laboral y no como una actividad adicional la cual debe ser bonificada de acuerdo al rendimiento.

No todos los empleados quisieran estar expuestos a esta presión. Por ejemplo, algunos optarán por trabajar externamente en desarrollos de proyectos específicos, como asesores de empresa en consultoras donde se encuentran a disposición por una determinada cantidad de días, como un pequeño empresario que realiza tareas de reparación y mantenimiento o como un proveedor tercerizado en una determinada red de producción. Seguramente que ganarán menos, pero podrán disponer de su tiempo para organizar sus actividades más libremente. En cierta forma, la persona se convierte voluntaria o forzadamente en una especie de "empresaria de la vida".

Caso 15: El concepto de "empresaria de la vida"[101].

El estatus modificable del empleo y los cambios del mercado laboral de los sistemas sociales, están conduciendo a través de décadas a las nuevas condiciones básicas de la vida donde surge la nueva figura en la gestión denominada "Empresaria de la vida". Desde esta perspectiva, los seres humanos se verían forzados a desarrollar sus capacidades, reconocer sus posibilidades, con el deseo de preservar una actitud básica empresaria en la

---

101   Lutz, 1997, 129-135.

que puedan desarrollar su propia vida. Buscarán una trayectoria de la vida, donde exista una correspondencia biográfica en relación con sus fortalezas y preferencias. Esta trayectoria de la vida, por lo general, no posee un funcionamiento lineal, sino que se reconstituye y renueva como si la persona contara con un portafolio de ofrecimientos de actividades combinadas.

Mientras que en la era industrial a los trabajadores hombres se les definía los conocimientos específicos, la disciplina y se acuñaba la ambición de poder lograr una mejor posición en la escala jerárquica, en la que no todos los objetivos conducentes a la calidad fueron racionalizados, las mujeres de hoy en día, empleadas en determinadas profesiones ante una creciente necesidad socioproductiva, han desarrollado el modelo de "empresarias de vida", el cual entre otras actividades debe interconectar una mayor cantidad de funciones sociales. Allí es donde las mujeres tienen más peso en las funciones sociales y comunicativas que los hombres, adaptándose a las concepciones jerárquicas y de poder en una forma más pertinente y es donde manifiestan una menor timidez en los compromisos emocionales en la función, sumando el componente intuitivo y espontáneo racional cognitivo que las caracteriza, con lo que se puede aseverar que están mejor preparadas para el éxito en organizaciones interconectadas culturalmente que los hombres.

La empresaria de vida aprende tempranamente que el éxito de la vida está basado no en juegos de suma-cero sino en juegos de sinergia donde se preserva el cuidado de las relaciones como un capital de inversión que probablemente sea el más importante de la vida, por lo que se necesita adquirir un equilibrio en el dar y recibir, y en la disposición para con las expectativas de un compañerismo sincero a las que ellas den una respuesta. En la sociedad de la empresaria de vida se aplican valores tales como; franqueza, tolerancia y empatía, para desarrollar el sentido de la responsabilidad. Para ayudar a la empresaria de vida se necesita un sistema educativo con una dada apertura y flexibilidad en forma análoga a un portafolio de actividades.

Después de esta representación de los tipos y modos en que la sociedad del conocimiento y la empresa del conocimiento trabajan, queremos observar a continuación los diferentes grupos de trabajo desde la óptica de la gestión del conocimiento.

4.2 - El copensador del conocimiento en la empresa

Oportunamente hemos tratado, en el aviso ficticio de empleo ofrecido, sobre los requisitos generales de los compañeros de trabajo en la empresa orientada al conocimiento, de modo que a continuación observaremos cinco grupos específicos de trabajo en los cuales los actores son:

- Los especialistas que poseen conocimientos prácticos para llevar a cabo su tarea profesional a través de un aprendizaje constante.
- El segundo grupo de personas, compuesto por ingenieros y expertos del conocimiento de la empresa, consiste en los denominados mandos medios, orientados a satisfacer un mercado potencial y a la solución de los problemas de los clientes.
- La alta gestión se corresponde con los visionarios y configuradores de contextos que reconocen a los mercados potenciales, crean mercados de condiciones adecuadas para fomentar el conocimiento y controlan las actividades empresariales para el logro de sus objetivos.
- El cuarto grupo lo forman los trabajadores de la información y de la comunicación, los denominados "asistentes de la estructura de la información y el *management* (*brokers*)". Su tarea es la de desarrollar continuamente estructuras de información y *management*, como así también facilitar la técnica para una gestión operativa.

- El quinto grupo lo forman los trabajadores auxiliares, que se desempeñan en secretarías, centrales telefónicas, como recepcionistas, etcétera. Estos, por un lado, apoyan las actividades de los otros grupos, y por otro, como imagen corporativa, influyen en la decisión de los clientes.

Las tareas y roles de estos grupos son ampliamente determinados mediante los conceptos de organización y principios de *management*, como ya se expuso en el capítulo 2 (compare también con el caso de estudio "Fuerza de trabajo 21" – iniciativa de AT&T).

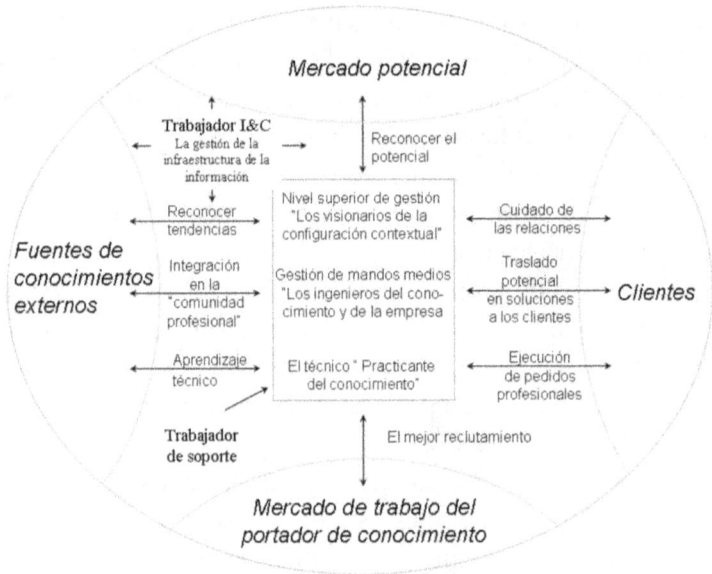

Figura 4.2 - Actores en una empresa orientada al conocimiento

Bajo el criterio de resultado del conocimiento, Nonaka y Takeuchi[102] han analizado los principios arriba-abajo (*top-down*) y abajo-arriba (*Bottom-up*), obteniendo como conclusión que el más apropiado para fomentar el conocimiento es el

---

102   Nonaka y Takeuchi, 1995, 125 ff.

principio que parte de la posición media hacia arriba y hacia abajo (*Midle-up-down*).

En el principio *top-down* se simplifica el alcance y la información seleccionada mediante la pirámide jerárquica del nivel superior de gestión, donde se desarrollan las planificaciones, pedidos e instrucciones conexas con los mandos medios y con los especialistas.

En contraste con lo anteriormente citado, el principio *bottom-u*p tiene como objetivo la autonomía empresarial en el trato de los individuos temporarios, sin que exista una interacción directa. Los conocimientos implícitos se suelen generar en los niveles más bajos, pero no se comparten y convierten en conocimientos explícitos. Es decir que no se cuenta con un objetivo claro del desarrollo del conocimiento.

Relacionando los principios mencionados, se observa que el principio *middle-up-down* juega un rol concluyente en el proceso organizacional de la obtención de conocimiento. Con este principio se desarrollan visiones o sueños en el nivel superior de gestión, en tanto que en el nivel de mandos medios se desarrollan conceptos concretos, los que tanto especialistas y técnicos como los trabajadores de línea pueden entender e implementar.

El personal de mandos medios intenta solucionar la contradicción existente entre las expectativas de logros a alcanzar desde el nivel de la alta gestión y las posibilidades que la realidad del mundo actual ofrece. Por decirlo de otra forma, este personal se comporta como traductor en la búsqueda de las palabras correctas para definir las metáforas, lemas, etc. que tanto los técnicos como los clientes sobreentienden y que hace a la inspiración de actividades y conceptos de nuevos productos.

En forma resumida Nonaka y Takeuchi han tratado el rol de los mandos medios como empresarios que desarrollan y venden soluciones a los clientes. En esto tiene importancia la capacidad de los mandos medios de juntar y relacionar las habilidades de los técnicos y especialistas, para que los usuarios reconozcan una solución para con sus dificultades y sirvan para la decisión de compra de estas soluciones por parte de los clientes. Bajo la óptica empresarial orientada a los principios *middle-up-down,* debemos observar más de cerca los roles y tareas de los grupos individualmente.

		Arriba-abajo (*Top-down*)	Abajo-arriba (*Bottom-up*)	Medio-arriba-abajo (*Middle-up-down*)
Quién	Principal productor de conocimiento	Alta gestión	Conducción empresaria unipersonal	Grupo con mandos medios como "Ingenieros del conocimiento"
	Rol de la gestión superior	"Portador de órdenes"	Patrocinador/Mentor	Catalizador
	Rol de la gestión de mandos medios	Procesador de información	Empresario autónomo	Jefe de grupo
Qué	Conocimiento acumulado	Explícito	Implícito	Explícito e implícito
	Transformación del conocimiento	Parcial, focalizado en la combinación/internalización	Parcial, focalizado en la socialización/ externalización	Forma de espiral internalización/externalización combinación/socialización
Dónde	Almacenamiento del conocimiento	En manuales y en base de datos computarizada	En algunas personas	En la base del conocimiento organizacional
Cómo	Tipos de organización	Jerárquica	Grupos de proyectos y redes informales	Jerárquica y "*task force*" (y principios de organización hipertexto)
	Comunicación	Pedidos/instrucciones	Principio de auto-organización	Diálogo y utilización de metáforas/analogías
	Tolerancia para con la doble significación	Caos/fluctuación no permitida	Se supone caos/fluctuación	Adquisición y refuerzo del caos y la fluctuación
	Debilidad	Fuerte dependencia de la gestión superior	Gasto de tiempo, costos de coordinación en las personas individualmente	Agotamiento del trabajador Costos redundantes

Figura 4.3 - Comparación de los tres principios de gestión.

4.3 - Personal de mandos medios: El renacimiento de una especie que se creía desaparecida

En las conversaciones mantenidas con el nivel de mandos medios, la reestructuración de las organizaciones jerárquicas y la autoorganización parcialmente autónoma de grupos fue considerada como un obstáculo para el cambio.

Los denominados gurúes de la gestión consideran que las empresas del futuro se desarrollarán casi sin personal de gestión de nivel medio[103]. De hecho, el personal de mandos medios lleva a cabo múltiples actividades que los alejan de sus tareas tradicionales, ya sea como implementador de estrategias o como especialistas excepcionales en una rama tradicional perdida del saber, en tanto que los grupos de trabajo obtuvieron una mejor posición gracias a los conceptos de grupos autónomos y tercerizados.

La gerencia empresarial orientada al conocimiento asigna un papel predominante a la gestión de mandos medios. Debido a la heterogeneidad del personal de este nivel de gestión se los suele identificar gracias a elementos biográficos comunes, por ejemplo, como responsables de una empresa consultora, directores de plantas de fabricación, sea mecánica, eléctrica o electrónica, o como directores de proyectos del desarrollo, que pueden llegar a satisfacer determinadas demandas específicas para las cuales fueron predestinados. El personal de mandos medios, hasta que haya alcanzado este nivel, ha pasado algunos años en la empresa y ha aprendido, como especialista, a llevar a cabo profesionalmente tareas técnicas.

Entienden las reglas de juego de la organización y de su posición, y debido a que son competentes, gozan de la confianza de sus superiores y de sus compañeros de trabajo. Ellos no crecen jerárquicamente lo suficiente en la organización como para perder el contacto con los clientes y con las ideas de los colaboradores, con los que se motivan y energizan para poder llevar a cabo nuevos cambios. Este bagaje de experiencias los apoyan en la percepción y ejecución de nuevas tareas: "En vez de dar instrucciones, ahora se ocupan de eliminar obstáculos de manera que aceleran la asignación de medios, conducen investigaciones y actúan como asesores"[104]. Esta descripción de las tareas se adapta muy bien con las actividades de un ingeniero de una

---

103   Véase Kanter, 1989, Quinn 1992.

104   Quinn et al., 1996, 102.

planta de fabricación de automóviles, que por la normativa existente se convierte en el apoyo de los grupos de funcionamiento fabriles. Para el responsable en una empresa consultora, se tienen en cuenta elementos empresariales tales que permitan reconocer, ante un pedido, las necesidades potenciales de asesoramiento y el logro de su ejecución.

Lars Kolind, director de la innovadora empresa danesa Otikon de fabricación de prótesis auditivas (véase el caso 7 mencionado, en el capítulo 3), asignó otra tarea para el personal de gestión, siendo significativa para los niveles de mandos medios; se trata de la capacidad de generar satisfacción en los colaboradores y de que ellos sientan la sensación de seguridad, mientras se trabaja en un medio no tan estructurado, caótico, difícil y que cambia constantemente[105].

El personal de nivel caratulado como "ingenieros del conocimiento"[106], son los mediadores entre lo que *es* y lo que *debe ser*. En cierto modo sintetizan el conocimiento implícito de los especialistas y técnicos, así como también de la alta gestión, transformándolos en explícitos e integrándolos en nuevas tecnologías, productos o sistemas. Además, aseguran que el conocimiento de los detalles en la organización se transfiera. En relación con lo tratado léase el caso 6 en el Capítulo 2, de Ikuko Tanaka, en Matsushita, que trata sobre el desarrollo de la panadería casera, titulado "El mejor pan de Osaka". En la figura 4.4 se han presentado algunas de las tareas importantes que se desarrollan en los mandos medios para que usted pueda construir su propio perfil. Cada criterio puede ser evaluado según la prioridad (¿cuán importante es?), y el tiempo presupuestado (¿qué tiempo necesito para....?).

---

105   Le Barre, 1996, 50.
106   Nonaka y Takeuchi, 1995, 154.

Aseguramiento de los recursos
Conducción en el convencimiento de ideas

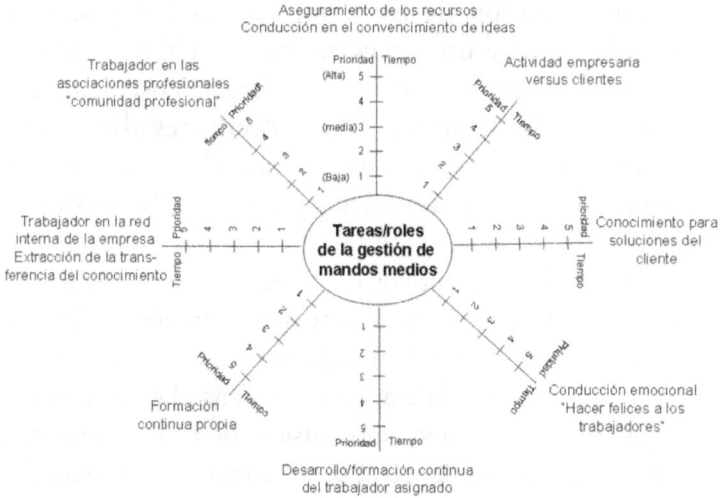

Figura 4.4 - Tareas y roles en la gestión de mandos medios.

La lógica del principio *middle-up-down* se continúa en el tratamiento de tareas y roles que se desempeñan en el alto nivel de gestión de acuerdo a la descripción de una empresa orientada al conocimiento. Posteriormente nos ocuparemos del nivel de gestión de los especialistas técnicos y de I&D.

4.4 - Personal de alta gestión: Visionarios configuradores de contextos

Para la corporación de emprendimientos hemos visto en el capítulo 2 las tareas de conducción de la empresa en la alta gestión, que fueron descriptas de la siguiente forma:

- Gestión de las tensiones existentes entre el éxito a corto plazo y la ambición a largo plazo.
- Desarrollo de valores y fijación de posiciones.
- Determinación de prioridades y objetivos estratégicos.

La transformación de las negociaciones jerárquicas en empresariales exige un entendimiento de las modificaciones en los roles de los ejecutivos: "El personal de alta gestión deberá ceder la mayoría de las decisiones al mercado, crear una infraestructura organizacional, y fomentar la conducción del comportamiento y cooperación dentro de la empresa"[107].

Mientras que los ejecutivos de las empresas de hoy en día pasan gran cantidad de su tiempo solucionando problemas operativos de negocios y luchando contra la falencia de los sistemas de incentivos, la empresa orientada al conocimiento considera a la alta gestión como visionarios comfiguradores de contextos. Ellos reconocen oportunamente los potenciales del mercado, despiertan el entusiasmo y configuran el marco de condiciones, promoviendo mediante el sistema de incentivos la estructuración y transferencia de los conocimientos. Describen el comportamiento esperado por el personal de gestión y empleados, más allá de alcanzar o no el comportamiento deseado.

Incorporan a las personas los valores de la organización, donde él representa el mayor escalón moral de la empresa con un actuar conducido por la sabiduría. En la literatura gerencial de los EE.UU. el término "sabiduría" se utiliza a menudo, para describir las máximas de la acción incorporadas por la gestión que conduce a todos los empleados de la organización hacia un comportamiento acorde[108]. Además, la alta gestión tiene diversos intereses, entre los que se cuentan: el entrenamiento del personal de gestión de mandos medios, el descubrimiento y desarrollo de los talentos, y los continuos controles sobre los resultados de la actividad económica. El personal de alta gestión fomenta sobre todas las cosas el entrenamiento y actualización profesional con-

---

107   Halal, 1994, 69, véase también Picot et al., 1998.
108   Galvin, 1996.

tinuos, debiendo reservar un determinado tiempo para su propio aprendizaje.

Nonaka y Takeuchi describen al personal de alto nivel superior como oficiales del conocimiento[109], cuya misión es la de dar un determinado rumbo a las actividades que tienen que ver con la estructuración del conocimiento en la empresa, adoptando como primer paso la articulación del concepto de cómo debe funcionar la empresa; el segundo paso hace referencia a la forma en que la visión del conocimiento debe ser establecida a modo de guía; mientras el tercero y último paso es ofrecer estándares para evaluar el conocimiento.

También para el personal de alta gestión hemos reunido una serie de tareas y roles en forma gráfica, para que de acuerdo a sus prioridades y tiempo disponible pueda obtener su perfil.

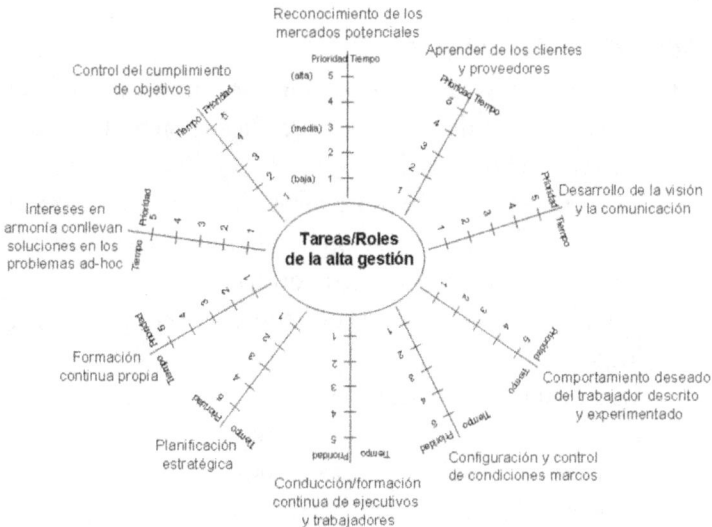

Figura 4.5 - Tareas y roles de la alta gestión.

---

109   Nonaka y Takeuchi, 1995, 156.

4.5 - Los especialistas y técnicos: Los hombres prácticos del conocimiento

Básicamente los miembros de este grupo forman los recursos primarios de una empresa, en donde los conocimientos técnicos específicos, bajo la coordinación de los mandos medios en el marco de gestión de la empresa, definen contextos para la aplicación de soluciones. Para los clientes, éste es el grupo visible que manifiesta la prestación empresaria, la imagen corporativa y la influencia en la decisión de adquisición que satisfaga sus necesidades. Los pertenecientes a este grupo son tan valiosos como el valor conocimiento de que disponen. Es ésta una razón para aseverar que sus propios intereses se focalizan en la adquisición de nuevos conocimientos para enfrentar nuevos desafíos identificados con nuevas tareas, y así no perder valor ante un entorno que constantemente se modifica.

Expertos. Una corta presentación[110]**.**

- **Los expertos se distinguen** mediante el profundo conocimiento de sus áreas específicas y su activa cooperación en el desarrollo.
- **Los expertos prefieren** problemas complejos, progresos en su campo vocacional, libertad en la búsqueda de nuevas soluciones, buen equipamiento, lugar de trabajo, laboratorios y el reconocimiento público para sus logros.
- **Los expertos detestan** reglas, que restringen sus libertades, tareas rutinarias y burocráticas.
- **Los expertos no están satisfechos,** con frecuencia, con las capacidades de la gerencia.
- **Los expertos admiran** a las personas que son especialistas mejores que ellos.
- **Los expertos desdeñan** a las personas orientadas al poder.

110Sveiby, 1997, 57.

Sveiby[111] ha representado esta problemática como ciclos vitales de la vida del especialista. Visto desde la óptica de las empresas más importantes, con la edad y los años de trabajo se eleva por lo general la autoridad técnica del empleado mucho más que los costos que ese especialista representa. Al principio de la carrera, debido a la capacitación y su limitado empleo, este especialista tiene costos que superan a los beneficios que de él se obtienen. En consecuencia, el valor comercial crece más rápidamente que los costos laborales. En un determinado momento se alcanza una meseta donde el aumento del nivel salarial no tiene relación con ningún aumento apropiado del valor de las competencias del colaborador.

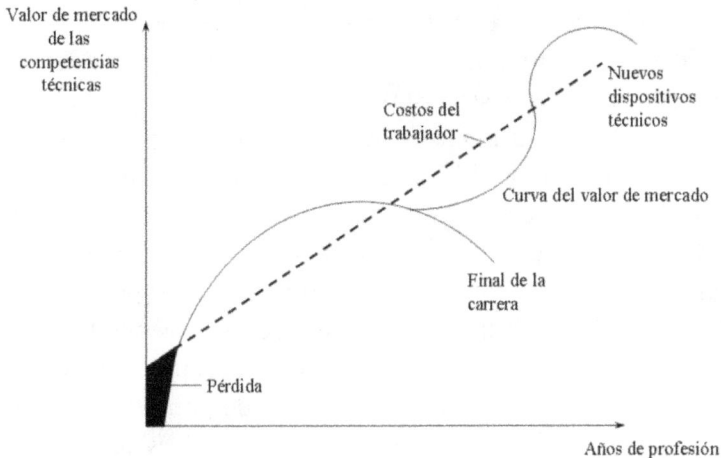

Figura 4.6 - Modelo de ciclo de vida del valor de mercado de las competencias técnicas.

Por último, antes de que la empresa y los especialistas alcancen esta meseta, se debe reflexionar acerca de cómo pueden ser más aprovechables para la empresa el asumir nuevas tareas y las nuevas calificaciones que la experiencia le brinda. Si éste no es el caso, la empresa deberá optar en el corto o largo plazo por separar este colaborador.

---

111 Sveiby, 1997, 72.

En realidad, el desarrollo de las competencias y los costos laborales poseen una discontinuidad dada. Las empresas orientadas al conocimiento juzgarán cada vez más el valor comercial de la competencia técnica de sus especialistas, como suele ocurrir con las erogaciones del empleo diario de los asesores en una empresa consultora.

Aparte de la actualización constante de las competencias técnicas, hay otras posibilidades que poseen los especialistas de hacerse imprescindibles en la empresa, entre las que se cuentan las relaciones que mantienen los clientes. Si un cliente coopera repetidas veces con la señora X o con el señor Y, en el caso que se realice un reemplazo del empleado se destruiría la relación desarrollada que la empresa desarrolló con el cliente.

Desde este punto de vista, es más importante para asegurar la posición de los especialistas tratar con pocos clientes, en una forma mucho más intensiva, que cooperar con muchos clientes, aunque en este último caso quizás sea más significativa la velocidad de aprendizaje.

Otra posibilidad de posicionamiento de los especialistas en la empresa se encuentra en el trabajo de cooperación en las redes de competencias, en las que los mismos brindan su conocimiento disponible en calidad de expertos en determinados asuntos o en la organización de ponencias para el sistema de información interno de la empresa, es decir, como un interlocutor válido para determinados temas. Incluso para muchos especialistas el *marketing* no representa un área interesante; no obstante, en las empresas orientadas al conocimiento son muy bien vistos estos cambios para realizar una carrera en la organización.

Un elemento de interés para el posicionamiento en la empresa y retener el acceso al conocimiento, es la estructuración de una red informal con otros especialistas, ya sea de asociaciones profesionales, así como antiguos estudiantes o colegas de seminarios.

Mientras que por un lado los especialistas están interesados en asegurar su valor comercial y su posición en la empresa, por otro la orientación al conocimiento apoya la motivación y el desarrollo de las capacidades de este grupo de expertos para crear tanto valor como sea posible mediante la denominada inversión humana.

Investigaciones empíricas indican que las rentabilidades de las inversiones de capital humano son mucho más altas que las que se obtienen de las inversiones en medios de elaboración[112].

Las decisiones de inversión en "capital humano" tienen, sin embargo, su malicia: un inversionista puede estimar la conveniencia de inversión potencial de un especialista en forma poco equitativa con respecto a la adquisición de medios de elaboración. El riesgo de llevar a cabo una mala inversión es, por consiguiente, elevado. Las inversiones en especialistas y no en bienes de capital no les ofrecen a los accionistas ninguna seguridad. Es decir, las características específicas del llamado capital humano conducen a los inversionistas a una evaluación de alto riesgo cuando comparan la misma con la adquisición de bienes de capital.

¿Cómo pueden las empresas moderar este riesgo en la práctica? Es lo que trataremos a continuación.

- Reclutamiento,
- motivación, así como
- capacitación y actualización profesional.

4.6 - GERENCIA INDIVIDUAL DEL CONOCIMIENTO

La inundación de informaciones y las múltiples ofertas del conocimiento crean una sensación de entrada de datos indeseada que suele obligar a reaccionar rápidamente, debido a la

---

112   Véase Klodt et al., 1997, 123.

presión que se siente. Debido a esto es que los principios de gestión del conocimiento desarrollan estrategias para tratar las informaciones y conocimientos del entorno personal. A continuación se presentan algunas sugerencias[113]:

1. Apunte y fuego: Pregúntese cuál información necesita y con qué frecuencia. Separe la paja del trigo.

2. Reduzca sistemáticamente: Reduzca el número de informaciones que le llega sistemáticamente. Quiénes son los distribuidores, las listas de correo, revistas, etc., ¿son realmente relevantes para usted?

3. Filtre en lugar de juntar: No recoja indistintamente informaciones, sino que documente donde usted puede encontrar algo en caso de necesidad.

4. Establezca límites: Diga sencilla y claramente que no, si usted sufre de sobrecarga de información.

5. No se desanime con las falencias: Recuerde que el gasto de la búsqueda y reunión de información y su posible utilización a menudo crece en demasía.

6. Ejercite la serenidad: Desarrolle una actitud según el lema "nadie sabe todo, pero cada uno sabe algo". Una base sólida de conocimiento personal es más prometedora que un posible conglomerado completo de información.

7. Utilice las tecnologías que nos respaldan: No tiene necesidad de utilizar tecnología sólo porque sea nueva. Aproveche la posibilidad de los nuevos medios para adaptar su situación laboral a las exigencias inmediatas con sus efectos.

Los objetivos buscados en la estructura y transferencia de los saberes se parecen a un conglomerado que se modifica en largos tiempos de trabajo conjunto[114]. Esto significa que las empresas no seleccionan a sus empleados bajo el criterio de qué conocimientos son necesarios para un proyecto actual, sino que lo hacen con el objetivo de una cooperación a largo plazo

---

113 Véanse Reinmann-Rothmeier y Mandl, 2000, Probst y Eppler, 1998.
114 Hedlund, 1994.

para actividades laborales que se modifican continuamente. Durante los procesos de reclutamiento de personal los procedimientos selectivos complejos fueron generalmente aceptados. Los empleados no son solamente seleccionados según el criterio del conocimiento actualizado, sino que también se considera la adaptación que poseen para un dado contexto, en una cultura empresarial, así como también cuán buena es su disposición, considerando su capacidad y voluntad de aprender, a menudo integrados con distintos grupos.

Tan pronto como estos ajustes hayan finalizado, se efectúa a continuación un proceso de cualificación modular, en donde los nuevos especialistas son confrontados con los problemas reales de los clientes y donde ellos se incorporan a grupos donde deben trabajar en relación estrecha con especialistas experimentados. Empresas tales como Motorola han llegado a ser reconocidas por su eficiencia, donde por ejemplo, los empleados autogestionan los procesos de actualización profesional. Tanto en la capacitación como en la actualización profesional se ejercitará el trabajo en grupo, superando los límites de sus funciones para de esta forma crear redes informales que puedan ser utilizadas según la demanda.

¿Cómo se motiva a los especialistas con tan buena formación? Primeramente se les asigna una tarea o determinadas actividades que continuamente se modifican, donde se les exige conocimientos específicos. La práctica de asignar a los especialistas más jóvenes en tareas simples y rutinarias desde su ingreso, es vista desde la óptica del conocimiento como fatal.

La realización de tareas exigentes conduce a la demostración de la competencia técnica y de allí al segundo elemento de la motivación que es el reconocimiento. Este reconocimiento, que por un lado se manifiesta por parte de los clientes y por otro por los expertos más calificados, es visto como un factor muy significativo de la motivación[115]. Una tercera fuente de la motivación

---

115 Sveiby, 1997, Maister, 1993.

es la que posibilita el aprendizaje continuo. Actividades que son más estimadas que un aumento salarial, son aquellas que por ejemplo se presentan cuando un empleado participa, debido a sus logros, en un seminario técnico de alto nivel, o bien puede trabajar durante cierto tiempo con un experto reconocido.

El quinto factor, como elemento motivacional, es la posibilidad de contar con equipamientos adecuados. Puede tratarse de una computadora con un rendimiento dado, un equipo del laboratorio que por un lado facilita la mano de obra de un especialista en tanto que por otro eleva su estatus en un contexto de empresa orientada al conocimiento, donde el símbolo tradicional de estatus no tiene lugar.

La remuneración monetaria sigue siendo, naturalmente, un factor de la motivación. Los sistemas adecuados de incentivos que se orientan al éxito total de la empresa, por ejemplo, a través de las posibilidades de opciones en la adquisición de acciones, podría estimular un comportamiento positivo individual (véase 4.4).

Si una empresa tiene éxito en la adopción del sistema de incentivo desarrollado, entonces el espiral motivacional gira en la dirección correcta. La alta motivación conduce a una mayor productividad y calidad del trabajo del colaborador, que a la vez que se modifica, incrementa el espiral de la motivación de los otros integrantes de las tareas técnicas en la dirección correcta. Esta productividad y calidad del trabajo son conducentes al éxito del cliente. Este éxito da lugar al nivel económico satisfactorio de la empresa, la que generosamente ofrece una compensación que posibilita la actualización profesional y el desarrollo de la carrera en la organización.

El tema del desarrollo de carrera de especialistas en jerarquías planas es un problema adicional de las empresas que subrayan la importancia del saber. Por un lado existen pocos niveles jerárquicos en este tipo de empresas y, por otro, no todos los especialistas están interesados en asumir funciones gerenciales. Para aquellos que sí desean asumir este tipo de responsabilidades, tienen la oportunidad de hacerlo en la gestión de mandos medios. Ese ascenso no resulta tan fácil debido a las exigencias de concurso, selección que se llevan a cabo mediante las evaluaciones periódicas del desempeño. Los talentos, por cierto, deben superar el tamizado fino. Es así que se llega a resultados de consultoría cuya búsqueda cuidadosa ronda aproximadamente el 10 % del personal evaluado para ser asesor, e inclusive contarlo como socio por un plazo que va desde los 9 a los 12 años de duración[116].

Un ascenso rápido siempre es posible, en la medida en que la empresa crezca consecuentemente. El ascenso en la empresa orientada al conocimiento está directamente relacionado con el índice del crecimiento de la empresa. Investigadores altamente cualificados, pese a ambicionar tareas de gestión, representan un valor altamente estimable por la empresa y pueden disponer de una carrera especializada en forma separada, donde los asensos y remuneraciones son acorde a los percibidos por el personal de gestión de niveles superiores.

En las empresas del tipo jerárquicas, el líder principal de un departamento necesita contar con un cierto número de especialistas o un cierto presupuesto para poder asumir la jefatura.

En empresas orientadas al conocimiento no es válida la frase que afirma que "*lo que cuenta es el número de cabezas*". Así es que, por ejemplo, la Organización Mundial de la Salud –que cuenta con funcionarios organizados jerárquicamente– ha abierto ciertas carreras para los especialistas cualificados, dentro del sistema de Naciones Unidas, que solamente son posibles de acceder si se cuenta con un determinado número de subordinados. Pese a todas estas medidas motivacionales las empresas seguirán perdiendo buenos especialistas. No obstante, pese a esta merma, para que la empresa no pierda totalmente sus conocimientos deberá tener en cuenta algún tipo de medida para salvaguardar los mismos, inclusive mediante la

---

116Quinn et al., 1996, 97.

transferencia de conocimientos a un sistema de informaciones interconectado a una red de competencias, para que pueda ser usado por los nuevos empleados con fines de entrenamiento.

Caso 16: Desarrollo de personal con perspectiva. Pensamiento transversal en lugar de pensamiento vertical–CSC Ploenzke[117]

¿Qué significa la palabra carrera?
Con CSC Ploenzke ha hecho usted una carrera, cuando:
• es consultado,
• brinda su consejo,
• comparte la información,
• es capaz de confiar y que confíen en usted,
• facilita un espacio suficiente de negociación y
• delega responsabilidades.

En la figura 4.7 se presentan los elementos de las actividades de los especialistas, en la que usted puede llevar a cabo la evaluación de su perfil profesional.

Figura 4.7 - Tareas y roles en la actividad del técnico.

117CSC Ploenzke, O. J.

Trabajadores de la información y la comunicación: Los corredores de la información y de la infraestructura de gestión, comúnmente denominados *brokers*.

Con el desarrollo de la empresa del conocimiento aparece un nuevo grupo de empleados (grupo específico de especialistas) que trabajan directamente con la información y los sistemas de comunicación de la empresa para optimizar su contenido y funcionamiento, garantizando las diversas fuentes de información disponibles, llevando a cabo actividades de filtrado y elaboración de la información disponible para su utilización específica por parte del usuario, se trate del empleado de la empresa o bien del cliente.

La operación técnica de la información y del sistema de comunicación puede ser asignada en forma parcial o total a un prestador de servicios externos. Los sistemas de información, en cuanto al desarrollo de los contenidos, deberán ser eficientes. Los contenidos de los conocimientos de los expertos deben ser codificados y archivados bajo determinados eslóganes. Los redactores deben elaborar los informes de proyectos en forma tal que deben ser comprensibles por terceros. Los conocimientos de las redes de competencia deben ser archivados en forma estructurada, para que estén disponibles en todo el mundo las 24 horas del día. En resumen, los sistemas expertos deben ser actualizados continuamente.

A esto se suma que las investigaciones crecen en complejidad en un tiempo cada vez más escaso. La demanda debe tener en cuenta la espera de un cliente potencial o superior que necesita ser informado en el corto plazo sobre una amplia gama temática, confrontando sus aspiraciones con respuestas tales como: "Busque en internet, que allí se encuentra todo". Tanto en el uso de internet como en intranet, para que la búsqueda sea eficiente, se necesita desarrollar buscadores que puedan llevar a cabo clasificaciones complejas de los bancos de datos para la obtención de información específica que los profesionales necesitan. Lo anteriormente citado no siempre ha sido reconocido por las empresas, las que suelen recelar, las más de las veces, sobre la información y documentación presentada por los especialistas.

Las tareas de gestión de las informaciones y la comunicación son tratadas en el capítulo 6.

El empleado soporte

Muchas veces se argumenta que por medio de las mejoras de las tecnologías de la información y la comunicación tanto las secretarias como los centros de comunicación llegan a ser redundantes. Esto no parece contar con suficiente validez en lo que respecta, por ejemplo, a la confección de textos o a la creciente utilización del correo electrónico. Por otra parte, existe un aumento de los requisitos en cuanto a la calidad de las presentaciones, la actualización de la información en internet, la coordinación de las entrevistas en una agenda cuya capacidad se reduce, las ejecuciones de investigaciones simples y la creciente demanda de respuestas estandarizadas para la consulta de los clientes.

Los empleados de soporte (frecuente y erróneamente denominado "trabajador inespecífico", significando este término que no cuenta con una especialidad) ganan en significación, debido a la multiplicidad de las tareas que desempeñan. Las exigencias de calificación en este tipo de colaborador, pese a la falta de su especificidad técnica, consideran que es necesario, entre otros, el manejo de los *softwares* de elaboración de textos, gráficos y las tablas de cálculo, así como también cierto dominio de los sistemas complejos de comunicación. La sobrecarga, aunque temporal, es cada vez más evidenciada por los especialistas, que constantemente deben ejecutar distinto tipo de actividades; esto torna necesario que el empleado soporte sea asignado para llevar a cabo tareas rutinarias.

4.7 - Gestión de competencias y del talento

Los trabajadores pueden llevar a cabo las funciones descriptas en el párrafo anterior y la configuración de las actividades cuando hayan desarrollado las competencias adecuadas.

La gestión de las competencias, frecuentemente denominada "gestión del talento", tiene por finalidad llevar a cabo la descripción de las actividades, hacer que las mismas sean transparentes (¿Quién sabe qué?), así como también garantizar su utilización y desarrollo orientado a los objetivos personales del empleado y a los objetivos de la empresa.

La gestión de las competencias en las empresas orientadas al conocimiento tiene como actividad esencial, a diferencia de lo que se entiende tradicionalmente por capacitación y actualización profesional, la integración del aprender y el enseñar, el llevar a cabo la autoorganización, la utilización de las competencias que se ofertan en el mercado (véase en el capítulo 6 las *comunidades de prácticas y redes de conocimiento*). Esto se comprende claramente si observamos a continuación los problemas típicos que se pueden llegar a solucionar mediante la gestión de competencias:

- **Las competencias en los proyectos:** A menudo en los proyectos empleamos compañeros de trabajo conocidos, sin saber si contamos con un colega más conveniente para llevar a cabo mejor la tarea. También pensamos en el tiempo que perdemos en la búsqueda sistemática de empleados más competentes para nuestras subsidiarias o departamentos de desarrollo. El resultado que obtenemos es: siempre trabajan en equipo los mismos, los cuales se llevan muy bien, pero no desarrollan las mejores soluciones, por lo que no es tan óptimo el servicio que brindamos a nuestros clientes. El equipo de proyecto necesita más tiempo que el calculado para procurar el perfil de conocimiento necesario con los saberes adquiridos fuera del grupo del proyecto. Por esto se hace imprescindible describir las competencias de los empleados, para identificar aquellas que son apropiadas para el proyecto.

- **Identificación de las faltas de competencia:** Partimos de considerar que, en la conducción de su departamento, usted ha llevado a cabo prestaciones internas de servicios. En función de lo mencionado, usted quiere en un futuro ofrecer soluciones completas al mercado, o bien dar una nueva orientación para sus unidades de negocios mediante la realización de *wokshops* que traten sobre estrategias. En ambos casos la cuestión es: ¿Cuentan mis colaboradores con las competencias necesarias para satisfacer la futura orientación? ¿Cómo podemos ajustar los objetivos de un entrenamiento continuo, y cuáles son los trabajadores y con qué competencias debemos considerar? El análisis de las competencias actuales, que se deriva de las competencias necesarias, facilita adoptar medidas apropiadas para compensar el desvío entre el resultado esperado y el obtenido.

- **Transferencia generacional de conocimientos en los trabajadores:** No sabemos individualmente, tanto en el desarrollo, la fabricación, la venta como en el departamento de información y tecnología –donde se desempeñan los trabajadores altamente especializados–, quiénes son los expertos y en que área específica. Cuando ya no contamos con determinado trabajador en la empresa tomamos conciencia y nos damos cuenta de cuál es el conocimiento que se ha perdido. Un cliente se conduele por no llegar a ser asesorado como antes, por ejemplo ante una determinada actividad de montaje y el mantenimiento necesario que la instalación necesita. Por ello es que, mediante la descripción de las competencias, podemos oportunamente identificar quién es el misterioso experto que cuenta con los conocimientos críticos que la nueva generación de trabajadores necesita.

- **Realización de una carrera mediante el desarrollo de competencias:** Con jerarquías que resultan ser cada vez más planas, se tiene una posibilidad menor de acceder a un puesto jerárquico o generar un sistema de ascensos. Con el ofrecimiento de una ampliación y profundización de las habilidades, pese a ser una perspectiva a largo plazo, podemos retener en la empresa a los trabajadores calificados. Mediante el acuerdo de los objetivos, así como de los sistemas de la evaluación y de la remuneración, se puede incorporar un desarrollo consensuado.

- **Hallazgo competente de interlocutores válidos:** ¿Quién está familiarizado con la programación de bancos de datos? ¿Quién puede ayudarme rápidamente con la oferta y que a la vez conozca al cliente? ¿Quién es experto en los sistemas contables de EE.UU.? La lógica individualización de los interlocutores válidos, que permita dar una rápida respuesta a estas cuestiones, conduce muchas veces a una odisea de las informaciones. Una vez que ha sido localizada la persona apropiada, que toma parte en el diálogo, entonces se deberá determinar su disponibilidad, es decir, saber si la persona en cuestión se encuentra enferma, de vacaciones o está llevando a cabo una entrevista personal. Los colegas que son conocidos por su disposición a cooperar y sus competencias, son convocados con tal frecuencia que a menudo su trabajo real no se lleva a cabo. Mediante las bases de datos de habilidades podemos localizar rápidamente a los expertos y adoptar medidas, tales como la rotación temporal de los interlocutores válidos disponibles, y de esta manera evitar la convocatoria que se focaliza en el pequeño círculo de los mismos expertos de siempre.

- **Control de la actualización profesional:** Un supervisor de la actualización profesional debe, por ejemplo, cuidar de varias pequeñas y medianas empresas con tareas tales como determinar la demanda de entrenamiento de los trabajadores y estructurar un programa de seminarios. Una tarea similar tiene el departamento de capacitación de un consorcio industrial. A menudo los empleados son inscriptos en seminarios, que poco o nada tienen que ver con el desarrollo de las competencias necesarias de los mismos o de su grupo de trabajo.

Algunos de los interrogantes que se suscitan, son: ¿Cómo se puede efectuar sistemáticamente un análisis de las demandas de capacitación? ¿Cómo pueden los empleados gestionar su propio portafolio de competencias, especialmente si desea cambiar frecuentemente de empresa y aumentar sus posibilidades en el mercado laboral?

Caso 17: Universidad de la empresa[118]

El camino de una empresa orientada al conocimiento debe considerar a la tarea de capacitación y actualización profesional como su principal objetivo. Las nuevas tendencias sobre las funciones y formas de trabajo deben ser aprendidas y acompañadas. En los Estados Unidos surgió el auge de fundar universidades de la empresa, de las que surge como la más conocida la Universidad de Motorola. También en Europa está ocurriendo una reestructuración de las capacitaciones y formaciones profesionales en las empresas.

La capacitación y el perfeccionamiento profesional deben ser ejercitados conjuntamente con los trabajadores. Esto significa que las modificaciones de comportamiento preponderan respecto a la transmisión de conocimientos. Para ir más allá de actividades individuales de formación, los empleados ofrecen un entrenador. La demanda, que clama por una orien-

---

118Véase Motorola, 1995, Mesiter, 1997.

tación al conocimiento para satisfacer sus necesidades con la utilización de técnicas de la información y la comunicación, hace que se tornen accesibles los seminarios mediante los servicios que se brindan por intranet e internet. Los empleados suelen, en forma individual, estructurar un menú de capacitación y actualización profesional. Según el lema de saber hacer, se conocen y refuerzan sus relaciones con mayor vigor que antes. Por otro lado, aumenta la cantidad de equipos de trabajadores que aprenden participando en una dinámica grupal. En el caso del personal del nivel de gestión departamental, el mismo tiende a la actualización profesional para atender proyectos concretos. Los contactos que se realizan para cumplimentar esta última son cuidados y fomentados para dar lugar a un intercambio de conocimientos, más allá de los límites de la empresa y de sus unidades de negocios.

Desde que fue creada en 1981, la Universidad de Motorola, ha demostrado un resultado sobresaliente al poder transmitir en forma combinada valores y conocimientos específicos La cultura de la calidad de Motorola y el denominado programa six-sigma ha mejorado mundialmente, no solamente la calidad de productos y de procesos, sino también la calidad del trabajo grupal.

En muchas empresas, los miembros de su gestión demuestran cada vez más interés sobre la importancia de la capacitación y la actualización profesional. Ellos se reservan entre dos y tres días cada mes para moderar en un taller o funcionar como facilitadores en un seminario, y así poder llevar a cabo una introducción para los nuevos empleados y tomar también un poco de tiempo para su propio perfeccionamiento.

La capacitación y la actualización de saberes específicos son exitosas solamente cuando se constituye y comprueba una relación entre las actividades de formación y los objetivos estratégicos de la empresa.

La solución de los problemas presentados se focaliza fundamentalmente en la descripción de las competencias y la individualización de aquellas personas que ya disponen de una alguna idoneidad adecuada. Todo esto da lugar a plantear la cuestión ¿Cómo se pueden describir las competencias?

4.7.1 - EL CONCEPTO DE COMPETENCIA

El concepto de competencia de una persona se puede describir, en principio, por una relación entre la persona y el grupo o entre las exigencias autoconfiguradas y sus capacidades o potencialidades para cumplir con las mismas[119].

Con la explicación de la escalera del conocimiento, en el capítulo 2 habíamos subrayado que las competencias, en el momento de la aplicación del conocimiento en forma concreta, y los resultados de negocios alcanzados, deben ser mensurables. Estos actos de negocios son en mayor o menor medida determinados por las instrucciones de negocios en un marco dado de negociación. En la adecuación de una situación determinada, siempre se observa previamente la disposición para una autoorganización. Es por ello que las competencias también suelen ser definidas como disposiciones para autoorganizarse[120].

La competencia de una persona, dada su individualidad, no puede ser una característica imitable[121]. Podemos decir que la competencia de la persona depende de las actividades ejercitadas, las experiencias acumuladas y el correspondiente entorno social.

Las competencias son:

- **Específicamente contextuales**: Significa que se relacionan con la actividad realizada y se concretizan en el momento de su aplicación para solucionar un problema.

---

119 Véase König, 1992, 2047, (Soziale Kompetenz, in: Gaugler, E., Weber, W. Handörterbuch des Pesonalwesens; Stuttgart: Schäffer-Poeschel).

120 Erpenbeck y Heyse, 1999, Die Kompetenzbiographie; Münster: Waxmann.

121 Véase Sveiby, 1997, 63.

- **Vinculadas con las personas**: Aquí se pone especial énfasis en la experiencia biográfica y la personalidad del colaborador, así como en el comportamiento del mismo con respecto a una situación o actividad dada (por ejemplo, en los compromisos sociales).
- **Aprendibles**: En principio, las destrezas o suficiencias se pueden aprender, si bien es cierto que muchos procesos de aprendizaje son inconscientes. Es decir que, individualmente, las competencias no son independientes unas de otras.
- **Evaluables**: Las competencias pueden ser diagnosticables o mensurables mediante procedimientos operacionales. Mientras el conocimiento especializado y las capacidades metodológicas se pueden medir en forma comparativa, las características sociales (estructuración motivacional, valores) son limitadamente mensurables.

Para describir la competencia de una persona o grupo, frecuentemente y en forma simplificada, se lleva a cabo una clasificación en cuanto a las competencias profesionales, metodológicas y sociales[122].

La competencia profesional abarca todas las capacidades técnicas específicas necesarias, destrezas y conocimientos para llevar a cabo una tarea concreta. Entre otros elementos, los conocimientos profesionales consideran el lenguaje y la economía de la empresa.

La competencia metodológica se entiende como la destreza y los conocimientos ganados en la ejecución de actividades orientadas a procesos complejos de trabajo. Mediante la aplicación de conocimientos específicos, por ejemplo en proyectos, se desarrolla la competencia metodológica individual[123]. Ella

---

122 Véase Haenggi, 1998, p. 145 (Macht der Kompetenz: Ausschöpfung der Leistungspotentiale durch zukunftsgerichtete Kompetenz-entwicklung, Frechen-Königsdörf.
123 Véase Haenggi, 1998, 170.

contiene la capacidad y las informaciones para adquirir, seleccionar, elaborar y utilizar las informaciones. Ejemplos de la competencia metodológica son la complejidad que se observa en la capacidad de pensar, crear, innovar, abstraer, solucionar problemas, decidir, transferir, documentar y relacionar los elementos del conocimiento en un entorno identificable.

La competencia o disposición social es adquirida por el ser humano mediante la socialización. Está estrechamente ligada a la personalidad y a la experiencia[124]. La capacidad de poder trabajar conjuntamente con los trabajadores, colegas y clientes, lograr un buen clima en la organización y cuidar en el trato diario la responsabilidad propia, indica la existencia de la competencia social. Ella hace referencia preferentemente al dominio de las relaciones sociales, así como los procesos del tipo formal e informal en un grupo u organización. Las capacidades motivacionales, de comunicación, cooperación, así como también de la disposición para ofrecer un determinado rendimiento, forman los elementos esenciales de la competencia social.

En la figura 4.8 se presenta un perfil de competencias. El mismo es utilizado por una compañía de seguros para describir las competencias juzgadas como necesarias para dar cumplimiento a determinas funciones, por ejemplo, en la gestión de un proyecto o en el asesoramiento a un cliente.

---

124 Véase Haenggi, 1998, 177.

Competencias

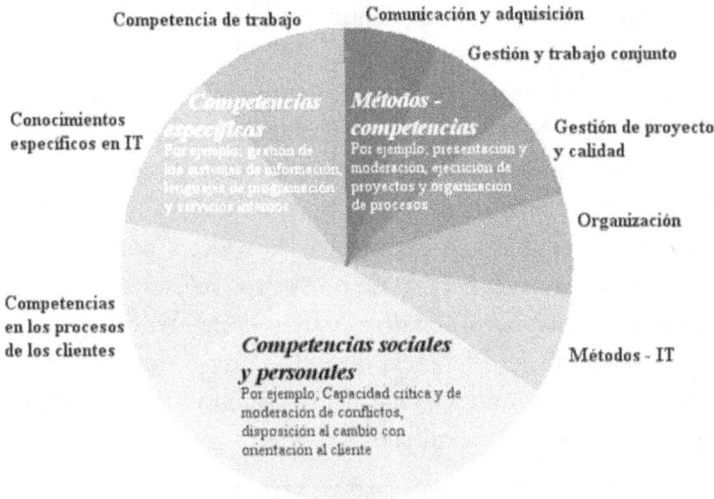

Figura 4.8 - Vinculación de competencias
en una empresa de seguros

Según la descripción de las competencias individuales es que se puede evaluar para cada una de ellas el grado de relevancia. En la literatura se sugieren distintos modelos expertos[125], que en la práctica son evaluados en tres etapas, conjuntamente con las competencias profesionales y metodológicas.

Los denominados *conocedores*, con tendencia a ser pensadores, disponen por cierto de buenos conocimientos teóricos con escasa experiencia práctica, y están en la situación de poder aplicar soluciones previamente estructuradas en el campo teórico en determinadas cuestiones prácticas. Por ejemplo, pueden llevar a cabo exitosamente seminarios de gestión de proyectos así como el reunir información sobre proyectos realizados.

125 Véase entre otros Faix et al., 1991. Skill-Management: Qualifikationsplanung für Unternehmen und Mitarbeiter; Wiesbaden: Gabler.

Los denominados *hacedores* cuentan con múltiples experiencias de aplicaciones y pueden reaccionar adecuadamente ante una situación no prevista. Por ejemplo, llevar cabo bajo su propia responsabilidad varios proyectos con diferentes grados de complejidad.

Los *expertos* poseen una amplia capacidad de autoorganización, así como una intuición que les permite anticipar determinadas vías de solución a los problemas que se presentan. Ellos se distinguen por sus profundos conocimientos sobre distintas áreas temáticas. Por ejemplo, en la gestión de nuevos y complejos estudios, así como en los aportes para desarrollar metodologías de gestión de proyectos. Existen, por cierto, otras formas que permiten desglosar las competencias posibles según el grado de diferencia deseado. Para las competencias sociales se ofrece un escalonamiento con graduaciones expresadas como escasas, nominales y fuertes.

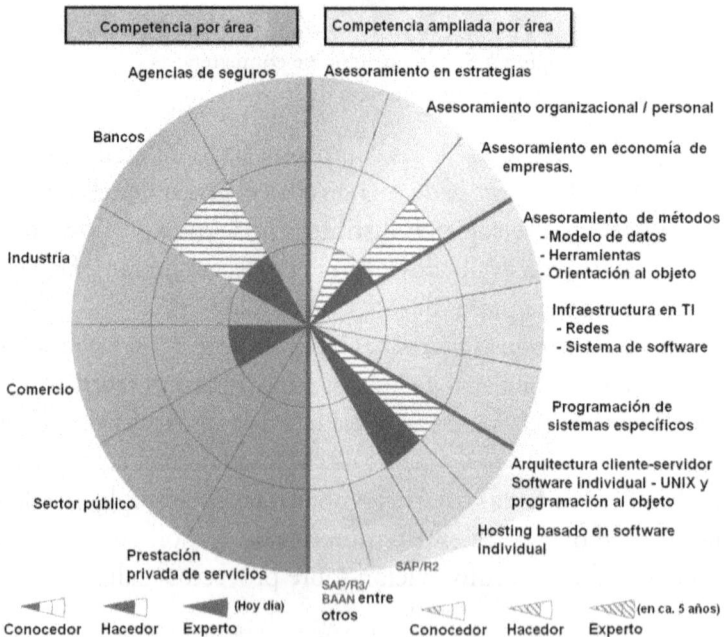

Figura 4.9 - Modelo de visualización de competencias

Caso 18: Carrera en el mundo de CSC: Convertirse en valioso[126].

En el modelo del servicio de una unidad de organización, los conocimientos técnicos ofrecidos pueden ser representados por segmentos circulares. Esta especie de rueda de bicicleta sirve simultáneamente tanto para la descripción del know-how del colaborador como para detallar su desarrollo en el mediano plazo.

El modelo de prestación de servicio contiene como elemento circular aquellos aspectos que son relevantes para cada unidad organizativa, señalada mediante un espectro de puntos clave en áreas y tecnologías esenciales. De esta forma se documentan las distintas áreas de actividades y la forma de cómo éstos serían percibidos por los trabajadores. Simultáneamente se muestran aquellos temas que deben ser desarrollados.

Una página confeccionada de esta forma es un elemento fundamental para toda documentación que es utilizada en las entrevistas de asesoramiento y fomento de actividades para reseñar un plan de carrera en el mediano plazo. Para esto último, se documenta cuál es el segmento de actividad en que se encuentra actualmente el colaborador y cuál es el segmento que se espera recorra en los próximos años (de tres a diez años).

Con este concepto de desarrollo de personal, no sólo se fomenta la calificación polifuncional, sino también la creatividad, iniciativa, capacidad de aprendizaje y el coraje para enfrentarse a la novedad.

4.7.2 - CONFECCIÓN DEL PERFIL DE COMPETENCIAS

Partiendo de consideraciones teóricas sobre el concepto y medición de la competencia, se desarrollan a continuación los pasos

---

126 Tomado del folleto de CSC Ploenzke AG, "Leitfaden für Juniorberater und Juniorberaterinnen".

más importantes para confeccionar un perfil de habilidades, señalado como plan de conocimientos o perfil de destrezas[127]:

- Determinar el objetivo específico: Un objetivo significa, entre otras cosas, la descripción de roles, es decir, actividades cuyas competencias deben ser estimadas. Se refiere a las habilidades esperadas. Es decir, se trata de identificar las competencias existentes en cada uno de los trabajadores o grupos de trabajo. De esta forma la empresa puede concentrarse en aquellos grupos que son estratégicamente importantes, como por ejemplo en las personas que participan en investigación y desarrollo, o bien en los especialistas en información y tecnología, o bien introducir la cobertura de perfiles de destreza.

- El consejo de empresa informa y el acuerdo empresarial determina, entre otras actividades, el tipo de confección y utilización del perfil, así como también las regulaciones para protejer los datos.

- El catálogo de competencias sirve para orientar la estructuración de los roles, procesos y tecnologías.

- Los *workshops* que se realizan con los grupos de trabajo permiten individualmente llevar a cabo el escalonamiento del perfil de los roles esperados y del realmente obtenido.

- Desarrollo o adquisición de soluciones de información y tecnología, para elaborar, visualizar y almacenar el perfil de competencias.

Elección de formas de visualización: En una representación de *competencias*, se pueden mostrar a los *conocedores, los hacedores* y los *expertos*. En forma análoga al juego de lanzamiento de dardos, nos indica que acertar en el círculo central más pequeño significa cuán difícil es llegar a ser un experto. En la rueda de competencias se puede visualizar en forma sencilla

---

127 North y Reinhardt: Kenner- Könner-Experten, Mitarbeiter-kompetenzen, nutzen und entwickeln.

tanto el perfil deseado como el obtenido. Véase el ejemplo del caso 16 de la empresa CSC Ploenzke AG.

El cuidado y el desarrollo continuo del catálogo de competencias exigen una actualización periódica de los perfiles individuales. Estos pueden ser explicitados mediante una rueda de competencias, la que básicamente describe las competencias disciplinares, metodológicas y sociales del trabajador posibilitando la transparencia de las mismas para su ubicación en un proyecto o en un puesto determinado, identificar las competencias faltantes, transferir adecuadamente el saber sobre otras generaciones de trabajadores, localizar socios competentes y controlar el perfeccionamiento profesional. La rueda de competencias puede ser empleada para producir un escalonamiento adecuado tanto de las actuales competencias como de las planificadas.

La rueda de competencias puede ser dividida como porciones de una torta, especificándose las idoneidades, las que deberán ser subdivididas en tres categorías distintas.

- La competencia disciplinar, que abarca toda la gama de tareas profesionales concretas necesarias, tales como capacidades técnicas, destrezas y conocimientos. Por ejemplo; conocimientos profesionales, económicos y lenguaje utilizado en la empresa.

- La competencia metodológica, además de considerar la competencia disciplinar, tiene en cuenta las capacidades para planificar y ejecutar una tarea. Algunos ejemplos de competencia metodológica son la gestión de proyectos, gestión de calidad, solución sistemática de problemas, pensamiento en red, presentación y moderación, y la conducción de trabajadores.

- La competencia social es la que está estrechamente ligada a la personalidad y experiencia. Valora la capacidad de trabajo conjunto con clientes y colegas, la buena disposición para alcanzar un buen clima organizativo, así como las características en su propia responsabilidad para la negociación, subraya su competencia en el ámbito social y empresarial. Esta competencia resulta de la combinación de los siguientes elementos esenciales: la capacidad de relación humana, manejo de conflicto y autocrítica, la disposición para el cambio, la habilidad para con el trabajo grupal y el poder de convencimiento.

Como se mencionó oportunamente, las competencias individuales se evalúan de acuerdo al grado de relevancia. Con una orientación práctica es posible identificar a los conocedores, hacedores y expertos.

Para evaluar las competencias sociales se ofrece una escala que comprende el escalonamiento siguiente: "escasamente pronunciado", "pronunciado" y "fuertemente pronunciado".

Como último paso, estas suficiencias pueden ser ponderadas en la rueda de competencia, donde una parte de la evaluación comprende la comparación entre el estado actual y el planificado. En esta instancia debe verificarse si con las actuales competencias se puede cumplir correctamente con las exigencias requeridas. También se debe preguntar cuáles son los huecos que faltan llenar y en qué áreas es necesario ganar habilidades. Además, es necesario reflexionar si es necesario desarrollar una mayor amplitud para obtener un posicionamiento estándar o es preferible ganar en profundidad por lo cual se requeriría formar expertos en un ámbito específico.

Matriz de competencias

El procedimiento es el siguiente: en una tabla son cotejados los trabajadores y las capacidades que típicamente son empleadas en la empresa diariamente. Cada trabajador es evaluado teniendo en cuenta una determinada nota para cada una de las capacidades o disciplinas listadas. La escala de calificación se compone básicamente de tres notas, a saber:

+++ = Muy buenas capacidades, de las que otros pueden aprender.

++ = Puede llevar las actividades en forma independiente.

+ = Actualmente está aprendiendo, tiene demanda de aprendizaje.

Horizontalmente se puede leer el perfil del rendimiento de un empleado, en tanto que verticalmente se expresa cuan bien está cubierta una determinada disciplina o capacidad.

En forma consensuada se colocan los estándares mínimos. Cuando se trata de una gran empresa, dos o más trabajadores en una disciplina específica deberán obtener la mayor nota.

Los vacíos de conocimientos se detectan cuando en una disciplina no existe nadie o solamente uno de los trabajadores obtiene la mayor nota. En el caso que esa persona se aleje de la empresa, se reducirá sustancialmente la capacidad de rendimiento de la disciplina correspondiente, tornándose más perjudicial la situación cuando ningún trabajador cuente con capacidades comparables para reemplazarlo. Tales vacíos de conocimiento deben ser evitados. Se debe formular el objetivo de contar para su empresa con tres trabajadores "+++", y con dos trabajadores "++" para cada una de las disciplinas, en un lapso de XX meses, que podrá establecer la empresa según la importancia del puesto no cubierto.

Este tipo de tabla puede ampliarse para nuevas disciplinas. La siguiente es una pregunta guía que facilita la ampliación de la tabla: "¿Qué capacidades deberá tener la empresa en uno, cinco o diez años?". Se desglosan los objetivos gruesos en pequeños pasos donde se consideran las capacidades necesarias. En la tabla se puede incluir un objetivo temporal determinado.

El cuidado y mantenimiento de los datos puede registrarse sobre papel o en una computadora personal. Lógicamente, a los datos personales del trabajador se pueden adicionar informaciones tales como el área de trabajo al que pertenece, actividades o calificaciones. En la medida de lo posible se debe agregar alguna referencia de su capacidad para operar determinada máquina, y destrezas sobre primeros auxilios.

Esta tabla se puede utilizar también para introducir un estímulo en el trabajador, como por ejemplo; aquel trabajador que obtenga las mejores notas en cuatro disciplinas obtiene una determinada gratificación.

A modo de ejemplo se plantean los siguientes interrogantes:

- ¿Cómo pondera usted la matriz de competencias de la figura siguiente?
- ¿Qué es lo que ocurre cuando José está ausente a su puesto de trabajo y se tiene que llevar a cabo una tarea en Excel?

¿Quién lo puede hacer bien?

	José	Clara	Manuel	Angélica
Word	★	☆	☆	★
Powerpoint	☆		☆	
Excel	☆	★		★
Access			★	

★ Alta competencia   ☆ Mediana competencia   ★ Conocimientos básicos

Figura 4.10 - Matriz de competencias

En el caso anterior, por ejemplo, se puede considerar que se trata del manejo de paquetes de *software* utilitarios tales como; Word, PowerPoint, Excel y Access donde se asigna un valor determinado.

4.8 - APRENDIZAJE INTERGENERACIONAL

Uno de los temas de profunda preocupación en el ámbito empresarial apunta al natural recambio de personal que suele ocurrir en los distintos puestos de trabajo de la empresa. En caso de no tomarse los recaudos necesarios, esta situación no solo frena el desarrollo futuro sino que puede incluso perjudicar la situación actual de las unidades económicas.

Comúnmente esto suele ocurrir cuando se produce el alejamiento de un empleado que cuenta con un valioso reservorio de conocimientos privados, los cuales no se han explicitado en registros o no han sido transferidos, en tiempo y en forma, a otros colaboradores de la empresa.

Algunos ejemplos tomados de las empresas

- Trabajador en investigación y desarrollo de 59 años de edad. Cuenta con un estilo individual de trabajo, pero a lo largo de su carrera ha efectuado escasos registros de la documentación de importancia. En el caso que sufra una ausencia por distintos motivos, su puesto de trabajo se encontraría en una situación desfavorable.

- Capataz en mecanizado de 58 años, con más de 20 años en la empresa. Dispone de mucho know-how sobre máquinas, herramientas y automatización. Posee mucha destreza en la optimización de herramientas, sin embargo se cuenta con escasa documentación de las operaciones que realiza. Espera jubilarse dentro de un año.

- Jefe de construcción, diseñador talentoso que se encuentra próximo a la tercera edad. No dispone de ninguna sistematización de la información. Se define como un luchador solitario que cuenta con un equipo joven y está dispuesto con gusto a las consultas, pero la pregunta clave es: ¿Quién le hace las preguntas adecuadas?

- Director de negocios experto en procesos industriales y en termodinámica aplicada. No emplea ninguna PC y con sus 63 años toma distancia de los negocios diarios.

- Ingeniero de proyectos que tiene un *know-how* exclusivo y será separado de su actividad en el término de 2 o 3 años.

Principios de solución

La recuperación de los conocimientos valiosos se puede encarar de diversas maneras y mediante varias técnicas. Según las circunstancias se podrán utilizar las siguientes:

a. **Motivación**: Dejar bien en claro la importancia del conocimiento de los colaboradores más experimentados (por ejemplo, mediante una alocución llevada a cabo mediante el personal superior para impulsar y controlar la transferencia).

b. **Reconocimiento**: Lograr la transferencia de los conocimientos a través del reconocimiento, ya sea con premios honoríficos y, dado el caso, con determinadas propuestas para que sean emprendidos por los trabajadores.

c. **Formar grupos de trabajo**: Configurar tareas organizativas en donde los más experimentados sean incluidos en los grupos de trabajo.

d. **Deber de búsqueda**: No exigir a los que dejen la empresa que escriban todo lo que saben, sino solicitarles a cada uno de los que emprenden actividades clave la preparación y la elaboración de medidas organizativas que faciliten la búsqueda de conocimientos.

e. **De conducción y asesoramiento**: Para la gestión de nuevos proyectos, la designación de las funciones debería quedar en manos de sus miembros. La jefatura de diseño, por ejemplo, puede ser llevada a cabo por el asesor del grupo de diseño.

f. **Orientación al futuro**: En lugar de pedir a los colaboradores que "documenten todo lo que han hecho el pasado año", es más conveniente que identifiquen los conocimientos más importantes que necesitan los colegas para llevar a cabo sus tareas en forma eficiente.

g. **Integración de los procesos de negocios**: Posibilitar la transferencia de conocimientos en los negocios diarios o asegurar los mismos mediante medidas organizativas claras.

4.8.1 - Colegas formando a colegas

Uno de los argumentos que actualmente se esgrime entre los empresarios, y que cuenta con el mayor eco, es el principio de capacitación interna denominado "colegas formando a colegas". Este tipo de capacitación permite el intercambio de conocimientos y experiencias en forma grupal facilitando la integración y la obtención de una polifuncionalidad adecuada por parte de los participantes a estos encuentros, beneficiándose tanto el empleador como los empleados, al obtener las ventajas que les ofrece el contar con una mayor flexibilidad, por parte de los colaboradores, para cubrir puestos de trabajo condicionados a saberes distintos.

Un modelo de encuesta

El involucramiento de los trabajadores para ampliar sus competencias, habilidades y experiencia en el trabajo es esencial en toda empresa interesada en lograr una mejor gestión de los conocimientos. Una manera sencilla de identificar posibles intereses es mediante la utilización de un formulario como el siguiente:

Nombre:	Departamento:	Fecha:

Estoy interesado en una actividad tal como "El trabajador aprende del trabajador".

       □ Sí   □ No

Estoy interesado en estas actividades, con limitaciones tales como:
- Solamente durante la jornada de trabajo.   □ Sí   □ No
- También fuera del horario de trabajo.   □ Sí   □ No

Yo quisiera, en el marco de tales encuentros, poder transferir mis conocimientos y mis experiencias a los colegas que estén interesados.

       □ Sí   □ No

Yo quisiera ampliar mis conocimientos en determinadas áreas de la empresa y me gustaría participar en tales encuentros como oyente.

Estoy interesado en transferir mis conocimientos y experiencias en las siguientes áreas específicas:

1)..
....
....

2)..
....
....

3)..
....
....

Quisiera tener más conocimientos sobre las siguientes áreas / cuestiones:

a)..
....
....

b)..
....
....

c)..
....
....

4.9 - Motivar para la participación
y el desarrollo del conocimiento

4.9.1 Principios de la motivación

En distintas publicaciones sobre el tema gestión del conocimiento se subraya la escasa disposición del trabajador para compartir sus conocimientos[128]. Declaraciones cómo "saber es poder" o "no seré remunerado por la ayuda que brindo sino por lo que para mí representa un negocio", indican que los objetivos de los sistemas existentes y el comportamiento del empleado, a menudo se encuentran encaminados hacia la participación y desarrollo del conocimiento. Cuando la gestión del conocimiento colabora para con el éxito de la empresa, se debe motivar a los trabajadores para participar y transformar la organización hacia una cultura basada en el conocimiento. Para esto se puede hacer uso de los sistemas de incentivos[129].

Frese[130] entiende el concepto "sistemas de incentivo", en sentido estricto, a todas aquellas medidas cuya meta prioritaria sea el aumento de la motivación de los trabajadores. Para las empresas estos incentivos son interesantes en la medida que promuevan la motivación con la finalidad de alcanzar los objetivos de la compañía. Los sistemas de incentivos pueden funcionar adecuadamente sólo si logran la motivación de las personas.

La investigación sobre la motivación, diferencia la motivación extrínseca típicamente ideal de la que se controla esencialmente mediante sistemas de estímulos, comúnmente

---

128 Véase capítulo 5, también Varlese, N. (2000): Desarrollo de un sistema de estímulos para fomentar la gestión de conocimientos como modelo de una empresa consultora. Trabajo de diploma de la Universidad Politécnica de Wiesbaden, área de las ciencias económicas.

129 La presentación está basada en North y Varlese.

130 Frese, E. (1998): Grundlagen der Organization. Gabler: Wiesbaden 1998 (7.Edición).

denominada motivación intrínseca. Este tipo de investigación tiene una mayor relación con la autorrealización y el reconocimiento que con una bonificación monetaria. En la figura 4.11 se representan las motivaciones laborales extrínsecas e intrínsecas y de cómo estas motivaciones son impulsadas.

Motivo laboral	Estímulo
Motivo laboral extrínseco	*Objetivos materiales*
Dinero	⇨ Salarios, premios
Seguridad	⇨ Rentas, créditos
Prestigio	⇨ Símbolo estatutario
Motivo laboral intrínseco	*Posibilidades internas de interacción laboral (mediante el correspondiente estilo de conducción*
Contactos	⇨ Excursiones, actividades sociales
Rendimientos	⇨ Realimentación acerca del propio rendimiento (por ejemplo, mediante el reconocimiento y la crítica
Cosmovisión y autorrealización	⇨ Autorrealización (mediante tiempos flexibles de trabajo y posibilidades de encuentros)
	⇨ Posibilidades de aprendizaje mediante actividades exigentes
	⇨ Ascensos
	⇨ Compensar la especialización externa mediante rotación, ampliación y enriquecimiento de la tarea

Figura 4.11 - Motivación laboral y estímulo

Mientras las formas convencionales de remuneración por rendimiento se estructuran tomando como base la motivación extrínseca, la motivación intrínseca gana en significación con la participación y desarrollo del conocimiento[131]. A menudo, los saberes más importantes que se manifiestan en una empresa no pueden ser expresados por escrito ni tampoco en forma simbólica. Estos conocimientos implícitos no son mensurables cuando, varios trabajadores participan en su transferencia sin que se pueda premiar los logros del conocimiento, por no poderse determinar las colaboraciones del saber de cada caso individual.

---

131 Frey, B.S., Osterloh, M. (2000): Pay for Performance - Immer empfehlenswert?

El fomento de la transferencia del conocimiento exige una motivación intrínseca compatible con los objetivos de la empresa. Con respecto al desarrollo del conocimiento, se puede aseverar que las actividades creativas están ampliamente relacionadas con las motivaciones intrínsecas.

Los procesos de aprendizaje también son promovidos por la motivación intrínseca –"aprendo, porque el asunto me interesa"–, manifestación contraria a lo expresado por la motivación extrínseca –"aprendo, porque recibo algo a cambio"–.

En el perfeccionamiento de los sistemas de incentivos orientados al conocimiento se debe considerar que cada trabajador de la empresa es un portador de habilidades, y en función de éstas se puede configurar un sistema de estímulos que motive individualmente y alcance las suficiencias y aquellos otros objetivos que son ambicionados por la empresa. Una de las dificultades radica en la difícil definición de las magnitudes de referencia para relacionarlas con la gestión del conocimiento. La competencia que dispone un empleado y el saber que se adquiere colectivamente, no son representables mediante un factor de referencia, debido a que no admite conclusión alguna en calidad y uso. Sobre esta base es que se recomienda acordar con los empleados objetivos concretos de conocimientos, que puedan ser utilizados en la configuración y perfeccionamiento de los sistemas de incentivo. A continuación se presentan algunas formas de estos sistemas, así como también los caminos mediante los cuales podrían ser fomentados: la participación, utilización y desarrollo del conocimiento.

4.9.2 - Instrumentos

Hay una variedad de posibilidades para promover la cooperación orientada a satisfacer el interés común de la empresa. Por un lado, los trabajadores pueden ser pagados en relación con su grupo en vez de individualmente: En este caso, hay un reconocimiento al éxito del funcionamiento del grupo y no al logro individual. Es decir, que existe la posibilidad de que una parte de la remuneración esté relacionada al éxito total de la empresa. Esto tiene una profunda significación en el nivel de la alta gestión. Por ejemplo, en el caso de General Electric, aproximadamente 22.000 empleados en los distintos niveles disponen de la opción de adquisición de acciones, las que a su vez representan un estímulo que obliga a no desviar la vista sobre aquellos aspectos que hacen al éxito de la empresa.

Con la ayuda de colegas en la propia actividad o en otras áreas, se lleva a cabo una contribución integrada de la mejora total de la compañía. Un determinado *stock* de opciones da derechos a los trabajadores para adquirir acciones de la empresa en un precio fijo y en determinada fecha. La diferencia entre la cotización de las acciones y el crecimiento medio industrial –este índice depende del tipo de industria– puede ser utilizada como una reserva del colaborador con el comportamiento análogo de una renta auxiliar.

La bonificación mediante la opción de la entrega de acciones es a menudo substancialmente más alta que la prima o el porcentaje de beneficios relacionado con el rendimiento individual de una unidad de negocios. La experiencia indica que muchas empresas se adhirieron a este sistema de bonificación.

También ha sido adoptado, en forma paralela, un sistema de sugerencias del tipo grupal, ya que de esta forma se motiva a los empleados a compilar e implementar las sugerencias de mejora.

En la administración por objetivos (APO), las metas son acordadas por la jefatura y los compañeros de trabajo, donde la responsabilidad de cada uno se define de acuerdo al resultado esperado. El control posterior es llevado a cabo por la medición de la diferencia entre lo esperado y lo realizado. Una ampliación del catálogo de objetivos, que contenga objetivos de conocimientos individuales, se conoce como administración por objetivos de conocimiento (APOC). Los objetivos operacionales y estratégicos del conocimiento son punto de partida de estos acuerdos. Estas metas se pueden aplicar para ampliar las competencias personales o bien para llevar a cabo la transferencia del saber, por ejemplo, el entrenamiento de un sucesor. Las metas de la calificación se miden y adaptan periódicamente. En el propio colaborador se genera la exigencia de participar en la formación de los objetivos.

Una empresa industrial americana integró incentivos a los acuerdos de los objetivos en forma de premios. Para ello fueron definidos determinados "módulos de destreza", con la finalidad de contar con determinadas suficiencias para efectuar una actividad determinada. La ejecución exitosa de un módulo de habilidad conduce a un aumento de sueldo. Para llevar a cabo este procedimiento es necesario verificar que tanto los trabajadores como los jefes deben dominar estos módulos de saberes. Mediante los sistemas de incentivos se puede alcanzar una elevada flexibilización y una mejora en los procesos laborales.

Otra variante de los acuerdos de objetivos es la integración de las metas del conocimiento en el proceso de trabajo, el cual está relacionado con la remuneración. En una firma consultora, los asesores son evaluados de acuerdo a cinco criterios, donde uno de ellos expresa la "cooperación con la existencia de conocimientos de la firma consultora, así como su utilización".

Para otras empresas se otorga como parte de la remuneración las actividades de transferencia de habilidades. El apoyo a los conocimientos se incorpora a la evaluación anual del socio. Si uno de los miembros de la organización ayuda a un colega en el aumento de sus competencias, esto puede significar una bonificación, que puede llegar a ser hasta una cuarta parte su remuneración anual.

También en la evaluación del empleado que toma parte en las reuniones de trabajo en forma periódica deberán contar con criterios de estructuración y transferencias de conocimientos. Una empresa consultora ha elaborado una serie de *preguntas-*

guía, para los diálogos que se llevan a cabo entre trabajadores y jefes. Estas *preguntas-guía* se formulan en el entorno que tiene que ver con los recursos de conocimientos.

Los trabajadores son consultados de la siguiente forma:

- ¿Qué hizo usted en el último año para aumentar su propia autoridad?
- ¿Cómo hizo usted para contribuir al desarrollo del conocimiento organizacional de la empresa? Por ejemplo, mediante el trabajo en red, mediante presentaciones en los sistemas de información o por participaciones en la realización de proyectos, informes de estudios de casos, etcétera.

Al personal de conducción se adicionan las siguientes preguntas:

- ¿Cómo fomentó usted la estructuración de competencias de los colaboradores y qué resultado obtuvo en el aumento de los beneficios de las ventas por empleado asignado?
- ¿Pudo usted constituir áreas nuevas de negocio?

La integración de la gestión de conocimientos en la evaluación del desempeño de los trabajadores, garantiza la retención de los mismos en el largo plazo para compartir y estructurar los saberes para el desarrollo de la empresa. Esto significa, sin embargo, una redefinición de la carrera, en lo que hace al reconocimiento de las competencias técnicas y sociales.

El reconocimiento de los *hacedores* en un área determinada resulta ser un incentivo importante que refuerza las motivaciones intrínsecas. Con este reconocimiento se relaciona simultáneamente la afiliación de éstos a un grupo social. La tendencia en aumento de los compromisos en asociaciones profesionales y nombramientos honorarios muestra cuán fuerte resulta la motivación del reconocimiento. La posibilidad de presentarse como un colaborador que dispone de su propia *homepage* en el sistema intranet representa una competencia que se manifiesta mediante la posibilidad de bajar documentos de su propia página de intranet, también significa un reconocimiento en cuanto a las posibilidades y compromisos de este miembro de la empresa por compartir conocimientos.

La empresa Lotus, por ejemplo, ha introducido un *centro virtual de conocimientos* (CVC). Los consultores, que colaboran con estudio de casos en el sistema son identificados mediante una placa de bronce en su lugar de trabajo. Adicionalmente, los documentos generalmente usados por el centro virtual del conocimiento se publican. Los consultores mejor posicionados deben participar en la reunión anual en el centro de conferencias de conocimientos.

Para los trabajadores del conocimiento el tiempo se está convirtiendo en un bien escaso, por lo que el compartir y desarrollar saberes pueden ser bonificados mediante el otorgamiento de tiempo y la creación de espacios libres: la posibilidad de tomar seis meses de vacaciones para participar en un programa sobre gestión administrativa o tal vez el disponer de un 10% del tiempo de trabajo resultan ser alicientes más convincentes que el pago y el ascenso jerárquico.

Otros elementos que hacen a la motivación del trabajador del conocimiento –y a la distinción por su rendimiento–, son: la participación en grupos de proyectos con expertos, colaborar en la solución de problemas complejos, tener acceso a los adelantos que posibilitan configurar su propio campo profesional, disponer de cierta libertad para la búsqueda de nuevas soluciones y contar con lugares de trabajos o laboratorios bien equipados. La gestión del conocimiento también puede considerar el reemplazo de los sistemas de incentivos para determinado tipo de juego que facilite la sensibilización y motivación de los empleados. Una iniciativa de este tipo tuvo lugar en una empresa consultora para implementar el juego denominado "Comparta el conocimiento y gane millas". Este tipo de iniciativas fue utilizado por una serie de empresas.

Caso 19: "Comparta el conocimiento y gane millas" – Iniciativa de una empresa consultora

Los consejeros de las grandes consultoras son con frecuencia individualistas para documentar, trabajan ante una enorme presión en cuanto al tiempo exigido y es por ello que su voluntad está condicionada para emplear el tiempo en determinar sus conocimientos y transferirlos. Además de los sistemas de incentivos que se emplean en la empresa, las iniciativas sobre implementación de juegos pueden lograr una contribución interesante en la sensibilización y transferencia de saberes. En analogía al juego de acumulación de las millas viajadas en avión llevadas a cabo por algunas compañías aéreas es que se implementó en una subsidiaria la iniciativa "Comparta el conocimiento y gane millas". El leitmotiv de este tipo de iniciativas significa: "Deseamos motivar para que se comparta el conocimiento y así ofrecer una ayuda a los colegas para que los conceptos importantes, extraídos de distintos proyectos, estén disponibles para su utilización. Con esto queremos a su vez encontrar aquel líder del conocimiento en nuestra organización. Es decir, individualizar al compañero de trabajo que activamente transfiere sus conocimientos a otros".

Las reglas de juego: Cada uno de los empleados recibe 50 puntos, que puede distribuir entre los colegas (si así lo desea) que lo apoyaron en forma particular. Cada uno de los empleados efectúa las preguntas siguientes: ¿Quién me apoyó activamente en la solución de un problema?, ¿Quién me ha permitido compartir sus experiencias?, ¿Quién ha fomentado especialmente la estructuración y transferencia de conocimientos en la empresa?

Envíe por correo electrónico, para cuando finalice el trimestre, la distribución de su puntaje a la Secretaría de la Milla. Dependiendo del puntaje obtenido por los colegas para el final del ejercicio presupuestario puede seleccionar un determinado regalo para sí mismo, que puede ser la participación en un determinado seminario, que incluya por ejemplo el pago del mismo y otros gastos.

El pago de las millas es una contribución a los saberes de los líderes del conocimiento.

La disposición para con el intercambio y la generación de saberes, será cada vez más apreciada para determinar el éxito de la empresa e impulsará la motivación de los trabajadores para obtener un mejor rendimiento.

Las empresas deberán aumentar las inversiones en el marco de la gestión del conocimiento, para configurar activa y sistemáticamente sistemas de estímulo que desarrollen un mayor compromiso de sus empleados. Las motivaciones intrínsecas deberán ser particularmente apoyadas mediante los estímulos correspondientes.

Lista de verificación de la gestión de ideas

La lista de verificación de la gestión de ideas, se genera a partir de los siguientes conjuntos de preguntas:

a. ¿Cuán bien se está manejando la empresa con las ideas de los empleados?
   - ¿Quién es el interlocutor válido para el trabajador?
   - ¿Cómo se verifican las ideas?
   - ¿Quién decide si las ideas son aplicables o rechazadas?
   - ¿Las buenas ideas son apreciadas o premiadas?
   - ¿Existen reglas acerca del monto de los premios?
   - ¿Cuántas sugerencias de mejoras se han realizado en el último mes / año?
   - ¿Cómo se maneja la empresa con las ideas de los colaboradores?

b. ¿Están los empleados dispuestos a participar con sus ideas?

- ¿Están dispuestos los trabajadores a someter sus sugerencias a consideración?
- ¿Saben con quiénes les gustaría compartir las sugerencias de mejora?
- ¿Están satisfechos con el reconocimiento a sus sugerencias?
- ¿Demuestran interés por los objetivos de la empresa?

c. ¿Cómo se manejan los ejecutivos con las sugerencias de los colaboradores?

- ¿Los empleados son tomados en serio por sus superiores?
- ¿El personal jerárquico fomenta...
   - - las ideas creativas de los trabajadores?
   -- objetivamente las críticas?
   -- a los trabajadores creativos?
   -- la confianza mediante el elogio y el reconocimiento?

d ¿La superioridad informa a los colaboradores sobre los actuales objetivos de la empresa y los planificados a largo plazo?

Desayuno colectivo de trabajo

Para la implementación de la transmisión de la información en el ámbito cultural de la empresa, se constituye el denominado "desayuno colectivo de trabajo", que funciona de la siguiente manera:

- Por cada empleado hay una carta de juego de mesa. Estas cartas se mezclan y se distribuyen en la mesa de acuerdo al principio de la casualidad. Esto permite que colaboradores de distintos departamentos y niveles jerárquicos se sienten uno al lado del otro, de acuerdo a la carta que tienen en su poder.
- Durante este desayuno colectivo de trabajo la Dirección informa sobre distintos temas, como por ejemplo; la situación actual de la marcha de los negocios, nuevos e

interesantes proyectos, cambios de personal, problemas internos y externos, o realiza una lectura prospectiva del futuro de la empresa.

- Al colaborador se le pide que realice la formulación de los interrogantes y problemas, así como las soluciones que puede brindar la gestión en el más alto nivel.

Este desayuno colectivo de trabajo puede tener lugar unas cuatro veces en el año, si bien no están planificados los intervalos de tiempo en que se lleva a cabo. Los fundamentos para convocarlos pueden ser, por ejemplo; modificaciones de la situación del negocio, estructuraciones, despedida o recepción de los nuevos empleados.

Capítulo 5
Estrategias de desarrollo de la gestión del conocimiento

5.1 - Un desarrollo de estrategia orientado al conocimiento

"Si hablamos de conocimiento, también debemos hablar de acciones. Si hablamos de gestión del conocimiento en la empresa, debemos también mirar cómo se puede diariamente aplicar con éxito el potencial del conocimiento organizativo existente. Estas aplicaciones prácticas elevan parcialmente el mercado, determinan ventajas competitivas, llegan a satisfacer e inclusive entusiasmar a los clientes, proveedores, propietarios y accionistas"[132].

La implementación de la gestión del conocimiento significa, ante todo, concientizar acerca de la significación del recurso saber. Se debe asignar una determinada dirección a la estructuración y utilización del conocimiento, para la que resulta de interés el tratamiento de las siguientes preguntas guía:

1. ¿Están sensibilizados los accionistas, especialmente los directores de negocios, trabajadores e inversores, con respecto a la significación del recurso conocimiento para el éxito de los negocios?

2. ¿Cuáles son los objetivos estratégicos que mediante la movilización del saber deben ser apoyados prioritariamente?

---

132 Deiser, 1996: 49.

3. ¿Cuáles son las habilidades que son necesarias hoy en día y cuáles en el futuro para poder asegurar una capacidad competitiva sustentable?
4. ¿Cómo se identifican las barreras que obstaculizan el intercambio y desarrollo del saber en la empresa?
5. ¿Cómo se debe configurar y desarrollar la empresa para que tanto ahora como en el futuro se incremente la capacidad competitiva?

Con estas preguntas presentamos en este capítulo un conjunto de principios y ejemplos prácticos para responder a este tipo de interrogantes. Para ello tenemos en cuenta las actitudes concretas de ayuda en la empresa y la gestión del conocimiento orientada a objetivos estratégicos de los negocios para su introducción como concepto totalizador.

Primera pregunta guía:
¿Están sensibilizados los accionistas con respecto
a la significación del recurso conocimiento para el éxito
de los negocios?

La primera respuesta con respecto a la significación del conocimiento se obtiene de nuestro diagnóstico cuando observamos los mercados y las soluciones para los problemas de los clientes e inversores. Para estimular un proceso de reflexión debemos presentar una vez más los criterios relevantes con preguntas esenciales.

Tabla 5.1 - Diagnóstico de sensibilización

Empresa no sensibilizada al conocimiento	1	2	3	4	5	Empresa sensibilizada al conocimiento	¿Cómo reaccionamos a esto?
Nuestros mercados							
Mercados menos diferenciados.						Las demandas de los clientes son cada vez más diferenciadas. Exigen productos a la medida de sus necesidades.	
Se ofrecen productos estándares.						Caída de precios para los productos estándares. El mercado bonifica las soluciones completas.	
Baja velocidad de innovación y ciclo de vida más largo.						Alta velocidad de innovación y ciclo de vida más breve.	
Nuestras soluciones para los problemas de los clientes							
Trabajo y capital intensivo. Fácil de imitar.						Conocimiento intensivo. Difícil de imitar.	¿Por qué?
Es sustituible.						No es sustituible.	
Tenemos gran dificultad en la generación de nuevas áreas de negocios.						Generamos nuevas áreas de negocios y mejores productos que la competencia.	
Nuestros inversores							
Están interesados en los beneficios a corto plazo.						Están interesados en un desarrollo sustentable de los valores de la empresa.	

¿Cuáles son las causas?

¿Podremos sensibilizar a los inversores respecto al capital intelectual?

Ofrezca a los trabajadores y jefes de negocios un rápido acceso a informaciones específicas y a conocimientos para reflexionar sobre determinados problemas con preguntas orientadoras tales como:

- ¿Hemos perdido determinados pedidos porque no contábamos con el conocimiento correcto con respecto a las necesidades del cliente y las posibles soluciones que podrían llegar a ser puestas en marcha?
- ¿Fue muy escaso el margen de cobertura obtenido en un proyecto porque no hemos podido utilizar una determinada experiencia afín?
- ¿Hemos buscado asesoramiento sin saber que este tipo de competencia estaba disponible en la empresa?

A modo de ejercicio escriba usted, por favor, dónde considera que se puede difundir un buen aprendizaje sobre documentación y transmisión del conocimiento. Es con respecto a este análisis que llegamos a la conclusión que una administración sistemática del recurso conocimiento coopera considerablemente con el éxito de los negocios. Esto será tratado con mayor detalle en el próximo paso:

Segunda pregunta guía:
¿Cuáles son los objetivos estratégicos que mediante la movilización del conocimiento deben ser apoyados prioritariamente?

De acuerdo a Tracy y Wiersema[133], podemos formular tres objetivos subordinados, cuyo cumplimiento va a ser auxiliado a través de la correspondiente estructuración y transferencia del conocimiento.

A través del liderazgo de productos se puede aspirar a una ganancia y estructuración parcial del mercado con nuevos diseños. En el caso ideal, se denomina liderazgo de producto cuando la empresa introduce en el mercado un nuevo artículo con el cual agota el potencial de mercado. Empresas como 3M, Motorola, General Electric, Hewlett Packard y otras, son mencionadas cuando se discute sobre liderazgo de productos[134].

El liderazgo de productos es alcanzado mediante innovación tecnológica continua que se aplica a los nuevos productos que dan como resultado una estructuración de nuevos campos de negocios.

Desde la óptica del conocimiento, el liderazgo de productos provoca una gran fuerza de renovación como resultado de un proceso de conocimientos, en el que la combinación de los saberes existentes, según los principios presentados de Nonaka y Takeuchi, originan continuamente nuevas habilidades. Para alcanzar este liderazgo, es necesario un reconocimiento y presentimiento de las tendencias de mercado y de los desarrollos tecnológicos.

---

133 Tracy y Wiersema, 1993.
134 Simon, 1996.

El segundo objetivo estratégico tiene que ver con determinada intimidad con el cliente (*Customer Intimacy*), la que se interpreta como la estrecha relación existente con el cliente o con el concepto de cliente como socio[135].

Este tipo de intimidad con el cliente significa un mayor conocimiento sobre sus necesidades y preferencias, su cuidado individual y la estructuración de una base de confianza para aprender y crecer en forma conjunta. El *Individual Inc. Clipping-Service* es un buen ejemplo de este acercamiento al cliente: el conocimiento apunta a una dada estructuración sobre el mismo, mejorando la focalización del abastecimiento de buena información que se le brinda, haciéndolo sentir mejor y más comprometido con la empresa.

En esta materia los criterios de los conocimientos hacen que el proceso de aprendizaje se estructure desde y hacia los clientes. La *Customer Intimacy* significa también una gestión de información referida al cliente y el ofrecimiento de soluciones completas bajo el lema "de cara al cliente".

Caso 20: Conocimientos sobre el cliente retienen al cliente. Individual Inc. Clipping-Service

Individual Inc. Clipping-Service es una prestadora de servicios de información, donde los clientes son abastecidos regularmente con informaciones respecto a temas de áreas deseadas. Estas informaciones son puestas a disposición de los clientes mediante Web-seite, E-Mail o Fax.

¿Cómo se puede diferenciar Individual Inc. con respecto a otras prestadoras de servicios en la reducción competitiva de precios y el aseguramiento de una base de clientes?

La ventaja competitiva de Individual Inc. tiene que ver por un lado con el sistema de búsqueda y disposición de información denominado SMART, y por otro lado proviene de

---

135 Compare Wiersema, 1996, y Fuchs, 1997.

la siguiente idea: se les pide a los clientes en forma regular que evalúen las informaciones ofrecidas desde "no relevante" hasta muy "relevante". Esta realimentación de relevancias es aplicada al sistema SMART para obtener una mejora en la selección de información para los clientes análogos.

Adicionalmente, el sistema SMART aprende gracias a la observación de los clientes. Cada vez que un cliente retira un resumen, el sistema SMART anota estas acciones y va completando el correspondiente perfil del usuario. Mientras que un nuevo cliente comienza escalonando como muy relevante el 50% de la información, Individual Inc. logra aumentar hasta aproximadamente un 90% el acervo de la evaluación de relevancia. Este conocimiento sobre las necesidades de información del cliente y de la consiguiente personalización y elaboración efectiva de la información compromete más al cliente. Un cambio potencial en la prestación de servicios de información podría caer abruptamente la relevancia de los datos ofrecidos, lo que conduce a que las inversiones y las experiencias que en el proceso de aprendizaje conjunto fueron realizadas con Individual Inc., se pierdan[136].

La productividad y la calidad, como factores operacionales de excelencia, son observadas conjuntamente como el tercero de los objetivos estratégicos subordinados de una empresa. Aquí se trata de procesos inteligentes, rápidos de aprender, en los que no se produzca dos veces la misma falla, evitando la duplicación del trabajo y mejorando a su vez la transferencia de las mejores prácticas. Especialmente en los mercados con elevada caída de precios y ciclos cortos de productos, se observan procesos rápidos de aprendizaje con la finalidad vital de la supervivencia. Cuando en la fabricación electrónica se apunta a una caída de precios del 10% al 20% por año, se la debe compensar constantemente mediante procesos más eficientes.

---

136 Nalebuff y Brandenburger, 1997: 144.

Sensibilización de los inversores

Estos objetivos pueden ser alcanzados solamente cuando se tienen a disposición los recursos financieros necesarios. El cumplimiento de los objetivos estratégicos es apoyado mediante una sensibilización de los inversores, por lo general socios en comandita, respecto a la significación del saber para alcanzar los objetivos de la empresa. Por esto, una presentación transparente de la base de conocimiento organizacional de una empresa puede resultar en un tercer paso.

Para determinar sus estrategias empresarias orientadas al conocimiento, reflexione, por favor, cuál es la prioridad de los objetivos estratégicos mencionados y cuál es la secuencia ambicionada.

Con estas reflexiones se apunta a determinar la dirección objetiva estratégica en la conducción de la empresa. Es decir que con esto se trata de deducir, en menor medida de detalles, los objetivos en la gestión de la empresa y en mayor medida la focalización del desarrollo y transferencia del conocimiento.

Hasta ahora conscientemente hemos evitado influenciar fuertemente los procesos estratégicos con los saberes disponibles de hoy en día. Estos conocimientos podrían solo condicionadamente ser apropiados para las tareas de futuro. A partir del paso siguiente nos ocuparemos de esta dimensión:

Tercera pregunta guía: ¿Qué conocimientos tenemos hoy en día y qué conocimientos necesitaremos mañana?

Mientras podemos partir de nuestro principio de balance de conocimiento para describir y evaluar los mismos, determinamos qué saberes son necesarios y cuáles son las mejores condiciones para el futuro (en un campo de mercado menos turbulento). Existen algunos principios para observar con optimismo el futuro. Así, por ejemplo, se han insertado en el área de las ciencias aplicadas el denominado "mapa tecnológico", donde se describe el desarrollo del futuro, cuyo dominio específico condiciona las competencias afines.

Análisis estratégico del conocimiento

Reflexione acerca de cuáles son las competencias de que dispone su empresa, cuáles son las que deberán estructurarse y qué podría aprender de las empresas competidoras o exitosas. Responda las siguientes preguntas:

1. ¿Cuáles son las competencias que esperan los clientes de nosotros en los próximos tres años?

....

¿Qué debemos hacer para construir estas competencias?

....

2. ¿Qué es lo que hacemos mejor que nuestros competidores?

....

¿Cómo podríamos estructurar estas fortalezas?

....

3. ¿Qué es lo que hacen nuestros competidores mejor que nosotros?

....

¿Qué es lo que podemos aprender de ello?

....

Es por ello recomendable que en el marco de un torbellino de ideas, aparezca un pensamiento acerca de cómo debemos visualizar el balance del conocimiento de la empresa en el futuro partiendo de la premisa de saber lo que comprendemos sobre nuestro negocio del mañana (véase la figura 5.1).

Tipos de saberes / Incorporado mediante	Conocimiento normativo "Porqué conocer"		Conocimiento estratégico "Qué conocer"		Conocimiento operativo "Cómo conocer"	
	Hoy	Futuro	Hoy	Futuro	Hoy	Futuro
Trabajador	• Actitudes • Representación de valores		• Competencia empresarial		• Competencia en productos y procesos. Sistemas de información y comunicación	
Estructura interna	• Cultura empresarial		• Sistema de reconocimiento temprano		• Tecnologías	
Estructura externa	• ¿Cómo queremos tratar a clientes, proveedores y portadores externos del conocimiento?		• Estructura de relaciones de clientes y proveedores • Alianzas estratégicas • Colaboración con portadores externos del conocimiento		• Conocimientos operativos sobre clientes y proveedores • Know-how sobre la "gestión de la cadena de suministro"	

Figura 5. 1 - Balance de conocimientos; hoy y en el futuro

Aprender de fuentes externas

Para el posicionamiento estratégico y la excelencia operacional es importante organizar sistemáticamente el flujo de conocimientos desde fuentes externas a la empresa, portadores de conocimientos tales como los clientes, proveedores, competidores u otros. Esto puede ser cristalizado por medio de grupos tecnológicos o foros de clientes. Su evaluación se puede llevar a cabo mediante métodos simples, entre los cuales se cuentan; el *benchmarking*, la estructuración de grupos tecnológicos, los foros de clientes y la observación estructurada de la competencia. Una estructuración de los principios empleados se detalla a continuación:

1. Focalización:

Se pierde mucho tiempo debido a la falta de focalización, es por eso que se debe determinar en forma precisa el mercado, los competidores, la tecnología, etcétera:

- ¿Qué es lo que queremos observar y por qué?
- ¿Cuáles son los medios y fuentes de información que tienen un costo más alto de ser localizados?

2. Distribución de la observación y consolidación de los temas a ser tratados:

Se deben delimitar las responsabilidades por área temática y, a la vez, determinar quién observa qué medios (ver modo de procedimiento pragmático).

3. Valoración activa y transferencia de conocimientos en la empresa:

No solo la reunión de información es importante, sino también su selección y evaluación. Es necesario contar con una opinión común formada por parte de los participantes. Por ello se consideran:

- Grupos tecnológicos y de productos.
- Encuentros regulares (con un tratamiento temático de referencia).
- Evaluación de las presentaciones.
- Preparación de la presentación de productos.

4. Establecimiento de procesos continuos:

- Hacer uso apropiado de los métodos de Desarrollo de la Función de Calidad (Quality Function Deployment-QFD), conducir conjuntamente los saberes de los clientes, competidores, productos, tecnologías, procesos y la cobertura de los vacíos de conocimientos.
- Mostrar las posibles direcciones de desarrollo mediante un mapa de autopistas tecnológicas.
- Posibilitar la comparación de competidores mediante el benchmarking.
- Establecer un diálogo continuo con expertos externos (investigación).
- Construir un diálogo orientado al futuro desarrollado en sociedad con el cliente.

Figura 5.2 - Fuentes externas de aprendizaje

Como puente que une la gestión estratégica con la operativa de saberes, se debe prestar atención a la siguiente cuestión:

Cuarta pregunta guía: ¿Cómo tratar actualmente el recurso conocimiento en la empresa, qué factores impulsan la estructuración y utilización del conocimiento y qué obstáculos se oponen?

En la presente cuestión hacemos una referencia breve del diagnóstico para que pueda ser utilizado por los empleados de una empresa. Basándose en éste se deducen los puntos fuertes y débiles que deben ser observados en la firma.

No se pretende orientar esta actividad a encuestas previamente estructuradas, sino ofrecer un conjunto de herramientas utilizadas y probadas en la gestión de la calidad ampliamente conocidas, tales como el *diagrama de pescado* (diagrama de Ishikawa), el mapa de pensamientos (*mind-mapping*) o el análisis de puntos fuertes y débiles, para ser registrados y relacionados en determinadas estructuraciones de áreas de problemas mediante un grupo de trabajo. Con el procedimiento sugerido se logra la estructuración de objetivos preconcebidos, para desarrollar en la conducción de la empresa una orientación al conocimiento que permita el ingreso de la misma a un concepto totalizador y que de una respuesta a la quinta pregunta guía.

Quinta pregunta guía: ¿Cómo se debe configurar y desarrollar la empresa, para que tanto hoy en día como en el futuro se incremente la capacidad competitiva?

A continuación se presenta el concepto de mercado del conocimiento como un modelo detallado de una posible implementación de gestión de los saberes en una empresa. Las vías y etapas de implementación de este tipo de gestión se explican mediante los programas propuestos en el capítulo 7.

5.2 - El concepto de mercado del conocimiento

"En el largo plazo, los objetos referidos al sujeto y su inherente reciprocidad, no sólo exigen en la gestión instrumentación o maximización de la utilización monetaria que observa una estrategia de cooperación de un "espiral infinito". A esto pertenece también la estructuración recíproca de la confianza en el largo plazo, identificación personal con el programa de rendimiento del trabajador y de los ejecutivos tanto de un grupo como de una organización. Los acuerdos de estas estrategias de óptima ganancia win-win deberán trabajarse en conjunto con los empleados y los empleadores. A diferencia del capital financiero, el capital humano tiene una memoria, especialmente para los acontecimientos que representan pérdidas, las que en las siguientes rondas de cooperación buscan una compensación. Esto significa que nunca puede agotarse totalmente el potencial del recurso humano, para con las relaciones monetarias, instrumentales y de largo plazo"[137].

---

137 Wunderer, 1996:7.

Lo anteriormente citado aclara que el conocimiento en los hombres está atado a sus intereses, preferencias, capacidades y destrezas. El resultado y la transferencia del conocimiento no son ningún proceso bioquímico como la fotosíntesis, es decir, que se trata de un concepto totalizador de la conducción de la empresa orientada al conocimiento, donde se debe tomar contacto con los seres humanos y sus estrategias.

5.2.1 - Cinco instrucciones para ser aplicadas en proyectos

A continuación se presenta el concepto de mercado del conocimiento para la conducción de empresas que fue originado en una serie de estudios de investigación llevados a cabo dentro del ámbito empresarial. Basados en esos proyectos fueron extraídas las siguientes instrucciones para configurar una gestión de conocimiento:

1. **Integración de la gestión del conocimiento en todos los procesos de negocios**

   Apoyados en el pensamiento de Gestión Total de la Calidad TQM (*Total Quality Management*), que postula el principio "la calidad está en todo lo que hacemos", podemos hablar de la Gestión Total del Conocimiento TKM (*Total Knowledge Management*), bajo el enunciado de resultados óptimos del conocimiento, aseguramiento y utilización en todos los procesos de negocios. Solamente cuando se reconoce que la "organización del conocimiento" es una dimensión de las cuatro instrucciones correspondientes a los recursos y procesos, se efectivizará en forma profesional y sostenible. De la misma forma que el responsable que realiza la gestión de la calidad o el medio ambiente, el que lleva a cabo la gestión del conocimiento debe asumir el compromiso con el resultado y con la transferencia del mismo. Estas personas pueden ser los estimuladores, entrenadores (*coaches*) y patrocinadores de la gestión del conocimiento, quienes evidencian en la aplicación práctica diaria sus principios.

2. **La gestión del conocimiento deberá estar claramente ligada a los objetivos de la empresa**

La generación de conocimientos, su transferencia y alimentación a los sistemas de información no representan por sí mismos los objetivos propios de la empresa. Es decir, el objetivo no es la generación de conocimientos para la gestión, sino conducir apropiadamente las empresas. Análogamente a la Gestión Basada en el Valor VBM (Value Based Management), se podría postular el valor basado en la gestión del conocimiento. Esto significa una concentración en pocos pero claros objetivos para los proyectos basados en el saber.

3. **Seleccionar una apropiada mezcla de personalización y documentación**

Conducir las iniciativas de gestión en múltiples conflictos, sean estos originados por una falta de confianza, inconvenientes en la documentación de conocimientos en los bancos de datos o intercambio personal de informaciones. La experiencia muestra que algunas iniciativas interactúan conjuntamente. El conocimiento se puede estandarizar con escasa demanda de aclaraciones, múltiples reutilizaciones y una validez duradera, lo que permite una muy buena documentación de carácter individual, específica y de resolución compleja, las que además se estructuran sobre experiencias o relaciones personales que facilitan su transferencia[138].

---

138 Compare también con Hansen et al., 1999.

4. **El conocimiento tiene un valor de mercado**

Si el saber resulta un recurso escaso, entonces se pone de manifiesto un mercado de conocimientos. Es decir, existe una demanda y una oferta de conocimientos con sus intereses y sus percepciones de valor, los que a través de un mecanismo de compensación de mercado actúan bajo determinadas condiciones marco. Al tiempo que en la organización jerárquica de una empresa tradicional u organización burocrática está determinado quién sabe qué cosa y quién es su responsable, se comienza a formar una oferta de rendimientos y competencias orientadas al mercado, en un juego de oferta y demanda. Las iniciativas que prometen éxito son orientadas a la demanda. Esto ocurre debido al aseguramiento inevitable de utilización de información y conocimiento en los procesos de trabajo.

5. **Crear las condiciones marco para un mercado de conocimiento**

Si nosotros sabemos en qué condiciones de mercado se debe llevar a cabo una gestión, podemos crear la condición marco más lógica, la cooperación y la competencia, así como también fomentar la estabilidad y la renovación en la empresa. Para ello se deben desarrollar sistemas de incentivos, promover el trabajo en equipo y bonificar tanto el éxito obtenido por toda la empresa como por sus unidades productivas independientes. Las condiciones marco deberán estar aseguradas, de forma tal que todos tengan en cuenta que tiramos de la misma cuerda. Se debe integrar la gestión del conocimiento en la conducción y el desarrollo del personal. El concepto de control de los recursos conocimientos orientados al mercado crea socialmente, por decirlo de alguna manera, una economía de mercado interna sobre este tipo de recurso[139]. Véase la figura 5.3.

---

139 Reporte anual de General Electric, 1994, 1995, 1996.

Redes sociales	Mercado interno	Mercado libre
◆ Familia/Clan	◆ Intercambio interno	◆ Competencia
◆ Cuidado de las relaciones	◆ Reducción de negociaciones	◆ Competitividad integrada
◆ Prestaciones gratis	◆ Equilibrio interno de precios	◆ Precio de mercado
◆ Satisfacción	◆ Creación de valor	◆ Utilidades
◆ Formación de grupos	◆ Orientación al cliente	◆ Dictados del mercado
◆ Homo socialis	◆ Coempresario	◆ Homo economicus

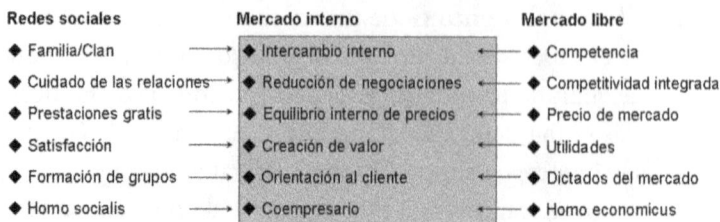

Figura 5.3 - Concepto de mercados y redes para la gestión del conocimiento

Basado en las experiencias de una serie de proyectos de investigación fue desarrollado un concepto de "mercado del conocimiento". Este concepto orienta las negociaciones empresarias y la cooperación a los objetivos y a la percepción de valores de toda la empresa, de forma tal que se pueda asegurar el éxito en el corto plazo en las unidades independientes de negocio así como una buena estructuración de las competencias en el largo plazo.

Para alcanzar este tipo de estructuración y transferencia efectivas del conocimiento en una empresa se deben cumplir tres condiciones:

1. *Condiciones marco*: La conducción empresarial, los principios de gestión y los sistemas de incentivos deben articular el éxito de las unidades de negocios y cooperar con el desarrollo de toda la empresa. La estructuración de las empresas individuales, así como las colaboraciones con la base de conocimientos organizacionales deben ser bonificadas.

2. *Actores y reglas de juego*: Para el mercado de conocimiento se deben determinar reglas. El tipo y modo de la oferta y demanda del saber deben estar relacionados, tanto el que hace la oferta como el que hace la demanda deben estar relacionados para que el bien pueda ser intercambiado bajo determinadas reglas de juego.

3. *Instrumentos y procesos*: Eficientes portadores, medios de estructuración y transferencia del conocimiento

se desarrollan para ser aplicados al juego productivo bajo determinadas reglas. ¿Qué significa esto concretamente? Básicamente se refiere a empresas análogas a las páginas amarillas de la guía telefónica o a mapas de conocimiento.

En la figura 5.4 se observan los tres elementos mencionados: condiciones marco, jugador y reglas de juego, así como los instrumentos y procesos acompañados de sus respectivas consideraciones. El concepto de mercado de conocimiento se manifiesta en un modelo de referencia donde las empresas pueden medir el estado de desarrollo de su gestión del saber.

1 Condiciones marco	2 Jugador y reglas de juego	3 Instrumentos y procesos
1.1 Fijación de los valores y el significado del conocimiento en la conducción empresarial	2.1 Crear un mercado de conocimientos. Determinar las exigencias y promoción de cooperación, y medir su cumplimiento	3.1 Gestión del conocimiento integrada a los procesos de trabajo (perspectivas del proyecto/procesos)
1.2 Descripción deseada del comportamiento de trabajadores y jefes. Medición de la conducta real, elección y promoción según el comportamiento deseado	2.2 Establecer un mercado de actores (jugadores) del conocimiento	3.2 Implementación de medios y estructuras de organización
1.3 Descripción y desarrollo de competencias y roles del trabajador	2.3 Definir y facilitar la eficiencia de los mecanismos de compensación de mercado (reglas de juego) • Principio *cluster* de intereses • Principio *faro* • Principio *Push and Pull*	3.3 Estructuración de la correspondiente infraestructura técnica de la información
1.4 Bonificación de la colaboración y el éxito de la empresa mediante un sistema de evaluación e incentivo		

Figura 5.4 Concepto de mercado del conocimiento

La competencia de trabajadores individuales o en grupo puede acrecentarse mediante su presentación en sistemas de información. A través de un *benchmarking* público de la empresa se identifican los factores amigables de competitividad que facilitan las mejores prácticas, en tanto que los centros de competencia relacionan el *know-how*.

Los ofrecimientos de prestación de servicios internos de la empresa modifican la correspondiente reestructuración de los departamentos centrales, las competencias de unos con otros y las ofertas externas, mediante las mejores prácticas y una alta competencia profesional.

Después de presentada la oferta de conocimiento en forma transparente, se debe poner en contacto a los que realizan la oferta y la demanda. Esto se obtiene en redes formales e informales, frecuentemente señalados como "comunidades de prácticas", las que crecen en significación. La medición de contactos, sus registros vía *Intranet*, las exposiciones en congresos o jornadas, intercambio de experiencias etc. presentan las posibilidades de poner en contacto tanto demandantes como oferentes en forma física o electrónica.

Para el éxito del intercambio de los conocimientos o el desarrollo conjunto del mismo es decisivo poner de relieve los intereses comunes de oferentes y demandantes. El intercambio y desarrollo del conocimiento se puede efectuar a través de redes de competencia, proyectos cooperativos, intercambio de trabajo conjunto de grupos diferentes, intercambio de manuales y descripción de procesos, así como las informaciones de los clientes.

5.3 - Configuración y control
DE LAS CONDICIONES MARCO

La imagen corporativa, los principios de gestión y los sistemas de estímulo deben reflejar los valores de la empresa. Se debe asegurar el éxito en determinado segmento (unidades independientes de negocio) y colaborar para el desarrollo de toda la empresa adecuando la consideración hallada.

Los sistemas de estímulo deben bonificar no solamente la producción del conocimiento y su transferencia, sino todos aquellos saberes que son aplicados para lograr el éxito de una empresa.

5.3.1 - Valores y estímulos

A continuación se muestra una serie de ejemplos prácticos sobre cómo los criterios de los conocimientos pueden ser llevados a cabo en la práctica. Efectúe en su empresa la evaluación de las condiciones marco.

Presentaremos a continuación la configuración y control de las condiciones marco en un ejemplo de la empresa General Electric 9 con algunos ejemplos puntuales. Véase la tabla 5.2.

Empresa no sensibilizada al conocimiento	1	2	3	4	5	Empresa orientada al conocimiento
Condiciones organizacionales marco						
Los valores que se manifiestan en nuestra organización fomentan la desconfianza, el formalismo, el escepticismo respecto a las novedades y a la adaptabilidad						Los valores que se manifiestan en nuestra organización fomentan la confianza, apertura respecto a las novedades y autenticidad respecto a los contactos informales
Los objetivos de la empresa no poseen ninguna referencia respecto a los objetivos del conocimiento						La conducción de la empresa subraya el significado del cono-cimiento para el éxito de los negocios
Los principios de gestión y sistemas de incentivos se orientan hacia los rendimientos individuales, es decir a las unidades productivas						Los principios de gestión y sistemas de incentivos se articulan con los rendimientos individuales y colaboran para el éxito total de la empresa
• La descripción de los puestos y funciones no tienen ninguna relación directa con el desarrollo de las competencias ni con la transferencia del conocimiento • Tanto en la evaluación del trabajador como en los objetivos establecidos no se mencionan la transmisión del conocimiento y el desarrollo de las competencias						• La descripción de los puestos y funciones tienen relación directa con el desarrollo de competencias y con la transferencia de conocimiento • Tanto en la evaluación del trabajador como en los objetivos establecidos se expresa claramente la transmisión del conocimiento y el desarrollo de las competencias
Los informes contienen solamente indicadores financieros						En los informes ganan en importancia los indicadores no financieros tales como clientes, trabajadores y procesos
Los puestos de gestión tienen una evaluación más alta que los puestos cubiertos por expertos						Los puestos de gestión y los que corresponden a los expertos son bonificados de igual forma

Tabla 5.2 Diagnóstico de sensibilización

Se subraya a continuación cómo se crean las representaciones de valores de esta empresa en el empleado. Los valores son más importantes que las estructuras, al posibilitar el trabajo en conjunto en distintos tipos de proyectos, donde son incorporados los conocimientos implícitos. Dentro de los distintos criterios de conocimientos que hemos presentado, son de especial importancia la confianza de unos con otros, la apertura con las novedades y la autenticidad del comportamiento.

Cada empleado de la *General Electric* recibe una tarjeta donde se describen los siguientes valores de la empresa:

- Generar una visión y ser capaz de comunicarla.
- Entender el significado de la responsabilidad y la dedicación.
- Reunir y asignar objetivos agresivos.
- Tener pasión por la excelencia y odiar la burocracia.
- Desarrollar ideas globales.
- Estimular y entusiasmar cambios.
- Disponer de energía y focalizarse en la velocidad.

Sin embargo, no es solamente importante que estos valores se encuentren escritos en papel en algún lugar, sino que deben ser evidenciados tanto por la alta gestión de la empresa como por sus gerentes y empleados. Los efectos son menores en la formulación de los valores que si se los aplica diariamente.

5.3.2 - Descripción del comportamiento deseado

Para convivir diariamente en una empresa con los valores, es importante que el comportamiento deseado de ejecutivos y trabajadores explicite su descripción, para así medir el comportamiento real respecto al comportamiento deseado. Esto, por ejemplo, se puede llevar a cabo en conversaciones diarias con los colaboradores. La dificultad experimentada para modificar los comportamientos, fue experimentada por *General Electric* en su reestructuración: "Durante la realización de los talleres fue claro para nosotros que la retórica en el nivel de conducción empresaria acerca de la inclusión de los empleados, el entusiasmo y un espacio de libertad, no concordaban con la realidad en las respectivas áreas de negocios. El problema residía en que algunos de nuestros managers no disponían de la capacidad y voluntad para abandonar la "autocracia de la gran empresa", para así poder internalizar los valores que queríamos construir. Por ello definimos nuestros estilos o tipos de gestión y determinamos cómo ellos bloquean o fomentan nuestros valores para nosotros entonces poder actuar".

La firma *General Electric* define los cuatro tipos siguientes de comportamiento de gestión:

- El tipo 1 alcanza no solamente el resultado de lo que se dice, sino que también cree y continúa desarrollando los valores de una pequeña empresa en *General Electric*. El camino de este grupo se indica como "hacia adelante y hacia arriba". Lo que ocurre es que los hombres y mujeres que incorporen estos valores conducirán nuestra empresa en un futuro próximo.

- El tipo 2 no alcanza sus promesas de rendimiento, ni comparte nuestros valores, por lo que no permanecerá mucho tiempo en nuestra empresa.

- El tipo 3 cree en los valores de la empresa, pero no siempre puede mantener y cumplimentar sus obligaciones. Nosotros los alentamos al cambio, por los que este grupo recibe otra posibilidad.

- El tipo 4 es el más difícil. Se intenta siempre de no conducir hacia este tipo la obtención del éxito en el corto plazo. Estos ejecutivos actúan sin observar los valores, y en la realidad van a contramano de nuestro concepto axiológico, lo que afecta profundamente a nuestros colaboradores. Algunos de estos ejecutivos aprenden a modificar su conducta, pero la mayoría no lo puede hacer. La decisión de alejar de la empresa a los ejecutivos pertenecientes a este grupo indica que esta empresa toma en serio sus valores.

5.3.3 - EL CONTRATO CULTURAL – UNA VISIÓN COMPARTIDA

En la empresa *General Electric,* tanto los ejecutivos como los empleados evalúan los valores de la empresa. La elección y fomento de los managers se hace de acuerdo al comportamiento deseado. Otro camino es el elegido por la empresa de licores "*Weltmarken*", en Wiesbaden. Esta empresa acuerda con los trabajadores un contrato cultural, en el que los mismos se comprometen, según la presentación de los valores de la empresa a trabajar en forma mancomunada. El compartir las informaciones y conocimientos es un elemento fundamental de este contrato cultural.

Caso 21: El contrato cultural de Weltmarken[140]

Somos un grupo de Weltmarken. Nos vemos y consideramos a nuestros colegas como miembros de nuestro grupo.

Nuestro trato es de mutuo respeto. Nosotros confiamos uno del otro y no nos dirigimos a nadie con mala intención. La decencia es nuestro mandamiento.

Somos abiertos y honrados.

Preferimos mensajes simples y claros. Utilizamos oraciones cortas.

Participamos de la información a todos nuestros compañeros de trabajo. Cuando experimentamos algo nuevo, reflexionamos sobre a quién le podría ser de utilidad.

Comprobamos los mensajes recibidos para saber si los hemos entendido correctamente. No dejamos introducir mensajes confusos.

Expresamos en presencia de nuestros colegas nuestros propios sentimientos, nuestras ganas de trabajar en Weltmarken, así como también nuestra alegría y empuje en nuestras acciones. Nos desafiamos permanentemente.

Tenemos la valentía de reconocer nuestras propias debilidades. Estamos dispuestos en cada momento a asumir objetivamente la crítica y a comprender asimilando la misma para que sea utilizada como un estímulo de nuestro continuo desarrollo personal.

Para todos aquellos que nos soportan en cierta medida, intentamos desarrollar un entendimiento y comprensión.

Las sugerencias de nuestros trabajadores son bienvenidas y hablamos al respecto con ellos. Para ello disponemos de tiempo.

---

140 Weltmarken, Informationsschriften 1997.

Los conflictos no nos acompañan en nuestro camino, sino que los soportamos en forma objetiva y abierta. Vemos a los conflictos como una opción, que resulta en nuevas ideas que conducen a la empresa y a nosotros a ser mejores.

Evidenciamos estos principios diariamente con nuestros colegas. A cada uno se le exige lo mismo. Para ayudarnos recíprocamente nos realimentamos brindando apertura y honestidad.

Para vivir los valores pactados de la organización el trabajo en conjunto, éstos deben ser ejercitados en la vida diaria. Para tal fin existen en la empresa capacitaciones y actualizaciones profesionales apropiadas. En lugar de mandar individualmente a los empleados para que realicen seminarios o cursos, se debe pensar en una combinación con el participante, para encaminar más adelante el trabajo conjunto con él.

Cuando son varios trabajadores de la misma área laboral, ese grupo deberá concurrir a los cursos para que estén en la situación de poder aplicar en conjunto lo aprendido. Para los ejecutivos existe la posibilidad de intercambiar simultáneamente las experiencias de distintas áreas. *General Electric* suele organizar seminarios para grupos de ejecutivos del mayor nivel en proyectos concretos, los que son elaborados en forma conjunta, presentando al final del mismo las soluciones que serán implementadas. Así es que se tiene la oportunidad de trabajar en conjunto con *managers* de distintas unidades cooperando intrínsecamente con la ejecución del seminario. La integración en la capacitación y actualización profesional y la correspondiente aplicación es digna de mención en muchas empresas.

5.4 - La cooperación rinde: Sistemas de evaluación y remuneración

La puesta en marcha de los sistemas de estímulo en las distintas unidades de negocios es vista como barrera dominante que evita la estructura y transferencia del conocimiento. Como ya hemos presentado en el Capítulo 4, existe, sin embargo, una multiplicidad de posibilidades, en donde se fomenta la orientación del trabajo en conjunto hacia la totalidad de intereses de la empresa. Sin embargo no se debería permitir una consideración aislada de los sistemas de estímulo.

Todas las condiciones marco descriptas deberán ser tratadas en forma conjunta, para que resulte una "combinación organizacional" óptima, que fomente la estructuración y utilización del conocimiento. Los elementos simples de estas condiciones marco no podrían garantizar ningún éxito. El efecto conjunto de todas estas condiciones marco ya ha sido aclarado en el ejemplo de *General Electric*: sistemas de valores, comportamiento del nivel superior de gestión, ejercitación del trabajo conjunto de capacitación, actualización profesional y evaluación de los sistemas de remuneración, que bonifican el éxito total de la empresa, conduce a una cultura laboral mancomunada y la fijación de los denominados "Objetivos elásticos". Véase la figura 5.5.

Configuración de las condiciones marco de GE

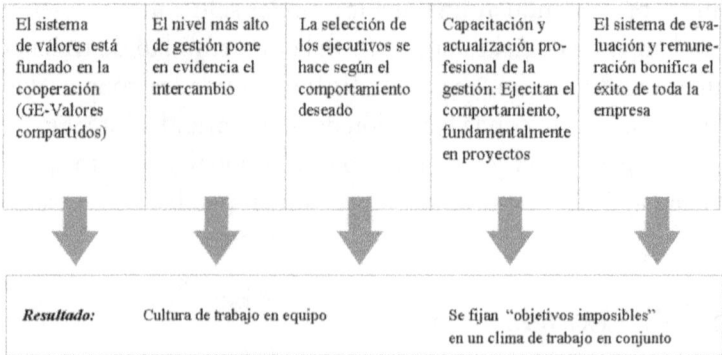

El sistema de valores está fundado en la cooperación (GE-Valores compartidos)	El nivel más alto de gestión pone en evidencia el intercambio	La selección de los ejecutivos se hace según el comportamiento deseado	Capacitación y actualización profesional de la gestión: Ejecitan el comportamiento, fundamentalmente en proyectos	El sistema de evaluación y remuneración bonifica el éxito de toda la empresa

Resultado:	Cultura de trabajo en equipo		Se fijan "objetivos imposibles" en un clima de trabajo en conjunto	

Figura 5.5 - Condiciones marco en la empresa
General Electric para la estructuración y transferencia
del conocimiento.

5.5 - Actores y reglas de juego del mercado de conocimientos

5.5.1 - Creación de un mercado de conocimientos: Determinación de objetivos exigentes

Junto a la configuración de las condiciones marco, motivadoras y orientadas al conocimiento están implícitas las formulaciones de los objetivos. Se debe cumplimentar estos objetivos para entonces poner en marcha el mercado de conocimientos. Es decir que dependiendo de la forma y el modo como estos objetivos sean formulados, se condiciona el trabajo conjunto entre oferta y demanda de este bien. Así es, por ejemplo, que mediante las exigentes innovaciones de los estándares del medio ambiente o los objetivos ambiciosos de la empresa se desarrollan nuevas soluciones. 3M, por ejemplo, tiene como objetivo de negocio que al menos un 25% del volumen de venta provenga de los productos ofrecidos que tengan una antigüedad menor a los cinco años. Motorola, en tanto, ha provocado un aumento en la calidad y productividad mediante su programa *Six-Sigma. ABB,* con la fijación de su objetivo, ha disminuido a la mitad el tiempo de recorrido de material (Programa T-50), alcanzando un importante éxito.

Tanto los programas T-50 como *Six-Sigma* son objetivos válidos para toda la empresa, los cuales son planteados en forma general, de forma tal que cada unidad de negocio puede hacer uso de los mismos para ser aplicados de acuerdo a su necesidad. Sin embargo, la ampliación de la determinación de los objetivos fomenta un intercambio de conocimientos, un mejoramiento mancomunado de la cultura y una transferencia de las mejores prácticas. El comportamiento resultante es señalado por *General Electric* como un comportamiento ilimitado. ¿Cuán exigentes deberán ser estos objetivos? *General Electric* formula los denominados "objetivos flexibles", metas cuyo logro parecen imposibles. Solamente a través de la exteriorización del esfuerzo, la movilización de todos los recursos, el evitar el doble trabajo, el aprendizaje rápido de otros y la cooperación podrían alcanzarse estos objetivos.

Thompson et al.[141] subrayan que la determinación de objetivos exigentes solamente tiene sentido cuando éstos son dados a través de una correspondiente organización cultural como la que hemos descrito anteriormente, la cual debe ser apoyada. Si se fijan objetivos exigentes para luego evitarlos, ya sea mediante el *management*, las estructuras organizacionales o los trabajadores, no tienen sentido.

Determine usted a continuación cuál es el juego de conocimiento que emplea en su empresa.

Tabla 5.3 - Diagnóstico sobre las reglas de juego del conocimiento

Empresa no sensibilizada al conocimiento	1	2	3	4	5	Empresa orientada al conocimiento
Reglas de juego en el mercado de conocimiento						
Regulación administrativa del intercambio de conocimiento						El intercambio de saberes es fomentado en la empresa mediante un mercado de conocimiento
Ninguna transparencia del conocimiento						Se origina la transparencia: Quién sabe qué dentro y fuera de la empresa
No existen criterios claros para el intercambio y la transferencia de conocimientos						Transferencia y desarrollo del conocimiento orientado a intereses semejantes
Se observa con temor el subrayar el rol de los expertos y la implementación de las mejores prácticas						Se subraya la importancia del rol de los expertos y la implementación de las mejores prácticas
Los trabajadores son alejados de las ofertas de informaciones y conocimientos						Se impulsa la demanda de conocimientos con el objetivos de obtener informaciones y saberes

5.5.2 - LOS ACTORES DEL MERCADO DE CONOCIMIENTOS

El mercado de conocimiento se origina a través del efecto conjunto de los que demandan y ofrecen saberes, los cuales deben ser mantenidos en contacto. A menudo sirven más como medios de conocimiento, que como prestadores internos de

---

141 Thompson et al., 1997.

servicios o como contactos relacionados, transferidores de las mejores prácticas, dispensadores de informaciones, etcétera.

La gestión del conocimiento de las empresas exitosas ha mostrado que la estructuración de los procesos de construcción de los saberes y su transferencia no son las únicas conducentes al cumplimiento del objetivo de crecimiento y desarrollo económico. Tanto la demanda como la oferta de saberes deben estar motivadas para realizar una actividad conjunta donde deben ser evidenciadas las reglas de juego de este mercado.

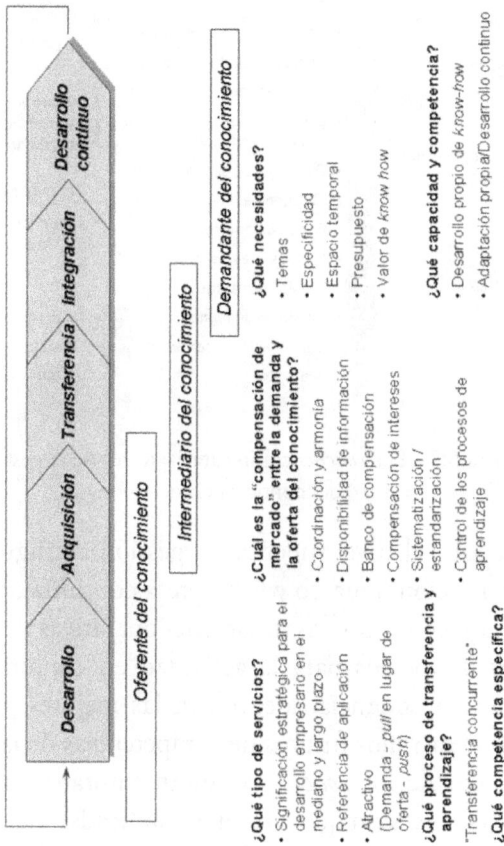

Figura 5.6 - Actores del mercado de conocimientos

En el concepto de mercado del conocimiento los *coaches* juegan el rol de mediadores: ellos son los promotores de relaciones y los que mantienen la espiral del conocimiento en marcha.

¿Qué significa esto en concreto y cómo podrían las empresas controlar las tareas de tales *coaches*?[142] Para contestar esta pregunta es importante que nuevamente observemos las tareas de los *leaders*, *coaches* y *entrepreneurs* en la "corporación de emprendimientos". Véase la figura 5.7.

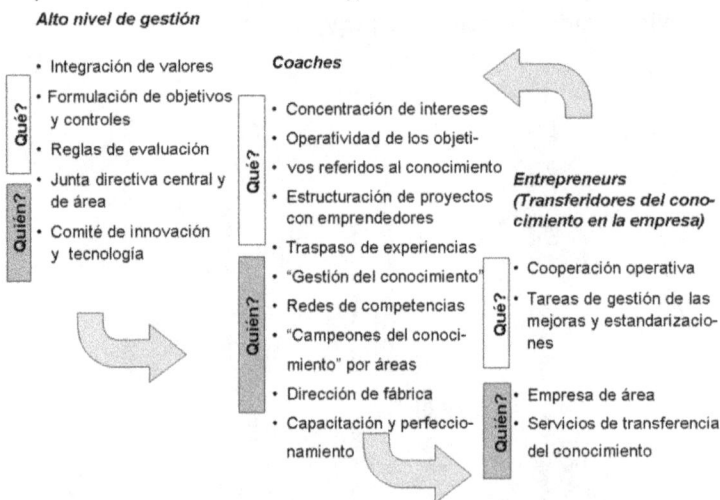

Figura 5.7 - Los *coaches* como catalizadores de la gestión del conocimiento.

Mientras que el nivel superior de gestión configura y controla las condiciones marco y la empresa continúa con sus responsabilidades para con las situaciones operativas de negocios, los *coaches* motivados para la actividad en conjunto, tratan intereses en consonancia, identifican las mejores prácticas y apoyan los desarrollos futuros de competencias de la empresa. Las funciones de los *coaches* no están limitadas individualmente a personas, sino que pueden ser aplicadas a unidades de organización tales como redes de competencia, la dirección de

---

142 Compare también con v. Krogh et al., 1997.

taller o en funciones de conducción, así como también para la capacitación y la actualización profesional.

Una serie de empresas, especialmente en los Estados Unidos y en Escandinavia confía la tarea a un alto rango de conducción, proponiendo con los títulos de los cargos que se detallan a continuación, un trato consciente del recurso conocimiento:

- MCKinsey: "Director de gestión de conocimiento"
- Amoco: "Director de aprendizaje compartido"
- Skandia: "Vicepresidente y director de capital intelectual"
- ABB: "Director de coordinación de focalización en el cliente"
- General Electric: Vicepresidente de liderazgo y desarrollo"
- Texas Instruments: "Director de la oficina de las mejores prácticas"
- Dow Chemical: "Director global del activo intelectual y de la gestión de capital"
- Sequente Computer System: "Oficial jefe de conocimiento CKO (Chief Knowledge Officer)"
- Schering: "Consejero jefe de gestión del conocimiento"

Así como son diferentes los títulos, también son las tareas y establecimientos de este tipo de gestión. Una parte de la empresa está sujeta a la motivación para la gestión del conocimiento del área de personal. *Dow Chemical* dispone del "Director global del activo intelectual y de la gestión de capital" para una mejor utilización y comercialización de las patentes. En el caso de ABB la gestión del conocimiento está conectada con la intensificación del tema "focalización en el cliente", en tanto que en *General Electric* el tratamiento de las mejores prácticas es tarea del Vicepresidente de liderazgo y desarrollo, las que son difundidas y elaboradas mancomunadamente.

Las empresas alemanas, en la posición de los que gestionan el conocimiento, denominan los requerimientos de la siguiente forma[143]:

---

143 North y Papp, 1999.

- Identificación, coordinación e interconexión de las iniciativas del conocimiento.
- Organización de los encuentros de expertos.
- Evidenciar los antecedentes de gestión del conocimiento.
- Otorgar una deseada orientación totalizadora de los procesos de formación del conocimiento.

Caso 22: "Knowledge Manager" (Operador del conocimiento) - Ejemplo de Siemens Business Services (SBS)[144]

Una de las primeras medidas para construir un mercado interno del conocimiento es establecer el denominado operador del conocimiento. En la consultoría de gestión de SBS este operador se desplaza durante un determinado lapso de tiempo semanal al rol de asesor del conocimiento en forma análoga a como actúa una "araña", pero en su red organizativa. Los operadores del conocimiento se pueden definir como máquinas humanas de búsqueda que responden a cuestiones de determinadas áreas temáticas canalizadas por otros expertos. Las áreas de las tareas de un operador del conocimiento abarcan:

- La clasificación, categorización y almacenamiento de informaciones relevantes de gestión y de elementos fundamentales del conocimiento.
- La coordinación en lo que respecta a la ejecución de pedidos de investigación.
- La negociación como agente de cambio para con el cambio cultural.
- La implementación de nuevas plataformas y funciones.

Como se mencionó anteriormente, cada uno de los respectivos asesores de SBS cubren cerca de medio día por semana el rol de operador de conocimiento, para asegurar que ningún inconveniente se origine para el cumplimiento de su tarea principal, la cual se relaciona con los objetivos operacionales de la tarea que realiza el operador de conocimiento y que continuación se mencionan:

---

144   Ramhorst, 2000.

- Profundo conocimiento de las áreas temáticas respectivas.
- Alta competencia social y personalidad abierta.
- Intensidad en las comunicaciones y capacidad para transmitir informaciones.
- Buena capacidad analítica.

Coexisten además unidades de entrenamiento especial y participación estratégica en proyectos, así como el trabajo en red de una comunidad que efectúa prácticas designando operadores de conocimientos dotados de capacidades tales que puedan cumplimentar sus actividades esenciales.

Según Earl y Scott[145], los "*knowledge managers*" deben cumplir los siguientes roles:

Tal como lo hace una empresa nueva, en su papel de gerentes deben poner en marcha iniciativas con riesgos; como consultores deben aportar nuevas ideas acordes a las necesidades de negocios, considerando a los sistemas de información y comunicación como las nuevas posibilidades tecnológicas y, también como ambientalistas, deben crear las condiciones marco de desarrollo del conocimiento y de los procesos.

Basadas en el corto plazo, las empresas que practican la gestión del conocimiento, presentan aún pocas informaciones estructuradas sobre los efectos de tales *coaches*. Como hemos subrayado anteriormente, estos facilitadores podrían estar afectados solamente cuando actúan bajo condiciones marco de la promoción del conocimiento, llegando a ser exitosos pese a ser redundantes en sus acciones. Cabe formular estas dos preguntas:

- ¿Quién es el responsable en una empresa de asumir el papel de *coach* para el fomento de estructuración y transferencia del conocimiento?
- ¿Están las tareas estructuradas, con *coaches* capacitados, contando con un presupuesto de tiempo?

---

145 Earl y Scott, 1999.

5.5.3 - LAS REGLAS DE JUEGO DEL MERCADO DE CONOCIMIENTOS

Mediante la fijación de las reglas de juego del mercado de conocimiento, se trabaja con el ofrecimiento, la demanda y la participación del operador de saberes, bajo determinadas condiciones marco dadas.

Para nuestro juego de conocimiento son solamente de tres reglas de juego, las que formulamos como principios y que se presentan a continuación:

- El principio *Cluster* de intereses nos ayuda a encontrar intereses en común.
- El principio faro apoya la transparencia para crear una conducción competente, así como las mejores prácticas.
- El principio *Push Pull* posibilita la disponibilidad de la utilidad específica del conocimiento. A continuación desarrollamos:

El principio Cluster de intereses

Este principio confirma que la estructuración y transferencia del conocimiento solamente puede ser exitosa cuando se observan los intereses comunes de aquellos que participan. Desde un aprovechamiento unilateral, el trabajo no funciona tan bien cuando se trata de organizar una reunión con trabajadores que tienen escasos intereses comunes. Por último, tenemos el fracaso del tradicional intercambio de experiencias en la empresa. Los colaboradores suelen ser puestos en contacto según criterios tecnológicos, sin que se tenga en cuenta la preexistencia de algún interés en común. Muchas veces se trata de organizar encuentros voluntarios sin la búsqueda de resultados concretos. El principio *cluster* de intereses es exitoso cuando se convocan a personas, talleres, áreas de negocios, es decir, se ponen en contacto puestos productivos que responden a una temática dada donde los intereses de desarrollo y mejora son comunes.

Este tipo de agrupamiento tiene aplicación bajo el principio de *cluster* de intereses, por ejemplo, mediante la estructuración de redes o formulación de foros de discusión en el *intranet* de la empresa o para la concepción de la oferta de capacitación y perfeccionamiento profesional. La palabra *cluster* (nube o racimo de elementos) es tomada del análisis estadístico para analizar la agrupación del objeto en estudio según varios criterios. En nuestro caso el *cluster* trata sobre grupos de personas u objetos socioeconómicos, los que bajo consideración de varios criterios ponen de manifiesto características semejantes.

Para fomentar, por ejemplo, un intercambio de las mejores prácticas en la fabricación electrónica, se deben seleccionar los intereses según los grupos de intercambio, y no solamente según el factor tecnológico. A través del agrupamiento de las fabricaciones de electrónica, según el criterio de volumen de fabricación, complejidad de los circuitos integrados, duración de vida del producto, amplitud de servicios y desarrollo de componentes, los talleres y las fábricas pueden ser puestos en contacto, con la finalidad de ampliar aquellos negocios donde existen intereses comunes.

El principio *cluster* de intereses deberá conducir todas las reflexiones del intercambio de conocimientos, es decir, proyectos y organización de redes donde la pregunta esencial sería: ¿Tienen intereses comunes cada uno de los que trabajan en el grupo?

El principio faro: Hacer transparente el conocimiento

La luz del faro se encuentra alta e irradia lejos: transparenta el lugar donde están los conocimientos, si ellos son conducidos con responsabilidad, es decir, permite observar la aplicabilidad de las mejores prácticas. Los faros se pueden considerar como expertos individuales de un tema o pueden ser vistos como la conducción de una fábrica, centros de excelencia o redes. Mediante la luz del faro se pueden producir mejoras, por ejemplo, mediante la aplicación del *benchmarking* interno o externo. Los faros en una organización de ventas determinan la medición de la satisfacción de los clientes. Dicho en forma breve, los faros son competentes y conllevan al éxito de los negocios.

Mientras en la cultura anglosajona está muy difundida la práctica de poner de manifiesto la conducción eficiente mediante una competencia amigable de los talleres, la asignación de premios para los mejores procesos, la más alta calidad o la adjudicación de un área a los mejores expertos, en Alemania se hace difícil, por ejemplo, la formación de una conducción competente.

En las empresas muchas veces se argumenta que, para señalar una diferenciación, se subrayan continuamente las competencias y excelencias de las distintas unidades de negocio, al mismo tiempo se genera rápidamente una posición defensiva. Así es, por ejemplo, que se intenta declarar a los criterios de *benchmarking* como irrelevantes, mediante expresiones tales como "para nosotros es totalmente distinto". Contrariamente, la empresa del conocimiento construye para el intercambio, donde los faros se comportan como las fuentes de conocimientos. Desde las unidades productivas resultan por cierto una carga adicional responder a todas las cuestiones, algunas expresadas como: "pagaremos para hacer nuestro trabajo y no por la ayuda de otros".

También en estos casos hay muchas posibilidades para fomentar la disposición y participación en la empresa cuya gestión está orientada al conocimiento: Así es que el trabajo en conjunto y la participación del saber se premia mediante sistemas de evaluación y bonificación. Además la función de faro, por ejemplo en un taller, puede estar relacionada a una red, la que es financiada por la firma para que el trabajador actúe como distribuidor del conocimiento. Una función faro puede también generar dinero, como por ejemplo lo demostrado por la firma *Porsche* con su *Consulting GmbH*.

Una función de estas características es conducente a un centro de competencias, donde la misma no sería designada desde los niveles superiores de la alta gestión, sino que debería ser continuamente comprobada y elaborada en el mercado del conocimiento.

Caso 23: Transferencia sobre los límites de las empresas: Aprovechar las experiencias[146]

Para las pequeñas y medianas empresas (PyMES) no siempre es fácil que se estructuren en el corto plazo en el campo del saber, independientemente del tamaño de los compradores o proveedores específicos de este recurso intangible. Respecto a esto han sido consultadas distintos tipo de experiencias, muchas de las cuales han sido observadas en el lugar de los hechos. Debido a esto es que en 1992 se llevó a cabo una iniciativa en el más alto nivel del Ministerio Federal de Economía de Alemania, donde la empresa exitosa que mantiene un programa abierto de visitas para temas específicos brinda solícitamente información. A esta última pertenecen técnicas de fabricación, trabajos en grupo, elaboración de información, gestión de la calidad, gestión ambiental, estrategias empresarias, etcétera. El denominado Programa Alemán Top está relacionado con las correspondientes ofertas en Francia, Austria, España y Gran Bretaña, de forma tal que el intercambio de experiencias pueda tener lugar por encima de las fronteras.

Las competencias de conducción pueden ser subrayadas y obtenidas, por ejemplo, de las páginas amarillas de una empresa, en las que se denota "¿Quién sabe que cosa?". Los trabajadores pueden presentar y ofrecer sus competencias en la red *Intranet* de la empresa, mostrar calendarios de ofertas del conocimiento y poner a disposición conocimientos sobre determinados tópicos.

Caso 24: Principio faro El programa de la mejor clase[147]

Una empresa francesa industrial optimiza su producción con el programa denominado "la mejor clase", es decir con una competencia que se libra entre sus fábricas en Francia, Tailandia,

---

146 Contacto mediante: www.top-online.de.
147 Seifert, 1996:134.

Filipinas, Brasil, México y los Estados Unidos. Cada mes estas fábricas comparan datos tales como; productividad, calidad y efectividad. ¿Qué hacen los otros, que son mejores? Cada uno tiene la posibilidad de copiar la primera calidad. Cada trimestre se publica un boletín con informaciones técnicas que detalla las mejores clases y cada seis meses se encuentran los jefes de sección para realizar un intercambio intensivo.

El principio "push – pull"

¿Cómo se pueden hacer disponibles los conocimientos e informaciones específicas?

Tradicionalmente el principio *push-pull* continúa con la multiplicación de informaciones y saberes en forma de informes según una lista de circulares, el principio *push-pull* transmite crecientemente el saber que es demandado de acuerdo a la información y conocimiento disponibles. El principio *push-pull* está orientado a la oferta, es decir, brinda el *know-how* con su conocimiento, causando una multiplicidad de altos costos de transición, y cuando no está construido el lazo de realimentación posee una baja seguridad de encuentro e impulsa acciones pese a la oposición de la implementación por parte del usuario.

El principio *push-pull* fue aplicado, en el modo clásico, por los departamentos centrales, para la concepción de los procesos de producción y su estandarización en las fábricas, para así llevar a cabo su transferencia. Las consecuencias fueron frecuentemente resistidas, fundamentalmente allí donde la concepción de los procedimientos de fabricación sobre las diferentes necesidades de la fábrica no fue tratada. La planificación central se ha realizado en forma muy cara. El resultado fue un bajo rendimiento a un alto costo.

El principio *push-pull* consecuentemente busca a su socio en la empresa, aquel con el cual puede desarrollar nuevos procesos de producción. Esto puede ocurrir también mediante un trabajo conjunto con varias fábricas, pudiendo ser llevado a cabo también con asesoramiento externo. La planificación central a priori debe ser tomada como una prestación de servicios, donde se manifieste una oferta y la comprobación de sus capacidades. En general, de esta forma se obtiene un mejor rendimiento con bajos costos. Eso por eso que, sin embargo, resulta necesario para la competencia profesional de la aplicación del conocimiento, efectuar la selección del socio apropiado para el proyecto.

Conocimiento *pull*

El Centro Americano de Productividad y Calidad ha determinado para su estudio de *benchmarking* de la gestión del conocimiento que es necesario contar con una combinación de *push* y *pull*: "Los principios tipo *push* se indican a través de querer almacenar el conocimiento en forma centralizada, y entonces distribuirlos en la organización. En tanto que los principios tipo *pull* esperan que los participantes busquen el conocimiento, que para ellos es necesario. Ninguno de los dos principios parece ser que funciona bien solo"[148].

Información *push*

Basados en la experiencia de nuestros proyectos de investigación sugerimos desde el lado de la oferta una información *push* para, por ejemplo, generar una presión de cambio a través de la publicación de las mejores prácticas y los resultados de *benchmarking*. Lo mismo vale para las informaciones del mercado, la comunicación de pérdidas parciales del mismo, la ganancia de grandes proyectos a través de competencias, así como también la difusión de noticias sobre el desarrollo de mercados de la propia empresa. Estas informaciones deben motivar a los empleados para que reflexionen acerca de las modificaciones y mejoras que puede ser necesarias. Se complementa la información *push*

---

148 APQC, 1996: 8.

a través de un conocimiento *pull*, es decir la decisión del usuario en sí, acerca de cuál información le resulta de utilidad y cómo se manifiesta la transferencia en un trabajo conjunto.

El fracaso de los tres principios —*Intereses en cluster, faro* y *push-pull*—, tiene lugar durante la concepción de los procesos y la estructuración del conocimiento. Ésta es una tarea que debe ser anticipada por el responsable de la gestión del conocimiento, que debe cumplir con las reglas de juego para la supervisión de los trabajadores y para que las unidades de negocios sean apoyadas en sus aplicaciones.

Capítulo 6
Instrumentos y procesos de la organización del conocimiento

6.1 - Introducción

En la teoría y en la práctica hay una serie de instrumentos o medios de propagación de la organización del conocimiento. Röhl ha clasificado los instrumentos y comentado la agrupación que a continuación se describen:

Los grupos de función solapados resultan, parcialmente, de las orientaciones primarias instrumentales referidas a las formas de conocimientos previamente señaladas. Esto resulta en grupos instrumentales referidos a personas, a la solución de problemas, las comunicaciones, al trabajo y a la infraestructura tecnológica. En la figura 6.1 se señalan las relaciones dentro de los grupos y entre ellos mediante líneas de conexión donde se muestra la heterogeneidad en el origen, la estructura y las formas de los instrumentos elegidos, así como también su agrupación, en donde el punto de referencia común para ordenar las organizaciones es el conocimiento[149].

---

149   Röhl, 2000: 162.

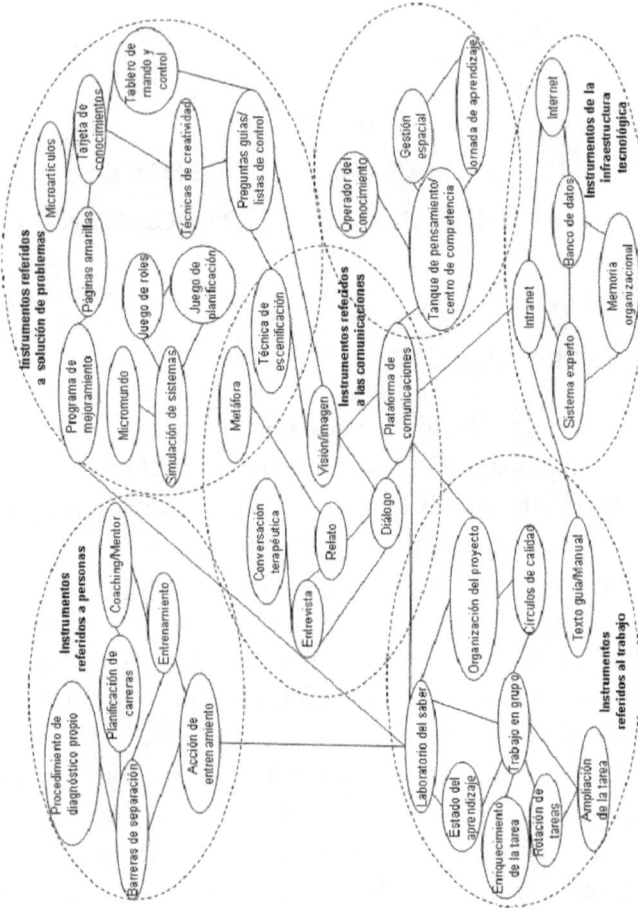

Figura 6.1 - Instrumentos de la organización
del conocimiento

Para la aplicación concreta de los conceptos de mercado del conocimiento necesitamos personas, redes, procesos y unidades organizativas, así como también medios a través de los cuales se pueda transportar y almacenar la información. Como se ha citado anteriormente le ofrecemos a usted, estimado lector, que según la tabla 6.1, la posibilidad de que realice un diagnóstico breve de la situación actual en su empresa respecto al conocer y aprender.

Empresa no sensibilizada al conocimiento	1	2	3	4	5	Empresa orientada al conocimiento
Conocer y aprender						
La información es equiparada con el conocimiento						El conocimiento es desarrollado a partir de las informaciones
Se aprende lentamente de otras empresas						Se aprende rápidamente de otras empresas
Se transfieren pocos conocimientos o en forma inefectiva con casi ninguna transparencia de conocimientos						La transferencia del conocimiento es llevada a cabo en forma efectiva
Se hace muy poco para asegurar el conocimiento						Se lleva a cabo una protección sistemática de la pérdida de conocimiento
Se implementa la capacitación y perfeccionamiento en forma individual y no en procesos de aprendizaje colectivos						Se lleva a la práctica la capacitación y el perfeccionamiento en forma grupal en las distintas unidades productivas
Los trabajadores son mandados a capacitar						Los trabajadores controlan activamente su propio proceso de aprendizaje
No hay interlocutor para tratar las ineficiencias en estructuración y transferencia del conocimiento de los grupos de intercambio de experiencias						La estructuración y transferencia del conocimiento es responsablemente acompañada en forma activa mediante la interconexión y transferencia de *kow-how*, y el fomento de prácticas comunitarias
No existen proyecto de cooperación						Se fomentan los proyectos cooperativos conjuntos

Tabla 6.1 - Diagnóstico sobre el saber y el aprender

En conexión con su ponderación usted puede relacionar una colección de ideas y ejemplos prácticos, tales como medios y portadores que pueden ser configurados a partir de los criterios de conocimientos.

6.2 - ASPECTOS DE LA ORGANIZACIÓN DEL SABER

6.2.1 - ESTRUCTURAR EL FLUJO DE CONOCIMIENTOS

Un proceso de negocio es un conjunto de tareas relacionadas lógicamente y llevadas a cabo para lograr un resultado definido. Cada proceso tiene sus entradas, funciones y salidas. Las entradas son requisitos que deben tenerse antes de que una función pueda ser aplicada. Cuando una función es aplicada a las entradas de un método, tendremos ciertas salidas resultantes. (Véase http://es.wikipedia.org/wiki/Proceso_de_negocio)

En un proceso como el desarrollo de una orden de pedido o la regulación de daños en un seguro, es necesario para cada fase de la cadena del proceso contar con informaciones y conocimientos ofertados amablemente por los usuarios. Así es que se originan en el proceso nuevos conocimientos, como por ejemplo aquellos relacionados con los deseos del cliente o bien los que tienen que ver con las debilidades del proceso.

La organización del conocimiento a partir de una perspectiva del proceso deberá comenzar con un análisis de informaciones y conocimientos de los procesos de negocios, esquemáticamente presentados en la figura 6.2.

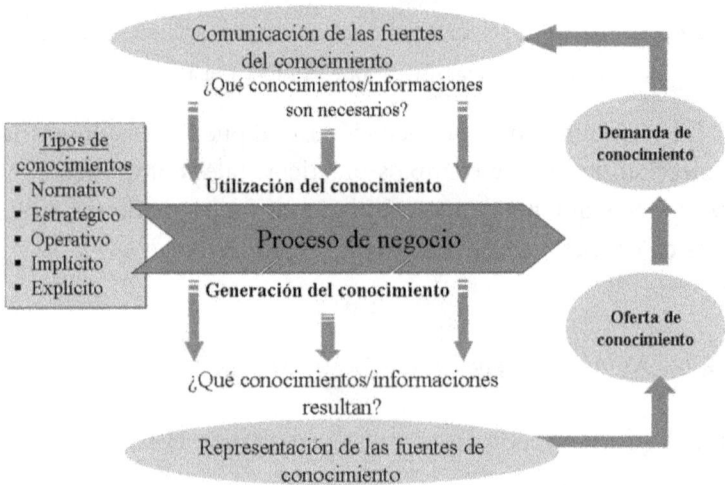

Figura 6.2 - Análisis de la información y el conocimiento en los procesos de negocios

A continuación se lista una serie de preguntas que apuntan a efectuar el análisis anteriormente mencionado.

Preguntas conducentes para la organización de los procesos de negocios

¿Quiénes son los portadores clave de conocimientos?

¿Cuáles son las fuentes y elementos fundamentales que podríamos utilizar?

¿Dónde existe un vacío de conocimientos y cómo podemos llenarlo?

¿Cómo se fomenta o impide la puesta a disposición de los conocimientos?

Junto a la transferencia del conocimiento dentro de un proceso de negocio deberá tener lugar un intercambio sobre la viabilidad de los procesos. Para este concepto de organización de una corporación de emprendimientos fue subrayado qué significado tiene el proceso de integración con sus tres componentes: integración según los valores, integración operativa e integración según el conocimiento.

La integración según el conocimiento tiene en cuenta la transferencia efectiva del conocimiento de la empresa hacia fuera y hacia adentro, así como también la estructuración de mediano y largo plazo del mismo en la empresa[150]. En forma análoga con la gestión de los procesos de negocios, también podrían configurarse los denominados procesos de integración del conocimiento, considerando tres tipos de procesos de una empresa de producción, a saber: procesos de generación de productos, de órdenes de pedidos y de adquisición.

Estos procesos se verifican amplia e independientemente uno de otro en diferentes áreas de negocios o unidades empresariales. Los procesos de integración del conocimiento generalmente se superponen a los procesos de negocios, reforzando el entretejido de los mismos. Adicionalmente, los procesos de integración del conocimiento podrían tener por objetivo la ampliación de áreas de los procesos de adquisición.

---

150 Para la transferencia de conocimientos internos compare con O`Dell y Grayson,1998, Szulanski, 1996.

Cuadro sinóptico

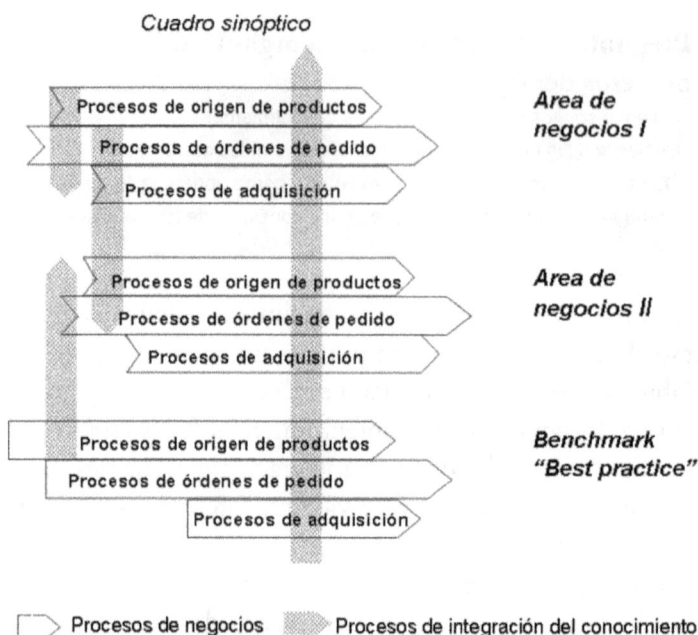

	Area de negocios I

Procesos de origen de productos
Procesos de órdenes de pedido
Procesos de adquisición

Area de negocios II

Procesos de origen de productos
Procesos de órdenes de pedido
Procesos de adquisición

Benchmark "Best practice"

Procesos de origen de productos
Procesos de órdenes de pedido
Procesos de adquisición

Procesos de negocios   Procesos de integración del conocimiento

Figura 6.3 - Los procesos de negocios se superponen
mediante los procesos de integración del conocimiento

En el proyecto llevado a cabo en una firma de fabricación de dispositivos electrónicos, hemos visto que podrían alcanzarse mejoras a través de una afinación de los procesos de fabricación de los productos, de las órdenes de pedidos y de las adquisiciones, logrando de esta forma elevar sustancialmente la productividad y la calidad. En el proyecto citado, hemos definido los siguientes procesos de integración de los conocimientos que se corresponden a los desarrollos tecnológicos, de aseguramiento cooperativo y de mejores prácticas que pueden tanto involucrar a los procesos de las unidades productivas, como así también a la estructuración de un proceso de mejora en un área específica interna.

6.2.2 El benchmarking:
Identificar y transferir las mejores prácticas

El *benchmarking* básicamente compara la estructuración de los procesos, siendo una parte irrenunciable de la transferencia del conocimiento y la identificación de las mejores prácticas. A través del *benchmarking*, se crea primeramente un estado de toma de conciencia acerca de lo que debemos hacer. El *benchmarking* torna, la más de las veces, conocimientos implícitos en explícitos, revisa los procesos y transparenta los criterios de éxito. Por ejemplo, a través de la comparación con otras unidades de negocios de la empresa, se aceleran los procesos de aprendizaje y se genera una presión favorable al cambio[151].

Los resultados del *benchmarking* deben publicarse y ser accesible para los interesados, dando lugar a que las mejores prácticas sean puestas de manifiesto según el principio del faro. Los resultados deben analizarse según el principio de *intereses en cluster*, en el que se reflexiona acerca de las unidades de negocios, talleres, fábricas y proyectos comparables con los que se podrían alcanzar mejoras. Sin embargo, el *benchmarking* está limitado en lo que toca al estado actual, porque no se orienta a "lo que sería posible". Por ejemplo, sólo a través del *benchmarking* las empresas japonesas no habrían obtenido una reducción de tiempos de preparación tan profunda, al pasar de 4 o 5 horas a 15 minutos. Con el *benchmarking*, siendo muy optimista, se podría tal vez estar satisfecho de lograr una reducción entre el 20% y el 30%.

Las soluciones innovadoras, en cambio, se originan frecuentemente de un modo tal que impone las soluciones imposibles. Es decir, se determinan metas de un estado ideal y se intenta alcanzarlo mediante soluciones no tradicionales. Para esto el programa *Six-Sigma* de *Motorola* es un ejemplo.

---

151 Véase Camp, 1989.

La técnica del *benchmarking* no debe solamente encontrarse ad hoc, sino que debería ser ejecutada periódicamente. Para ello se perfeccionan criterios, se hacen visibles los desarrollos y se aceleran los procesos de aprendizaje. Se debe, por ejemplo, poder acceder a un "banco de datos de las mejores prácticas", que contenga aplicaciones de procedimientos y procesos, así como las experiencias de lo realizado en nuevos proyectos de mejora. La estructuración y el cuidado de los bancos de datos de las mejores prácticas resultan, por lo tanto, dos elementos esenciales de la gestión del conocimiento

Caso 25: Procesos de las mejores prácticas

¿Cómo podrían tales procesos de integración del conocimiento ser estructurados y ser presentados como ejemplos de procesos de las mejores prácticas? Éstas pueden ser empleadas en las empresas como métodos generales de aplicación, indicando los procedimientos y modos de trabajo que conducen a una mayor productividad, calidad, creación del conocimiento, es decir, que guíen al cumplimiento de la necesidad del cliente. Las mejores prácticas se modifican constantemente según el proceso de aprendizaje, dando lugar a que los resultados cuenten con un potencial de transferencia por lo general muy alto.

Fábrica de electrónica

Tomemos previamente nuestro ejemplo de la fábrica de electrónica. En aproximadamente 50 fábricas, alrededor del mundo se realiza un volumen de ventas cercano a los tres mil millones de Euros en el área de los circuitos integrados, determinando una caída de precios del 10 al 20% por año, logrando solamente una elevación del 2% a través de la transferencia de las mejores prácticas. Esto representa un gasto de intercambio de conocimientos muy pequeño.

El caso de Texas Instruments

Texas Instruments contó, mediante la transferencia de conocimiento, con la posibilidad de adicionar parte de su capacidad total a una nueva fábrica de chips. En este emprendimiento se logró evitar una inversión de 500 mil dólares.

El impulso para las mejoras partió de un benchmarking de doce sistemas de fabricación de dispositivos electrónicos por ola de la empresa, las que se encuentran distribuidas en varias áreas productivas. El apoyo a la transferencia del conocimiento en Texas Instruments apunta a la motivación del intercambio, la actualización continua del banco de datos de las mejores prácticas y a la estructuración de una red de facilitadores para la implementación de estas últimas. Los coaches de la transferencia de conocimientos, también llamados facilitadores de las mejores prácticas, son por lo general trabajadores que transfieren sus conocimientos privados en las tareas de gestión de la calidad, reuniendo y estructurando las mejores prácticas.

El caso Chevron

Esta empresa introdujo su proceso de mejoras en el marco de la gestión de la calidad total y ha comunicado este proceso de mejores prácticas en el denominado "mapa de recursos de las mejores prácticas". Esta especie de mapa del conocimiento, está disponible tanto en papel como en forma electrónica. Se desglosaron todos los portadores de conocimiento de acuerdo a los temas de la gestión de la calidad, con criterios construidos de acuerdo al premio americano Baldrich de la calidad.

La visión de Chevron se formuló a partir de "crear una organización que aprenda más rápido y mejor que los competidores a través de un benchmarking, compartiendo e implementando las mejores prácticas, aprendiendo de las experiencias para continuar creciendo en lo individual y personal". El principio que se aplica en Chevron es muy exitoso debido a las siguientes razones:

La transferencia del conocimiento está integrada a la gestión total de la calidad y por esto no es independiente del principio de control aplicado en toda la empresa.

El proceso de transferencia del conocimiento es visualizado en una forma entendible, en donde los oferentes del conocimiento son identificados, de forma tal que la demanda del conocimiento puede ser rápidamente orientable según el criterio: ¿Quién sabe qué?

6.3 - Organización del conocimiento
a partir de una perspectiva del proyecto

6.3.1 - Aprender con el ciclo de vida de un proyecto

Un **proyecto** representa básicamente un esfuerzo temporal emprendido para crear un producto o un servicio único. Así, el resultado final buscado puede diferir con la misión de la organización que la emprende, ya que el proyecto tiene establecido un plazo específicamente determinado y el esfuerzo necesario correspondiente.

La gestión de proyectos, según la definición del Project Management Institute en su "Guía de los Fundamentos de Gestión de Proyectos", es la aplicación de conocimientos, habilidades, herramientas y técnicas a las actividades de un proyecto para satisfacer los requisitos del mismo. (Véase http://es.wikipedia. org/wiki/Proyecto).

Un proyecto es un campo de experimentación y de aprendizaje donde se sistematiza, transfiere y reutiliza los conocimientos y a las experiencias.

Los proyectos se componen de diferentes fases y tienen su propio ciclo de vida, pudiendo llegar a ser apoyados por medio de instrumentos y procesos de la organización del conocimiento. Se debería fomentar, desde la iniciación del proyecto hasta la elaboración de los resultados del mismo, el apoyo organizacional del aprendizaje desde distintos estudios para asegurar un resultado efectivo y eficiente[152].

En la figura 6.4 se presenta el aprovechamiento de cada paso de un ciclo de proyecto del conocimiento, dando la pauta acerca de cómo puede ser elaborado.

152Schindler, 1999 4B, véase Blair, 1997, Karlenzig, 1999.

Trayectoria del proyecto	Realización de la oferta	Cobertura del proyecto	Determinación del procedimiento	Reconocimiento del problema/soluciones	Elaboración de resultados
• Documentación del proceso sobre los clientes • Sistema CRM • Banco de datos del proyecto (Experiencias en proyectos similares)	• Oferta del proyecto • Perfil del proyecto • Listas de referencias • CV's • Mesas de ayuda (*Help desk*) • Redes	• Perfil de competencia • Páginas amarillas • Redes	• Manual de métodos • Manuales • *Help Desk* • Centros de competencia • CoP's • banco de datos del proyecto	• Supervisión • Verificación en vuelo" • Coaching • Presentación en internet • Banco de datos del proyecto	• Documentos sistematizados del proyecto (QM) • Lecciones aprendidas • Consolidación mediante redes

Figura 6.4 - Organización del conocimiento
en ciclos del proyecto

En la fase de iniciación de proyectos es posible acceder a los conocimientos organizacionales sobre clientes, procedimientos o métodos mediante la documentación de los mismos, a través de sistemas de gestión de la relación con los clientes CRM (Customer Relationship Management) o de un banco de datos de experiencias de proyectos.

Los recursos necesarios pueden ser identificados mediante *pools* de competencias, páginas amarillas o redes. En el desarrollo de los modos de procedimientos se puede acceder a fuentes del conocimiento organizacional, tales como un manual de métodos, escritorios de ayuda, centros de competencia así como también con un banco de datos de proyectos, que sirve para la reutilización de los ya garantizados saberes existentes, y elevar de esta forma la velocidad del aprendizaje.

Para el reconocimiento de problemas en un proyecto es aconsejable emplear una supervisión a cargo de expertos, colegas experimentados o consultores para identificar las dificultades en la ejecución del mismo y desarrollar soluciones.

Al final de un ciclo de proyecto se convalida la transferencia de los conocimientos existentes en la organización a través de la documentación sistemática del mismo o de informes de las lecciones aprendidas. Es decir, se busca y aplica una forma de consolidar y continuar las experiencias en red.

Es importante estructurar bien la documentación de los proyectos. La actividad práctica en este caso se realiza mediante la preparación de un informe sobre cada proyecto existente en la base de datos, explicando brevemente la situación con un ejemplo.

Descriptores del proyecto	Descripción breve sobre su estado, lo que se trata y significa
Situación	En negociación, en elaboración o concluido
Tarea	Responda a las siguientes preguntas: ¿Qué? (por ejemplo: requerimientos, concepción, especificación, implementación, prueba, mantenimiento, etc.). ¿De qué se trata? (por ejemplo: nombre del sistema). ¿Bajo qué condiciones o sobre qué bases? (por ejemplo: especificación de los componentes, catálogo de requerimientos, etc.)
Cliente	Empresa, departamento.
Período de tiempo ¿duración?	Comienza: Finaliza:
Volumen	Estimación: Valor actual:
Descripción breve	Descripción breve del proyecto (por ejemplo: cómo le gustaría leer la descripción del proyecto de referencia en internet), su área y focalización en una breve presentación.
Tecnología y metodología	¿Qué métodos se utilizan?
Ordenamiento del proyecto y sus vinculaciones	¿Con qué otros proyectos tiene vinculación? ¿Cómo lo hace? ¿Existen en los clientes proyectos subordinados donde se describen las partes que conforman el proyecto principal?
Interlocutores válidos para los clientes	Nombres y funciones (por ejemplo: gestión de proyecto, ventas y conducción de las actividades profesionales específicas).
Interlocutores válidos Otros participantes	Nombre y funciones de los interlocutores válidos participantes en el proyecto. Otros interlocutores válidos.
Conducción	Nombre:
Colaboradores	Nombre y vinculación con perfiles del personal.
Oferta	Denominación clara de las correspondientes ofertas.
Fuentes	¿Dónde se encuentran los documentos de este proyecto (índice principal)? (por ejemplo: seguridad visual de la fuente, servidor de archivos). Dar indicaciones precisas.

6.3.2. - Lecciones aprendidas y *DEBRIEFING*

Hay varias formas de reflexionar y captar lo que se aprendió en un proyecto. A continuación se detallan dos procedimientos que son utilizados frecuentemente.

Lecciones aprendidas

En cada proyecto los miembros con experiencias van perfilando cuáles serían los cuestionamientos similares que se presentarían a futuro que resulten de sumo interés para el grupo de estudio. Al finalizar el mismo, con cierta frecuencia estas experiencias no son relevadas sistemáticamente, razón por la cual no están disponibles por toda la organización.

En un proceso de autorreflexión, cuando un proyecto concluye, cada grupo de estudio debería identificar las experiencias que considera críticas, señalando especialmente aquellas que deben ser especialmente observadas en las presentaciones de problemas similares que puedan aparecer en el futuro. Al finalizar la reunión de cierre, se pueden considerar las distintas estimaciones, para que los participantes dispongan de una fuente de reflexión valiosa sobre su propia actividad.

Bajo la consideración de términos clave tales como el de "lecciones aprendidas", cada vez son más las empresas que están reelaborando las actividades realizadas, analizando sus éxitos y fracasos, para así aprender de sus errores. Las lecciones aprendidas representan la esencia de las experiencias realizadas en una actividad laboral.

Para beneficiarse convenientemente de las lecciones aprendidas y facilitar su correspondiente aplicación deberá existir, para mayor seguridad, un apropiado contexto. El desplazamiento de las prioridades, la falta de tiempo y de disposición por parte de los participantes, reducen a menudo la elaboración sistemática de la revisión de las actividades organizacionales. Sin contar con este aseguramiento de las experiencias, no es posible lograr un aprovechamiento importante. El formulario siguiente sirve para documentar de manera resumida las lecciones aprendidas en un proyecto.

Título del proyecto	
Descripción breve	
¿Qué salió bien?	
¿Cuáles fueron las fallas?	
Lecciones que debemos aprender	

Figura 6.5 - Formulario de lecciones

Debriefing

- **¿Por qué es necesario el *debriefing*?** La documentación de experiencias y de *know-how* es una condición importante para transmitir el conocimiento, y es fundamental para que los saberes aprendidos se puedan insertar en los nuevos proyectos. Esta técnica puede emplearse, por ejemplo, para el registro de los saberes de un proyecto o durante la documentación de la experimentación de los mismos, como suele ocurrir ante el alejamiento de un colaborador. Un *debriefing* apoya a cada uno de los trabajadores para el registro de su *know-how* facilitando el empleo de la documentación respectiva. De esta forma se pueden tratar aquellos obstáculos que dificultan la asimilación de los conocimientos comprobados por la experiencia.

- **¿Qué es el *debriefing*?** El *debriefing* es un método que sirve para simplificar y estructurar el registro y la documentación de conocimientos comprobados por la experiencia. Mediante un método sistemático de registro de la información, un tercero neutral registra los conocimientos de cada empleado a través de entrevistas o participando en un grupo de trabajo cuando se realiza un taller (Workshop).

La elaboración de la documentación necesaria corre por cuenta del tercero mencionado, el que suele ser denominado "debriefer". Éste confecciona el know-how registrándolo en una forma previamente acordada, y que será utilizado con posterioridad al adaptarse su contenido de forma rápida y sin contar con el apoyo del experto.

- **¿Qué es lo que debe verificarse en el *debriefing*?**

El *debriefer* deberá estar suficientemente entrenado como para poder efectuar la estructuración adecuada de los temas conflictivos que se tratan en las entrevistas o en los talleres. Lógicamente, también debe estar preparado para llevar a cabo la elaboración de la documentación que necesita el correspondiente know-how.

El *debriefer* deberá, en principio, manejar los temas con su propio know-how, para ser aceptado como un interlocutor competente.

Por lo general, se sugiere que el tratamiento de temas en una entrevista no debe superar las dos o tres horas de duración. En el caso de los talleres, la actividad debe estar limitada a un medio día para la realización del registro de los conocimientos del grupo. Los *debriefings* que duran demasiado no suelen ser útiles desde el punto de vista del volumen de información ni del proceso de su documentación. Para temas que necesitan demasiado tiempo es fundamental la ejecución limitada de varias propuestas.

6.4 - COMUNIDADES DE PRÁCTICA
Y REDES DE CONOCIMIENTO

La creación del valor en las organizaciones basadas en el conocimiento, superando los límites de la empresa, está determinada especialmente por la capacidad de distribuir en el mercado, en los clientes, en los productos y en los procesos las habilidades existentes en la empresa para movilizar y generar en forma rápida un valor para el cliente.

Las estructuras tradicionales formales y estructuradas jerárquicamente están, por cierto, equipadas de manera insuficiente para estas actividades. Es por ello que distintas formas de colaboración en redes, comunidades de práctica o de aprendizaje, centros y grupos de competencia, ganan en significación con la finalidad de aprender en forma conjunta, intercambiar experiencias, desarrollar nuevos productos y servicios y, de esta forma, superar las fronteras jerárquicas y departamentales. El potencial para la creación del valor de los círculos para la innovación, los grupos de trabajo, las asociaciones de expertos, los grupos que reúnen experiencias o grupos como los de la comunidad Linux, crecen en reconocimiento.

Las diversas formas de aprender y de intercambiar conocimientos serán tratadas conceptualmente bajo denominaciones tales como "comunidades de práctica"[153] o bien "comunidades del conocimiento"[154].

Definimos como comunidades de práctica a aquellos grupos de personas que desean compartir e intercambiar habilidades. La participación es voluntaria y personal. Las comunidades de práctica se agrupan alrededor de contenidos específicos. Estos podrían ser del tipo tecnológico, como por ejemplo:

- los métodos de cálculo de la ciencia actuarial, métodos de refinanciación, información y tecnologías de la comunicación etc.,
- procesos; por ejemplo, procesos de adquisición de materias primas o de calidad, procedimientos con los clientes,
- procedimientos; por ejemplo, gerencia de producto, organización del trabajo, ingeniería de procesos empresariales, el aprender a aprender,

---

153+ Wenger, 1998.
154 North et al., Romhardt, 2002.

- productos; por ejemplo, seguros contra daños materiales, seguros de vida, productos de *software*, o también clientes (clasificaciones que se hacen según las industrias, regiones, etc.).

Las comunidades del conocimiento tienen una amplia gama de funciones para adquirir, acumular y distribuir el conocimiento en la organización y fuera de la misma, como las que a continuación se mencionan[155]:

Se comportan como nodos para el intercambio y la interpretación de las informaciones. Debido a que los miembros de las comunidades del conocimiento tienen una comprensión común de un asunto a tratar, saben lo que es relevante para transferir y hacer conocer el modo y tipo de las informaciones que son útiles. Desde este punto de vista, las comunidades son ideales para que las informaciones superen las fronteras de la organización y se difundan.

Las comunidades del conocimiento pueden conservar en forma viva las habilidades, contrariamente a lo que sucede con las bases de datos o los manuales. Los elementos implícitos del conocimiento se reciben, distribuyen y adaptan de acuerdo a las condiciones locales. A su vez, las comunidades del conocimiento son también ideales para introducir a los nuevos empleados en un entrenamiento y aprendizaje basados en la transferencia de experiencias.

Las comunidades del conocimiento continuamente promueven competencias y llevan adelante nuevos desarrollos en la organización, resultando a menudo más rápidas y menos laboriosas que las gestiones departamentales. Esta sensación de simplificación operativa tiende a mezclarse con los desarrollos más nuevos, concediendo a los miembros de estas comunidades una nueva identidad.

155Véase Wenger, 1998, y Wenger et al., 2002.

Las comunidades del conocimiento configuran con las personalidades de sus miembros una especie de patria para sus identidades. En las épocas en las cuales los proyectos, los equipos de colaboradores con tareas al corto plazo y las designaciones en los departamentos se modifican rápidamente, forman una identidad técnica en el largo plazo con los miembros de estas comunidades. Cuando se forman jerarquías planas, estas comunidades conforman un campo de aprendizaje y experimentación donde el colaborador puede intercambiar abiertamente sus ideas.

El principio que tiene que ver con el aprendizaje situacional social denota claramente un contraste con el punto de vista tradicional del aprendizaje en las empresas, se trate de la capacitación o bien de la actualización profesional[156]: "Nuestras empresas, en tanto, explicitan las cuestiones del aprendizaje en lo que hace a la suposición de que es un proceso individual, que tiene un principio y un fin, que es preferible que permanezca separado del resto de nuestras actividades y que el enseñar es fuente de su generación. Tomando esto como base, se configuran espacios de enseñanza, sean seminarios o programas de entrenamiento con sesiones individuales apoyadas por computadoras, donde mediante determinado tipo de test se verifica el éxito del aprendizaje. Por lo general el resultado indica que nuestras capacitaciones institucionalizadas y perfeccionamientos profesionales son un tanto aburridas e irrelevantes para las aplicaciones prácticas previstas."

Básicamente se asume que la asimilación social del aprendizaje, contrariamente a lo que se infiere, es un proceso grupal, temporalmente ilimitado, que parcialmente se desarrolla en forma inconsciente. El aprender tiene lugar en un contexto de negociación. Esto, por ejemplo, significa que la vivencia de los encuentros con los clientes y los temas que allí se tratan apuntan más estrictamente al intercambio de experiencias y a su aprovechamiento más

---

156   Basado en Wenger, 1996.

óptimo que a lo obtenido en la descripción de procesos abstractos. El aprendizaje situacional social tiene que ver con la multiplicidad de las formas posibles de aprender y enseñar en un contexto más afín a las experiencias de los que enseñan y de los que aprenden. Estos comentarios y reflexiones, sobre los fundamentos de las comunidades del conocimiento señalan la relevancia de estos grupos para una nueva concepción de la capacitación de perfeccionamiento profesional de las empresas.

6.4.1 - COMUNIDADES IDEALMENTE TÍPICAS

Si deseamos fomentar el desarrollo de las comunidades del conocimiento, necesitamos un ejemplo o modelo como guía. North et al., han llevado a cabo experiencias con varias de estas comunidades en las que se han elaborado cuidadosamente las características típicamente ideales del conocimiento.

En el concepto ideal, en una comunidad del conocimiento sus participantes deben:

- introducirse en el tema que ellos desean,
- que sea entendible, tanto para los docentes como para los alumnos,
- conducirse en forma totalmente abierta,
- expresar tanto experiencias como convencimientos,
- expresar libremente las fallas y los fracasos,
- contar con espacio y tiempo suficientes para disponer de estas experiencias,
- protegerse mutuamente,
- estar preparados para pensar en nuevos conceptos,
- escucharse e intentar continuamente entenderse entre sí, y
- evitar la discusión excesivamente dura sobre la rentabilidad que se obtiene con sus saberes.

Parece plausible que tales comunidades puedan compartir las culturas organizacionales y evidenciar sus valores. En función de esto es que a continuación se postulan cuatro condiciones básicas para conformar el marco de funcionamiento de las comunidades idealmente típicas del conocimiento:

Los valores más relevantes evidenciados por los miembros de estas comunidades, deben ser: confianza, franqueza con las innovaciones, responsabilidad, autenticidad –en el sentido de lo que uno se autodetermina ser– y poseer una conducta sin restricciones, es decir, un comportamiento que fomente el trabajo grupal más allá de los límites de los departamentos o unidades de negocios. Con una cultura rígida de gestión y control es muy difícil que las comunidades del conocimiento prosperen.

Un equilibrio entre los objetivos de corto, mediano y largo plazo de la empresa, tomado de los modelos ecológicos, podría lograr que fueran formulados como un equilibrio entre lo que siembra y se cosecha. Las metas de estas comunidades se suelen identificar con la cosecha rápida sin haber concedido tiempo suficiente para el sembrado. Esto resulta ser un verdadero problema en el trato con los círculos de trabajo y las redes de competencias.

Tratamiento de incentivos comunes que se identifiquen con compartir tanto los intereses en el área del saber elegido como los valores que hacen al funcionamiento de estas comunidades. El oportunismo y la indiferencia en cuanto a los contenidos que se traten, resultan ser un pésimo punto de partida para realizar un trabajo conjunto en un campo determinado del saber. Por otro lado, los estímulos no deben ser buscados solo en el campo monetario. Muchas empresas han utilizado mecanismos de estimulación que resultaron altamente motivadores y exitosos sin poseer estímulo monetario alguno. Información adicional respecto a este punto se han presentado en los capítulos 4 y 5.

Equilibrio entre el experimento y la implementación: finalmente, las empresas deben utilizar en la práctica los procesos de generación del valor del producto con los saberes logrados por las comunidades del saber. La dificultad radica en la ponderación de los logros ¿Qué significa un resultado utilizable? ¿Se trata de un producto visible o sólo de un documento? ¿Es posible utilizar las experiencias aprendidas por los participantes en otras actividades? Leonard Barton[157] ha expresado de este modo el significado de la experimentación en cuanto a la generación del conocimiento. Esto puede significar que los recursos conque cuentan estas comunidades pueden ser utilizados para proyectos pilotos, así como en aplicaciones prácticas. En función de lo anteriormente mencionado es que una empresa le ha concedido un valor importante a la nueva estructuración del intercambio de habilidades, donde los miembros del círculo de trabajo por un lado son especialistas y, por el otro, son ejecutivos que ambicionan adoptar decisiones para lograr resultados en las aplicaciones prácticas.

Caso 26: Comunidades del conocimiento: dos ejemplos

Un fabricante de copiadoras indicó que los compañeros de trabajo del servicio de cliente pasaron un tiempo considerable en conversaciones, tanto con la gente de los almacenes como los de la cocina, sin contacto con el cliente. Una medida convencional de la racionalización habría sido eliminar estos tiempos, para que los empleados lo utilicen solamente en el trato directo con los clientes.

El resultado del estudio realizado por antropólogos demostró que en esas reuniones informales era donde se trataban saberes importantes, que tenían que ver con la mejora del mantenimiento o sugerencias para optimizar reparaciones técnicas. Es por esto que la empresa fomentaba este intercambio, creando las condiciones básicas para la existencia de comunicación donde los técnicos puedan también expresarse. Así es que se estableció una segunda frecuencia de sintonía, para que los técnicos implementen el canal del conocimiento. La compañía subsidiaria francesa estableció un sistema de información,

---

157Barton, 1996.

en el cual las experiencias importantes de los servicios técnicos puedan ser transferidas a otros grupos o círculos[158].

Este ejemplo demuestra que los grupos organizados informalmente tienen una alta probabilidad de ser apoyados por la organización.

Un fabricante de automóviles opera desde 1992 con los denominados clubes técnicos, donde se reflejan los problemas de estructura de la plataforma del vehículo. Básicamente son grupos organizados informalmente de los que forman parte disciplinas tales como electrónica o metalmecánica, que tienen la responsabilidad de desarrollar saberes relevantes e innovaciones. Crearon la base y obtuvieron el éxito con los denominados "libros de la ingeniería del conocimiento".

Con este accionar disminuyeron sustancialmente los tiempos de desarrollo –por ejemplo, en un grupo se redujo el tiempo de 60 a 30 meses– y esto contribuyó con la reducción de sus costos. Estos clubes técnicos se fueron desarrollando en fases consecutivas.

En los primeros años los supervisores se reunían para discutir problemas referentes a ciertas piezas, proveedores o nuevas tecnologías. En una segunda fase se intentó mejorar los procesos de aprendizaje, invitando a los ingenieros de cierta especialidad, a los representantes del departamento de compras, a los científicos de los laboratorios, y a otros especialistas. En una última fase fue transferida al club una mayor responsabilidad, que tenía que ver con el supervisar la planificación de productos y procesos, así como también con el registro de los conocimientos sustanciales para confeccionar una base de datos adecuada. Actualmente se fomenta esta forma del intercambio y de generación de habilidad, la que se desarrolla y multiplica por todo el mundo.

Las empresas, entre tanto, continúan buscando nuevas posibilidades de apoyo a estas comunidades en distintas partes del globo[159].

---

158   Véase Brown y Gray, 1999.
159Véase Blair, 1997, Karlenzig, 1999.

6.4.2 - Dimensiones de la organización de las comunidades de práctica

Los contextos necesarios para desarrollar comunidades del conocimiento se pueden crear considerando las siguientes cuatro dimensiones organizativas:

- Personas, que son miembros de las comunidades del conocimiento.
- Interacción de estas personas.
- Transformaciones del conocimiento resultante; así como su
- Consolidación organizativa.

El modelo debe ser entendido de manera que las personas contribuyan en la interacción en estas comunidades con una transformación de los saberes en toda la organización, y modificar así la creación del proceso del valor de la empresa. Algunas dimensiones de la organización pueden guiarse directamente, como por ejemplo los criterios de la afiliación o la selección de las personas para las comunidades del conocimiento. Otros son influenciados indirectamente para crear condiciones básicas favorables, como por ejemplo la motivación de los miembros de esta comunidad. A continuación se tratan las dimensiones más importantes de la organización.

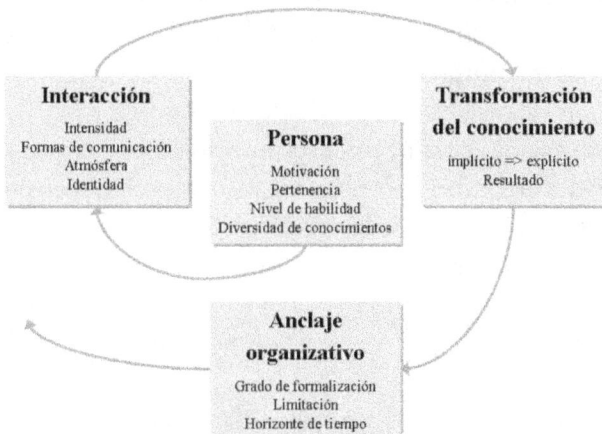

Figura 6.6 - Dimensiones de configuración
de las comunidades de práctica

La dimensión organizacional "personas"

La motivación para cooperar en comunidades del conocimiento es indirectamente influenciable por la organización de contextos favorables. Puede ser factible de lograr, por ejemplo, el compromiso para con los objetivos empresariales del tipo cualitativo o cuantitativo tales como "elevación de un 10% de la productividad en todas las áreas de la empresa" o "aumentar la motivación en el corto plazo para satisfacer las necesidades del cliente". No obstante, los mayores compromisos en el largo plazo resultan ser los que son determinados por los mismos empleados en sus reuniones grupales. Si las actividades de esta comunidad afectan positivamente las condiciones del trabajo que se tiene y se apoya el redescubrimiento de la propia creatividad, entonces beneficia a todos sus miembros.

¿Cómo se regula la afiliación a las comunidades del conocimiento? Generalmente son las comunidades en sí mismas las que establecen las características de pertenencia de sus miembros. Pueden ocurrir distintos tipos de dificultades con intervenciones externas, que intenten retener el control de estas organizaciones. Los miembros que son asignados por la conducción de la empresa pueden ser vistos como cuerpos extraños a la comunidad, que podrían destruir la creciente confianza y cultura de trabajo.

Existen razones valederas, desde el punto de vista de toda la organización, para que nuevos miembros se integren en las sociedades del saber; no obstante, esto depende del proceso de la comunicación que la organización mantenga con estas comunidades. El respeto mutuo suele ser la mejor opción para que tales cuestionamientos personales no conduzcan a la erosión de una comunidad activa y de esta forma salvaguardar los intereses mutuos.

En las grandes congregaciones del saber se suelen dar distintos tipos de relaciones y niveles de pertenencia. Por ejemplo, en el asesoramiento a los clientes en una compañía de seguros donde los miembros potenciales de estas asociaciones resultan ser cientos o miles de personas. Semejantes redes pueden existir en la práctica. Así es que en una compañía del área de las denominadas ciencias de la vida se formó la asociación del saber, que virtualmente se ocupó durante meses sobre un tema específico. En tales casos las comunidades del conocimiento deberán formarse con personas que califican. Se debe, sin embargo, evitar que la conducción de la empresa designe miembros que podrían ser vistos como cuerpos extraños a la organización. Esto podría dañar inclusive la cuota de generación de nuevas ideas.

La configuración va más allá del *nivel del experto* y de la *diversidad del conocimiento* de las personas. Con respecto al nivel de los especialistas se puede distinguir entre los conocedores, hacedores y expertos. Los conocedores suelen tratar en forma confiable una determinada temática, pese a poseer una escasa experiencia en las aplicaciones prácticas. Por ejemplo, en el caso de los trabajadores jóvenes.

A los hacedores se les reconoce su experiencia de aplicación práctica, en tanto que los expertos representan una autoridad en determinadas áreas específicas. El nivel de los expertos suele ser relativo. Un experto considerado como muy bueno en una empresa, puede que se encuentre en un bajo nivel en comparación con su área industrial en una región dada o con otras partes del mundo. No obstante, se debe prestar atención cuando los expertos presentan su estatus para tratar determinados asuntos.

La diversidad del conocimiento se refiere a los diversos substratos de experiencia con que las personas colaboran en la comunidad del conocimiento. Puede tratarse de experiencias funcionales, por ejemplo: comercialización, venta o desarrollo de producto o experiencias culturales; idiomas, estudios y niveles jerárquicos. Así se demostró, por ejemplo, durante la reestructuración de los grupos técnicos de funcionamiento en el contexto de una fusión que las tradiciones del ingeniero de diversos países eran muy diferentes. Es decir, que antes de que se traten los asuntos tecnológicos sobre temas concretos se torna imprescindiblemente necesario establecer un entendimiento comunicacional entre las distintas tradiciones de los ingenieros. No obstante, una diversidad excesiva puede también bloquear el trabajo de éstos.

La dimensión "interacción" de la organización

El trabajo de seres humanos en comunidades del conocimiento es indicado por su interacción, donde se describe la intensidad, la forma de la comunicación, la atmósfera y la identidad.

La intensidad suele identificarse por la frecuencia y la duración de las reuniones, es decir, por el contacto mantenido por los miembros de la comunidad del conocimiento. Las formas en que ocurren estos contactos, sea por las reuniones personales regulares, las videoconferencias, las charlas vía internet (chat) o por distintos tipos de seminarios, determinan el tipo de posibilidades y límites de intercambio del conocimiento.

La elección de la forma de la comunicación es crucial para establecer la calidad de la interacción. Los autores invitaron a miembros de comunidades del conocimiento para trabajar sobre las formas de comunicación. La opinión unánime resultó ser que el saber personal de los miembros de una comunidad es facilitada enormemente por los medios electrónicos de intercambio. La forma adecuada de comunicación depende bastante de la clase de conocimiento intercambiado. Los componentes implícitos del saber se intercambian con mayor intensidad en la comunicación personal. En tanto el intercambio de conocimientos explícitos cuenta con una mayor utilización de los medios electrónicos.

Es necesario agregar que el conocimiento explícito es con frecuencia interpretable sólo si el autor agrega en su tratamiento un conocimiento implícito. Esto puede ocurrir, por ejemplo, cuando un abogado patrocinante ha estudiado profundamente el caso de una determinada demanda, que debe ser transferida a otro colega que no cuenta con el conocimiento implícito.

La interacción de seres humanos en una comunidad del conocimiento se establece de acuerdo a la atmósfera social existente durante el trabajo en conjunto. La franqueza y la confianza se desarrollan solamente cuando se configura un marco adecuado de condiciones básicas. En estas circunstancias puede resultar de ayuda la confección de un código de comportamiento, en el que se detallen las reglas de la comunidad respecto al ideal del conocimiento, así como también las reglas del comportamiento, definidas para los sus miembros. Dirigirse a un colega por el apellido evitando el uso de los títulos puede contribuir en mayor medida al fomento de una interacción en el mismo nivel. Lógicamente, la atmósfera de trabajo contribuye, así como la elección del lugar donde se realice el encuentro.

Junto a la identidad corporativa de una empresa, resulta también de interés la formación de una identidad de la comunidad del conocimiento. Estas comunidades pueden generar y presentar su actividad por internet manifestando su propia identidad, por ejemplo, mediante una insignia (logo). Con el tiempo desarrollan su propio lenguaje, quizás también sus propios métodos, así como las reglas y las herramientas con que marcan su propia identidad frente al resto de la organización.

La dimensión "transformación de la organización del conocimiento"

En la interacción entre las personas, no se intercambia solamente el saber existente, sino que se generan nuevos conocimientos. Las comunidades del conocimiento, por un lado contribuyen al transporte y distribución de los saberes mientras que, por el otro, se comportan como células germinadoras. Estas transformaciones de habilidades funcionan consciente e inconscientemente en los niveles del conocimiento implícito y explícito (véase Nonaka y Takeuchi: 1995). Mucho de lo que se desarrolla y se comparte en las comunidades no resulta accesible por terceros.

A quien no ha participado en determinados procesos, puede que le resulte difícil comprender sus realizaciones. En muchos casos, la confianza y la integridad de los miembros de la comunidad del conocimiento suelen ser la prueba final de la verificación de su eficacia.

El resultado del desarrollo del saber se podría visualizar, determinar y evaluar parcialmente mediante preguntas-guía, como las que a continuación se mencionan:

Las preguntas guía en el nivel individual son:

- ¿Qué es lo que aprendí?
- ¿Qué es lo que podría utilizar prácticamente en mi vida diaria?

Las preguntas guía en el nivel colectivo son:

- ¿Qué conocimiento se creó?
- ¿En qué parte de nuestra actividad laboral se encuentra la mayor demanda?
- ¿Cómo hemos continuado con el desarrollo de nuestros recursos (métodos, lenguaje, etc.)
- ¿Cómo hemos contribuido al proceso de creación de valor de toda la empresa?

Esta evaluación conduce inevitable a una interrelación de toda la organización mediante la vinculación en red con otras comunidades.

La dimensión "anclaje organizativo" de la organización

La fijación de posiciones, denominados anclajes organizacionales, es crucial para la contribución del saber en la generación del valor. Aquí es donde consideramos el grado de formalización de los criterios de la organización, sus límites y sus horizontes de tiempo.

El grado de formalización de las comunidades del conocimiento abarca en importancia desde la denominada "invisibilidad total" hasta objetivos estratégicos identificables. Wenger (1999) distingue cinco categorías de relaciones con la organización formal, a saber:

- **No identificada**: Invisible para toda la organización y parcialmente también para los miembros de la propia comunidad del conocimiento.
- **Informal**: Solamente visible para un círculo de personas que participan en esa organización.
- **Legitimada**: Oficialmente señalada como unidad valiosa.
- **Estratégica**: Ampliamente reconocida como una unidad significativa para el éxito de la organización.
- **Transformadora**: Es un tipo de unidad con capacidad para redefinir su entorno, así como también el rumbo de la organización.

El anclaje organizativo de estas comunidades está determinado ampliamente por sus limitaciones. Aquí se deben distinguir entre las comunidades del conocimiento que operan dentro y fuera de los departamentos, así como en las áreas de negocios. Es decir, estas asociaciones pueden superar los límites de la organización. A esto se suma la consideración sobre la distribución geográfica de sus miembros, de modo de poder distinguir las limitaciones locales, regionales, nacionales, internacionales y globales del saber.

Otro aspecto de esta comunidad es su limitación con respecto a otra. Las comunidades del conocimiento se solapan en la práctica, puesto que no hay fronteras orgánicas claramente determinadas. Esto suele ocurrir con los grupos de trabajo que se ocupan de analizar la satisfacción de cliente como un elemento constitutivo natural de la calidad. En la práctica, se observan asociaciones del saber totalmente aisladas. Un solapamiento de los miembros en estas comunidades conduce tarde o temprano hacia un conflicto de coordinación.

Otra característica adicional referida a la interacción de las sociedades que se ocupan de la suficiencia del saber es el horizonte del tiempo de trabajo. El fundamento y el trabajo de una comunidad dependen del contexto, la experiencia, el espacio disponible y la amplitud de criterio.

Quien se ocupa o acompaña a las comunidades deberá observar las dimensiones organizacionales. Las mismas se confeccionan como una especie de autointerrogatorio. Pregúntese, por ejemplo, cuán distante se encuentra su comunidad del conocimiento de la establecida típicamente como ideal.

Con frecuencia la iniciación o el renacimiento de grupos del saber por propio esfuerzo no tienen éxito. Suele ocurrir que los modelos de comportamiento experimentados afecten negativamente el proceso de intercambio. Para salvar esta situación es necesario contar con modelos positivos. Para aproximarse a los conceptos establecidos por la comunidad del conocimiento, idealmente típica, se debe ejercitar un nuevo comportamiento. Para esto resulta de gran ayuda contar con consultores y entrenadores externos. También puede ser provechoso acompañar un proceso o entrenar a los miembros de estas comunidades.

En cierta forma se establece que no se puede mandar sobre el saber, teniendo en cuenta que estos grupos viven dinámicamente y extraen los conceptos triviales del control para su gestión. Los encargados deben aprender a pensar ecológicamente, para así poder cuidar mejor a sus plantas del conocimiento. Los variados instrumentos que ofrece la revolución de la tecnología de la información se deben utilizar, por cierto, pero en forma moderada, dado que son solamente medios secundarios en los que se apoya el trabajo de las comunidades del saber.

Caso 27: Redes de competencia

Motorola

Para fomentar la transferencia de las mejores prácticas en la fabricación y la estructuración total del conocimiento tecnológico, Motorola cuenta con cerca de 20 de los denominados Centros de Excelencia de Fabricación (Manufacturing Centers of Excellence - MCE), cuyos representantes provienen de los centros de desarrollo e investigación, del Grupo de Tecnología de Fabricación Avanzada (Advanced Manufacturing Technology Group - AMTG), que es una unidad para el desarrollo de procedimientos de fabricación y prueba, y de mucha utilidad para la planificación de la fabricación, fundamentalmente para las operaciones técnicas, las que pertenecen a cinco unidades productivas en la empresa.

Estas redes virtuales mantienen mensualmente videoconferencias y llevan a cabo tres veces por año encuentros en diferentes regiones y fábricas. Fundamentalmente tratan temas específicos sobre fabricación, planteando cuestiones tales como: ¿Por qué el sistema de montaje automático funciona mejor en tu empresa que en la nuestra? Por lo general, estos encuentros se desarrollan en forma conjunta para los nuevos procesos de fabricación, en forma de proyectos cooperativos. Mediante el benchmarking esta capacidad de rendimiento es determinada en diferentes fábricas, posibilitando el intercambio de las mejores prácticas.

El apoyo suministrado por estos Centros de Excelencia de la Fabricación se extiende temáticamente a través de ofertas de los seminarios ofrecidos por la Universidad de Motorola, mediante los programas Six-Sigma o de Satisfacción Total del Cliente.

Siemens AG

Un tipo de intercambio de información similar se encuentra, por ejemplo, dentro de distintas áreas de Siemens AG[160]. Se crearon los denominados comités transnacionales, tanto de compra o de fabricación, conocidos mundialmente como Transnational Manufacturing Committee o Transnational Purchasing Committee. En ellos se tratan la armonización

---

160   Sankaran, 1996.

del desarrollo, fabricación y procesos logísticos, la interconexión de los volúmenes de compras y las estructuraciones conjuntas en el proceso de compras, así como la ejecución del benchmarking.

IBM

En IBM existe la denominada red de competencias. Este tipo de red se emplea para la gestión de negocios. Existen cerca de 17 redes de competencias para procesos específicos de negocios, segmentos industriales y tecnológicos. Se cuenta con un coordinador de tiempo completo o parcial, que se comunica mediante el sistema de Notas Lotus. Las redes de competencias actúan como filtro de las informaciones, las que provienen de los bancos de datos por medio de redes específicas.

Como medidores de éxito se emplean, en forma análoga a la música de moda, las denominadas "listas de hits", es decir, se toman en consideración las informaciones mayormente demandadas de los bancos de datos. En ellos también tienen lugar los "estudios de saneamiento" periódicos, donde las actividades de la red son evaluadas por la conducción de la empresa. A esto se suma la realización de encuestas periódicas a los usuarios para evaluar el contenido de valor de los conocimientos en red.

McKinsey

La estructuración y transferencia de conocimiento en McKinsey es apoyada a través de aproximadamente 30 de los denominados Centros de Práctica[161]. Estos centros se estructuran según los segmentos de mercado, así como según las áreas de prestación de servicios. En estos centros se encuentran los especialistas de las empresas cuyos conocimientos se comercializan en forma agresiva. El objetivo principal es la creación de una plaza de mercado de ideas dinámicas.

Cada uno de los centros intenta aportar su parte de conocimiento en el asesoramiento de empresas y compartir pensa-

---

161 Peters, 1994: 170.

mientos en forma análoga a la que ocurre en la participación en un mercado. Los Centros de Práctica miden con cuántos clientes internos se pueden contar y aprovechar sus materiales, presentaciones, informaciones, métodos, etcétera. Además se publica una lista de bestsellers con la descripción de proyectos. La función de un Centro de prácticas se explica como el de una unidad que lleva a cabo tareas de organización.

Esos centros están formados por más de 70 asesores de todo el mundo, así como por grupos de ayuda. Estos grupos auxiliares, llamados de soporte, gestionan la denominada "red de respuesta rápida", en la que los asesores consultados pueden garantizar una respuesta adecuada en tiempo y en forma.

Cada uno de los miembros de un Centro de Práctica cumple la función de consultor del tipo On-Call, que significa estar disponible por varias semanas por año para garantizar dentro de las 24 horas una respuesta rápida y eficiente a algunas consultas provenientes de las aproximadamente 60 oficinas de 30 países.

La satisfacción de los clientes se evalúa por grupos auxiliares, quienes cada año publican un informe técnico sobre estas actividades y detallan los adelantos del desempeño del centro de prácticas.

Profesionalización en el intercambio de conocimientos

Como se puede observar en estos ejemplos, para el éxito de las comunidades de práctica y redes de competencia no solamente es necesario ganar con la aptitud crítica del trabajador de acuerdo al principio de intereses grupales –tipo cluster–, sino que el trabajo de las redes debe ser estructurado también profesionalmente. Esto está orientado para medir el resultado, y no el gasto. No es de significación que una red de competencia publique cinco o siete informes o que haya realizado la organización de varias presentaciones. Es decisivo, por el contrario, cómo estas últimas son utilizadas por los clientes internos y cómo se verifica la mejora en el resultado obtenido por los clientes.

En la figura 6.7 se formulan algunas tareas y estructuras de las redes de competencias.

Tareas	Estructuras
❑ Identificación, transferencia y perfeccionamiento de las mejores prácticas y de las competencias de gestión mediante - *Benchmarking* - *Coaching* - Proyectos cooperativos - Estructuración y cuidado de los contenidos de los bancos de datos intranet, foros, etc.	❑ Conducción (Tiempo completo/parcial) ❑ Tiempo completo como "Grupo soporte" ❑ Miembros voluntarios (Atribución de competencia y decisión) ❑ Encuentros regulares ❑ Comunicación sobre intranet, videoconferencias ❑ Medición del éxito ("Satisfacción del cliente")

Figura 6.7 - Tareas y estructuras de las redes
de competencias

Algunas de las preguntas que ayudan a la orientación de la gestión son:

- ¿Cómo está estructurado el intercambio de experiencias en la empresa?
- ¿Contamos con una red de competencias?
- ¿Quién trabaja con esto?
- ¿Cómo medimos el éxito de una red?

6.5 - Instrumentos para la solución eficiente de problemas

6.5.1 - Grupos competentes –"Work-out"

En la mayoría de las empresas es posible encontrar una serie de grupos que son diferentes, que actúan en la solución de problemas bajo el nombre de círculos de calidad, los que en alguna medida solucionan los problemas de su área de trabajo. Estos grupos a menudo no están preparados para tratar con problemas, es decir, con cuestiones clave en la mayoría de aquellos departamentos que tienen que ver con clientes y proveedores. Usualmente, en tales casos se trabaja sobre un proyecto con la finalidad de analizar la relación de causa y efecto durante algunos meses, con el propósito de elaborar sugerencias, las que una vez aprobadas por los representantes gremiales se implementan en un determinado plazo de tiempo. Para una utilización rápida y eficiente de las habilidades disponibles en las empresas y poder solucionar sus problemas, *General Electric* ha generado un nuevo principio bajo el concepto "work-out", que se presenta a continuación como un caso de estudio.

Caso 28: Work-out en General Electric[162]

El término work-out, conceptualizado en forma amplia, se basa en conocimientos simples, que la gente normalmente toma de su vida diaria laboral o de otro tipo de conocimiento, con los que se pueden mejorar productos y procesos. Con el programa work-out General Electric quiere mejorar ese enorme reservorio de conocimientos para su aprovechamiento. Las sesiones de work-out tienen por lo general estructuras y duraciones distintas. En lo que se refiere a la duración, nominalmente puede tratarse de una hora, ocho horas o tres días. Ellos pueden solucionar un problema específico local y también pueden arribar a la solución de un problema de grandes dimensiones. General Electric ha tenido éxito con los clientes con su programa work-out, así como también con proveedores y con la administración externa, por ejemplo, la administración financiera. Una sesión de work-out consiste por lo general de tres partes, las cuales pueden ser tratadas en tres reuniones separadas.

---

162   Reporte anual de General Electric, 1995:5, así como Probst et
       al.; 1997: 202 ff.

En primer lugar, la presentación del tema debe ser limitada, siendo identificados los especialistas que se encuentran en el grupo participante. En el núcleo central del work-out del "centro de encuentros" forman parte entre 40 y 100 personas provenientes de diferentes niveles jerárquicos, funciones y áreas de negocios. Ellos deben incorporar los conocimientos relevantes totales de General Electric para un problema determinado. Se elaboran sugerencias de solución mediante grupos pequeños; éstas se discuten y aprueban en un plenario. El management tiene que decidir, dentro de lo posible, en forma inmediata sobre la sugerencia de solución. Solamente en casos de excepción, cuando por ejemplo faltan los datos y es necesario identificar portadores adicionales de conocimiento, se puede postergar una decisión.

El objetivo es que el work out encuentre una solución y que deje lista una implementación del plan. A continuación tiene lugar un encuentro de cierre o conclusión en el que se verifica el estado de implementación y se discuten los resultados alcanzados.

La generación de interrogantes posibles puede tener en cuenta los siguientes aspectos:

- ¿Cómo focalizan ustedes el conocimiento en los grupos de solución de problemas?
- ¿Permiten ustedes en sus empresas que los grupos de trabajo y proyecto sean remplazados o sumados a otros mediante encuentros del tipo *work-out*?

6.5.2 - Proyectos y programas cooperativos

En las universidades, en los negocios y en la administración en general, se intenta determinar, con la mayor precisión posible, cómo trabajan diferentes personas en la solución de problemas similares con la idea subyacente, las más de las veces, para saber unos de los otros. En mayor o menor medida, el objetivo es mejorar la conducción orientada al conocimiento, haciendo que las diferentes personas colaboren con sus recursos para combinar y elaborar los temas, para que con el menor coste se puedan obtener mejores soluciones para resolver la totalidad del problema bajo estudio. Para esto es que sirven los programas cooperativos en los proyectos de la empresa, donde se diferencian cuatro principios de cooperación con sus ventajas y desventajas hemos presentado en la figura 6.8.

Principios	Ventajas	Desventajas
I Mejoramiento a un determinado sistema de gestión (Por ejemplo el Premio Europeo de la Calidad)	Fomento de criterios de medición común, mediante el intercambio y la apertura de la competitividad	Parcial mejora como autofinalidad, gastos elevados pequeños efectos en la capacidad competitiva
II Ampliación de los objetivos cualitativos(Por ejemplo, mediante el programa ABB-T-50) y de formaciones concretas de unidades de negocios	◆ Se promueve el intercambio y la competitividad ◆ Referencia de competitividad ◆ Formación de *cluster* de intereses	◆ Objetivos previstos "desde arriba " ◆ Las cifras son congeladas para obtener un resultado
III Conexión de los objetivos cuantitativos (Por ejemplo, elevación de la productividad de 10% en cada fábrica por año)	◆ Imposición de mejora Búsqueda de las "Mejores prácticas " ◆ Preconcebir objetivos claros	◆ Véase II ◆ Ninguna deducción de la situación de competitividad prevista
IV Cooperación concreta de los contenidos en específicas áreas de mejoras (Por ejemplo, por reducción de la complejidad)	◆ Contenidos de intereses comunes ◆ Negocios relevantes, aplicaciones al resultado	◆ Eventualmente, costoso proceso de armonización

Figura 6.8 - Programas y proyectos cooperativos

Mejoramiento de un sistema de gestión (EQA)

El Principio I contiene las mejoras de un sistema de gestión, por ejemplo, los criterios del Premio de la Calidad Europea EQA (European Quality Award). Tales programas suelen ser descritos en muchas empresas para exhortar a distintas áreas de la empresa a participar y a competir internamente. El camino es trazado en forma amplia con criterios de medición que suelen ser definidos mediante los principios de control de la calidad. De ello resulta una competencia abierta y un intercambio de conocimientos en la que participan todas aquellas áreas de la empresa que tienen objetivos comunes, es decir, que existe coincidencia con una alta probabilidad de puntuación para la evaluación interna, según criterios tales como los empleados por el EQA.

Las ventajas de tales modos de procedimientos es la mejora de los propios fines, en donde se origina un alto costo sin que los aspectos específicos de la capacidad de competencia sean mensurables. Las diferentes condiciones de negocios no son considerados en tales procedimientos. Por otro lado *Motorola* considera que su programa *Six-Sigma* debe ser cobrado.

Objetivos cualitativos ampliados

En el segundo Principio hemos presentado objetivos cualitativos ampliados y dejado de lado la formación concreta de las unidades de negocios. Un ejemplo de esto es el Programa T-50 de *ABB*, en el que se exige una fuerte reducción de los tiempos de recorrido, sin forzar su aplicación a las unidades de negocios. También aquí, ese objetivo ampliado juega su rol en la creación de un mercado de intercambio de conocimientos.

A través de las configuraciones concretas de objetivos, en un nivel determinado de las unidades empresarias existe una clara referencia a la suficiencia, formándose entonces una especie *cluster* de intereses comunes de las unidades empresarias que se integran complementariamente. Como desventaja, se puede observar que un objetivo predeterminado desde el nivel superior de las unidades de negocios, y bajo determinadas circunstancias, es aceptado con cierta resistencia, a la vez que algunos datos son congelados para así obtener un resultado deseado.

Fijación de objetivos conectados cuantitativamente

El tercer Principio coloca las conexiones que fijan los objetivos en forma cuantitativa, por ejemplo, la elevación de la productividad en un 10% por fábrica y por año. Aquí se ha generado una mejora que comienza con una búsqueda intensificada según las mejores prácticas. A ello se suma que un 10% de la elevación de la productividad no proviene de una determinada situación competitiva de cada fábrica, sino que es deducida de un estado global. No se debe perder de vista que lo que para una fábrica es suficiente, por ejemplo el 5 % de elevación de la productividad, puede no serlo para otra que está necesitando una elevación del 25% para sobrevivir.

Contenidos puntuales de la cooperación

El cuarto Principio, quizás resulte el más prometedor, al poner de manifiesto los contenidos de cooperación de mejoras sobre determinadas áreas específicas. Aquí existe un contenido de intereses comunes, para que a través de un trabajo conjunto se puedan alcanzar objetivos concretos de mejoras. Como desventaja, tales proyectos cooperativos son parcialmente un gasto en la formación de un acuerdo. Las unidades de negocios prefieren manejarse rápida e independientemente, aunque el costo financiero sea más alto y el trabajo sea el doble del que normalmente tiene lugar en una empresa. La cuestión a resolver es: ¿Cómo podemos observar en un proyecto concreto la aplicación del cuarto principio? A continuación, se ejemplifica una forma de proceder mediante un esquema de la industria electrónica.

Caso 29: "Reducción de la complejidad de productos"

La fabricación de circuitos electrónicos integrados se encuentra ante una alta presión en la reducción de costes. Diferentes campos de negocios de una empresa electrónica luchan con problemas similares. ¿Cómo se puede estructurar un trabajo grupal en forma efectiva?

La red de competencias se inicia con un programa de reducción de la complejidad de los productos. Se ha llegado a la conclusión, en una investigación sobre factores organizativos, que a través de simplificación y unificación de los elementos constitutivos y la utilización de elementos similares se puede lograr una reducción fuerte de los costos.

Estos programas de reducción de la complejidad, se colocan bajo diferentes cluster de intereses o grupos de trabajo, formulando cada uno sus objetivos específicos. Por ejemplo, el primer cluster reduce la cantidad de elementos. Para otras áreas podría ser considerada la mejora de trabajo conjunto entre desarrollo y fabricación en el segundo cluster, en tanto que para ejemplificar el tercer cluster se podría citar la mejora del trabajo mediante un conjunto de estrategias de negocios relacionados con el desarrollo y la fabricación. Estos tres clusters de intereses definen cada uno un proyecto propio.

A estos proyectos llevados a cabo por un grupo de personas que participan en las áreas de negocios, se los suele denominar "empresas de transferencia". Éstas están relacionadas con las unidades centrales, sobre todo en lo referente a los nuevos roles para la prestación de servicios internos y al asesoramiento externo. Por lo general, en todo tipo de proyecto empresarial tiene lugar un cluster de intereses que amplía el intercambio de experiencias.

Algunas de las preguntas que ayudan a la orientación son:
- ¿Existen en su empresa proyectos cooperativos entre varias unidades productivas?
- ¿Cuáles son las experiencias que se han llevado a cabo?
- ¿Cómo podría usted optimizar tales proyectos bajo criterios del conocimiento?

6.6 - Infraestructura técnica
de la información y la comunicación

Es impensable lograr una empresa orientada al conocimiento sin una gestión eficiente de la información. Si se observa la conducción de la empresa, orientada al conocimiento, ilustrándola mediante la "escalera del conocimiento", entonces es la disposición, almacenamiento y distribución de informaciones una condición básica para la estructura y transferencia de la gestión del saber, si bien no es comparable a la gestión de la información. Ya hemos subrayado oportunamente que no hay ningún banco de datos del conocimiento que puede ser formulado como almacén de habilidades.

El intercambio de saberes tiene un rápido desarrollo en las tecnologías de *internet* e *intranet* contando como apoyo el sistema *pull*, aunque no se pueda hacer en forma económica. No obstante, una utilización exitosa de las tecnologías de comunicación e información depende en forma decisiva de la cultura empresarial. Si no es fomentado el trabajo grupal, y no hay ningún estímulo para la actualización y el almacenamiento integrado de la información, se estaría manifestando una ausencia en su aprovechamiento.

A continuación se analizarán solamente algunos aspectos importantes de la estructuración y la gestión de los sistemas de comunicación e información para apoyo de la conducción de empresas orientadas al conocimiento. Por otros casos nos remitimos a una voluminosa literatura para gestión de la información[163].

A los sistemas de comunicación e información desarrollados en empresas los podríamos ordenar en un esquema dividido en tres escalones. Véase la figura 6.9.

---

163   Véase Krcmar, 1997, Herget y Schwuchow, 1997.

Una infraestructura de tres escalones

¿Quién sabe qué cosa dentro y fuera de la empresa?	**Las páginas amarillas del CONOCIMIENTO** · *Yellow pages* (Hoffmann La Roche) · *Best Practices Ressources* Map (Chevron)
¿Cómo pueden ser comunicadas las mejores prácticas?	**INTRANET- Foros de discusión e-mail, groupware** · Por ejemplo, nuestro grupo foro de las *Best Practices*
¿Cómo se puede consolidar el almacenamiento y cuidado del conocimiento?	**Banco de datos (Data Warehouse)** · Banco de datos de *Best Practices* de la red de la competencia

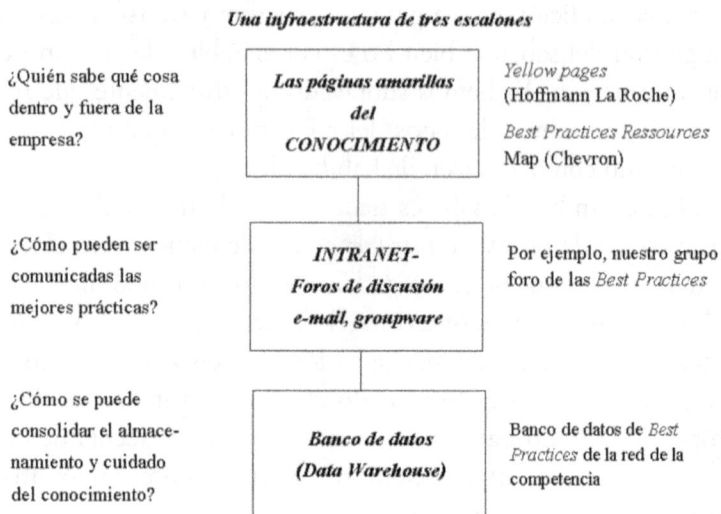

Figura 6.9 - La infraestructura de la información técnica
apoya la gestión del conocimiento

Infraestructura de tres escalones

El primer escalón contiene informaciones que satisfacen una respuesta que se obtiene a partir de la pregunta ¿quién sabe qué?, y que puede aplicarse a los proveedores, clientes, universidades, institutos de investigación, etc. Los sistemas de información y conocimientos se convierten en una memoria colectiva de la empresa. El acceso se puede ver facilitado mediante una simple *homepage*.

Páginas amarillas

Denominamos a este nivel "Páginas amarillas del conocimiento". En este nivel se establecen, por ejemplo, un mapa de recursos de las mejores prácticas de Chevron, que es ordenado según los criterios identificados como descriptores de gestión de la calidad. También la empresa farmacéutica Suiza Hoffman-La-Roche utiliza igual analogía en sus mapas del conocimiento para facilitar el acceso a las experiencias basadas en determinados procesos de desarrollo en el área de los medicamentos. Las directivas de las autoridades públicas de los cantones más importantes son registradas y reunidas, así como también las opiniones de los expertos y las diferentes experiencias. Personas con conocimiento de un experto con buena disposición para la transmisión de saberes, son contratadas desde este tipo de mapas. La documentación sobre el rendimiento ofrecido por los portadores del conocimiento suele publicarse en las páginas amarillas[164].

Foros de discusión

El escalón siguiente presenta las aplicaciones de *internet* e i*ntranet*, a través de las cuales tanto las ofertas como las demandas de conocimiento pueden ser puestas en contacto. En los foros de discusión se discuten determinados temas específicos. Vía *internet* o *intranet* se conforman grupos de discusión que dan respuesta a determinadas cuestiones. Los miembros se conocen mediante vías electrónicas, identifican sus intereses comunes y buscan cómo podrían colaborar en la solución de problemas. Cada vez más la comunicación mediante correos electrónicos, videoconferencias o tecnologías de grupo ocupan un rol significativo.

Groupware

El empleo del *software* Groupware, como puede ser el sistema de notas Lotus, sirve para el apoyo del trabajo conjunto formal, por ejemplo, para la elaboración de un documento mediante trabajadores distantes geográficamente sobre la base de computadoras personales interconectadas[165].

La ventaja esencial es la retención común de datos a un servidor, del que cada miembro o socio de un grupo aparece en un disco duro local y posibilita la elaboración distribuida

---

164   Gomez y Probst, 1995:282.
165   Compare con Arthur D. Little, 1996, Kyas, 1997.

desde la misma existencia de datos. El *Groupware* se ha transformado en un instrumento de trabajo diario del trabajador en la empresa orientada al conocimiento.

Bancos de datos consolidados

Allí se generan conocimientos explícitos, los que en el próximo escalón de la infraestructura se depositan en bancos de datos consolidados según criterios claros y bien definidos, eventualmente con una forma elaborada de redacción. A este nivel se presenta la siguiente pregunta: ¿Cómo se puede almacenar, cuidar y asegurar el conocimiento consolidado? Los bancos de datos de las mejores prácticas o los bancos de datos de redes competentes específicas, podrían entonces funcionar solamente cuando su contenido sea profesionalmente gestionado. Mientras que las páginas amarillas del conocimiento así como los foros de discusión están sujetos a una autoorganización amplia del contenido, el cuidado de los bancos de datos es una tarea profesional de gestión de la información.

Una empresa de asesoramiento internacional[166] describe los contenidos de gestión de su sistema de información a través de tres grupos de personas:

- El **promotor del conocimiento** es responsable para una zona amplia, claramente definida en una base de conocimientos, la que se diferencia de otras por su contenido y distribución de información en el área de prestación de servicios, tecnología industrial u otra área de aplicación.
- El **integrador de conocimientos** analiza y es responsable para la síntesis de un área determinada y parcial de las habilidades, sea dentro de una sola base de conocimiento o entre varias.
- El **desarrollador de conocimientos** detalla determinados contenidos de información de la base de conocimientos y es responsable de su actualización.

---

166   Baubin y Wirtz, 1996.

Estas funciones no deben ser trabajadas necesariamente por operadores humanos sino que pueden, como ya hemos observado, ser llevadas a cabo mediante redes.

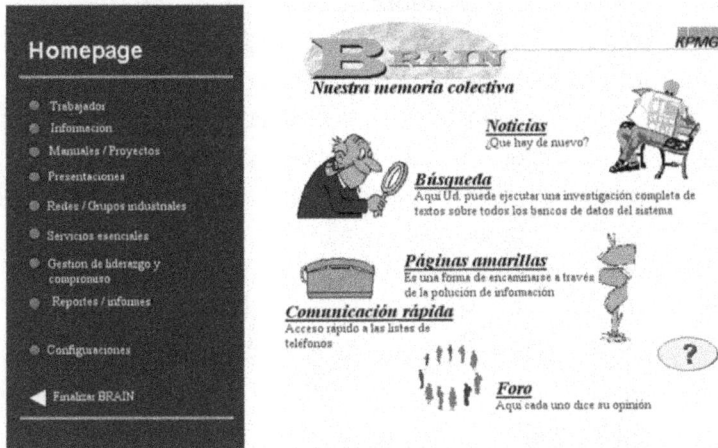

Figura 6.10 - BRAIN - La memoria colectiva
de una consultora de empresas

Una gestión de información profesional deberá asegurar las siguientes seis funciones:

1. **Cargado de informaciones**: Para todos los trabajadores deben ser definidas qué informaciones se ajustan al sistema de informaciones. Hemos aseverado que la gestión de información debe tener en claro comunicaciones aseguradas y entregadas puntualmente en forma actualizada, que sean entendibles también por otros colaboradores, y también por los clientes, manteniendo los criterios de confianza. Una serie de empresas se ha decidido por experiencias hechas, ocupando a redactores profesionales, los que por ejemplo, elaboran, retocan, traducen o adaptan informes de proyectos y presentaciones, de forma tal que son almacenados en el sistema de información reuniendo su capacidad de aplicación.

2. **"Filtros": Proceso de verificación**: Se desarrolla un sistema de información interno en la empresa de forma tal de evitar lo hecho en *internet* donde es difícil, por lo general, hallar información de buena calidad. A través de las funciones de filtro debe asegurarse cuáles son los documentos relevantes para los negocios que deben ser almacenados. Por esto una serie de empresas pone a disposición grupos de soporte de la red de competencias, cuyas informaciones se almacenan y supervisan mediante un proceso de mantenimiento que determina cuáles informaciones se deben dar de baja del sistema por tratarse de datos no actualizados.

3. **Distribución**: No es suficiente que solamente el trabajador reciba la información según el sistema *pull*, cuando la misma sea activamente buscada. Debe asegurarse que las informaciones relevantes de los negocios o informaciones sobre el desarrollo de una zona de trabajo estén en concordancia con el ritmo elegido por el empleado para llevar a cabo su actividad. Por ello la gestión de la información tiene la tarea, para los diferentes *clusters* de intereses, de agrupar perfiles de información los que constantemente se detallan según los criterios del usuario. Una forma semejante de gestión se observa en el caso 20 de *Individual Inc. Clipping Service.*

4. **Redes de información**: Una función importante de los sistemas de información es la posibilidad de interconectarse a las redes que comparten datos, por ejemplo avisos de comunicaciones del cliente y requisitos de un producto específico para que puedan ser consideradas en forma conjunta. Las funciones de interacción de los sistemas permiten también que la información interna o externa sea desglosada parcialmente en forma automática según lemas existentes en los bancos de datos para que, por ejemplo, se puedan confeccionar documentos

sobre temas peculiares. Estas funciones de exploración poseen una importancia que se refleja por su presentación dependiente del nivel del sistema de información y de su extensión a un área específica, función o mercado con la que se eleva la seguridad de la decisión.

5. **Monitoreo y gestión de datos**: Otra tarea importante de la gestión de la información en la empresa es el desarrollo constante y sostenido en el tiempo de los contenidos de los sistemas basados en los datos de uso. La frecuencia de acceso a determinados documentos, tales como la relación de satisfacción, listas hits, documentos bestseller, son algunas de las posibilidades que son empleadas por las empresas. Estos datos formalizan también el fundamento para las colaboraciones realizadas por los trabajadores para avalar y bonificar el sistema de información.

6. **Aseguramiento**: Existe una tendencia creciente para que los sistemas de información de la empresa se conviertan en "memorias colectivas", en tanto y en cuanto se presente la cuestión sobre el aseguramiento y confiabilidad de los datos allí almacenados. Con el concepto "muralla de fuego" (*fire wall*), códigos personales, etc. es posible ajustar los accesos al sistema o a bancos de datos específicos.

Una empresa orientada al conocimiento debe asegurar sus saberes a la vez que oferte un libre acceso a la mayoría de la información. La desconfianza presentada por algunos trabajadores y el acceso restrictivo resultante impiden el intercambio de información.

Contenidos	Ingreso de Información	Cuidado	Responsabilidad de contenidos	Aseguramiento de los datos	Medición de la utilización
• Las páginas amarillas					
• Intranet-foros de discusión					
• Banco de datos					
· · ·					

Figura 6.11 - El contenido de gestión del conocimiento - IT
debe ser asegurado

Las preguntas que siguen, representan modelos que permiten afianzar la seguridad en la gestión:

- ¿Dónde observa usted las grandes fortalezas y las grandes debilidades de sus sistemas de comunicación e información?
- ¿Cómo se ajusta el contenido de la gestión?
- ¿Es satisfactoria la realimentación de la utilización del sistema?

Principios para la configuración del mercado de conocimiento basado en *intranet*

Basado en múltiples experiencias en la implementación de lugares en el mercado del conocimiento, se deben considerar los siguientes puntos:

1. Contrariamente a lo que ocurre en un sistema de gestión de documentos, no se deberá ambicionar que todos los saberes sean completamente registrados y automáticamente tabulados –la precisión de los objetivos y el cumplimiento en el menor tiempo posible, son ciertamente

difíciles de satisfacer–, sino que se deben emplear tipos de estrategias selectivas que consideren pocas indicaciones, relevantes por su importancia y bien elaboradas, para satisfacer la demanda de información. Esto último se puede mejorar sustancialmente mediante una serie de encuentros múltiples, los que se pueden llevar a cabo por *internet*. Solamente una calidad alta de la información disponible conduce por último a su aceptación. Se debe para ello considerar especialmente que los saberes, frutos de tales configuraciones, sean representables y válidos, para que los desarrollos del futuro posean un carácter prospectivo para un continuo desarrollo de las habilidades.

2. El lugar del mercado del conocimiento deberá ser concebido con una orientación para satisfacer determinados tipos de demanda identificados por su especificidad, contrariamente a lo que ocurre con los sistemas de información orientados a la oferta. Por un lado, la aceptación del usuario es evaluada en todas las fases del proyecto y, por otro, la orientación a la demanda significa la realización de distintas visiones, sean estas últimas de construcción parcial, serial o de un área de información que incluya un acceso directo a la *homepage* individual del trabajador. En el caso de los mecanismos de búsqueda, se deben determinar qué contactos personales de búsqueda anónima son previsibles, verificando la validez de las afirmaciones siguientes:

- Utilizo contactos personales.
- Informo periódicamente o ante la existencia de novedades en forma automática.
- Busco información activamente en el sistema.

Los redactores podrían aquí ser motivados y apoyados como trabajadores facilitadores del conocimiento (*brokers*).

3. La orientación hacia un lugar del mercado del conocimiento, deberá ser apoyada a través de una búsqueda

taxonómica. También en este caso los redactores de saberes juegan un rol importante en los temas que tienen que ver con la dualidad intelectualidad-inteligencia, para la confección de un catálogo de habilidades obtenible de una estratificación del área de la información de interés.

4. Junto a la preparación y apoyo técnico de los productores de saberes –ayuda y autoayuda–, son los redactores, que surgen de la oferta y demanda del mercado del conocimiento, los que acompañan y coordinan el proceso continuo del saber, en cuanto a su generación y transferencia, mediante un cuidadoso control de la calidad de los documentos y de las reglas de acceso y su taxonomía, así como de la preparación y moderación en los foros de discusión.

Estos redactores presentan un recurso irrenunciable para el desarrollo, utilización, aceptación y con ello, la cristalización de los objetivos económicos empresariales. Suele ocurrir, al no contar con ellos, que muchas empresas ahorran en el sitio equivocado.

5. Los mercados del conocimiento no funcionan en forma automática, sino que le exigen al usuario-trabajador una comercialización activa de sus saberes, para sensibilizarlo y concientizarlo acerca de la necesidad del tratamiento de la información como bien intangible ante los cambios de hábitos en la actividad laboral. Es por ello que se necesita una profundización del concepto de *marketing* para el desarrollo de un mercado específico de saberes en consonancia con el funcionamiento instrumental adicional de un área piloto con capacidad para configurar óptimamente la amigabilidad de la red (*web*) y su proceso.

6. El aprovechamiento del saber debe ser asegurado, por ejemplo, mediante la consulta del mercado del cono-

cimiento. Ésta tiene que ser prevista como una tarea estándar en la instrucción e interrogación del grupo de proyecto integrado a los desarrollos de los procesos productivos.

7. El mercado de conocimiento es como una célula que germina con el objetivo de lograr un amplio intercambio personal de habilidades con miras a un desarrollo útil y sostenible. Su implementación debe considerar, entre otros, círculos de trabajo temáticos, comunidades que efectúan experiencias prácticas, tutorías de autoaprendizaje para la iniciación y elaboración de temas e intercambios referidos a lecciones aprendidas.

El mercado de conocimiento fomenta, pero no reemplaza, al intercambio personal. Una segunda fase de un proyecto de la implementación del mercado de conocimiento debe considerar la concepción de las correspondientes formas de intercambio y aprendizaje.

6.7 - La infraestructura física

Como la infraestructura electrónica es ampliada continuamente, se llega a la conclusión de que un trabajo del tipo presencial interpersonal resulta cada vez menos necesario.

El trabajador utiliza el incremento de la posibilidad de trabajar desde su casa – teletrabajo –, es decir que la actividad laboral con los clientes y con los colegas, en forma personal, solamente se lleva a cabo en determinadas oportunidades. Por otro lado, ocupa parte de su tiempo en estudios o en investigaciones[167] que canalizan el pensamiento innovativo, coadyuvado por comunicaciones personales o bien mediante encuentros no planeados que facilitan el intercambio informal de datos.

---

167   Allen, O. J.

El fabricante de audífonos suizo Phonak tiene en cuenta esto último al observar que el restaurante de la empresa se ha convertido en un importante punto de encuentro, donde se llevan a cabo las conversaciones habituales.

En algunas empresas japonesas las juntas directivas no disponen de oficinas propias e independientes, sino que se encuentran en un piso determinado y con un dominio espacial abierto en el que se facilitan los encuentros. Algunas empresas incluso van mucho más allá en lo que respecta a este tema, al imponer la modalidad de que los miembros de la junta directiva ocupen un espacio común donde se adopten las decisiones de trabajo apropiadas.

En las nuevas fábricas automotrices ya se ha transformado en un estándar el hecho de que los ingenieros de fabricación realicen las sesiones cercanas a la línea de manufactura. Usualmente las oficinas disponen de ventanas de vidrio que los separan de la producción físicamente, pero no visualmente. Mediante esta disposición es que se fomenta una arquitectura que estimule la capacidad para solucionar problemas y el sentimiento de pertenencia al conjunto social. Algo similar ocurre con la configuración de los espacios de oficina.

Las empresas orientadas al conocimiento, para maximizar sus habilidades, deberían contar con un espacio de oficina acorde a las manifestaciones del tipo social, donde los trabajadores se puedan comunicar entre ellos y realizar encuentros no planeados. El arquitecto Henn, de *Munich Henn*, ha desarrollado el concepto para la oficina del conocimiento como si fuera una bolsa de valores[168]. Ver figura 6.12.

---

168   Basado en Henn, 1995.

Oficina Célula - Espacios de trabajo conectados vías de transito

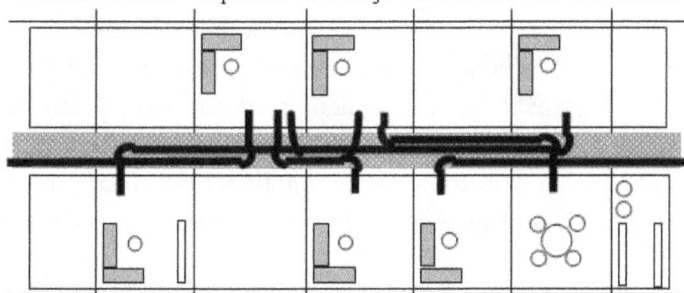

Concentración:	Buena
Comunicación:	Escasa

Espacio grupal - Mesas de trabajo agrupadas y en red

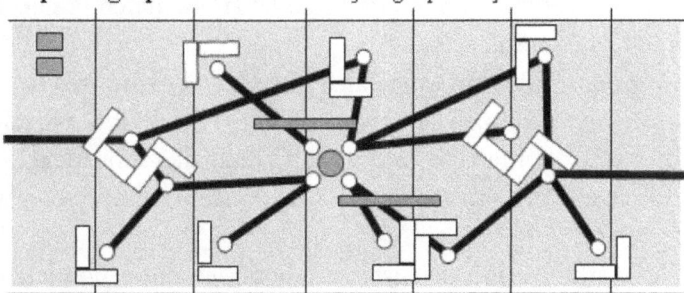

Concentración:	Mala
Comunicación:	Buena

Oficina combi - Cabinas de trabajo en red en todos los espacios

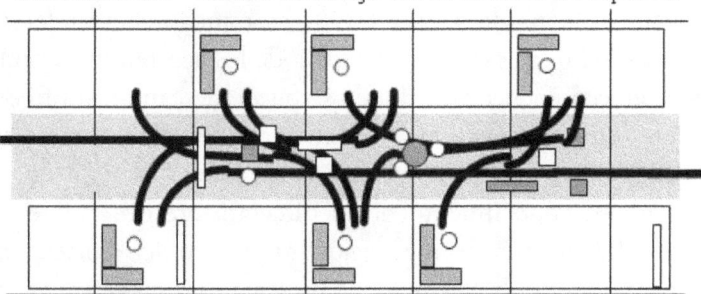

Concentración:	Buena
Comunicación:	Buena

Figura 6.12 - Presentación de diferentes tipos de oficina

El flujo mental

Mientras el flujo material físico en un edificio es visible y deficiente, la invisibilidad del flujo mental se pone de manifiesto en una organización. Pensamientos inconclusos, y sin que hayan arribado a soluciones finales, permanecen mayormente ocultos, por lo que no pueden ser apilados del mismo modo que cajas. Ellos obstaculizan algunas vías o caminos de solución que raramente fallan.

Partiendo de estas reflexiones, Henn ha desarrollado y adaptado un procedimiento para registrar la comunicación en los edificios y visualizar el resultado en el denominado "Netgraph", conceptualizando el espacio de la oficina en la que se fomenta la comunicación.

En la configuración espacial se tienen en cuenta tres tipos distintos de oficinas: la clásica célula, la del tipo espacio grupal y la oficina tipo *combi,* con zonas de comunicación donde se confrontan los criterios de concentración y comunicación.

Una configuración del sistema laboral, en correspondencia con el espacio, fomenta el trabajo en conjunto, la apertura y la confianza con lo que es novedad.

Para el empleado, el que solamente viene para actividades *ad hoc* en la oficina de la empresa, se ha tomado como referencia de diseño los espacios de espera de los aeropuertos donde se producen encuentros, donde se puede descansar, u ofrecer lugares de trabajo variables, como puede ser el dormitorio en un hotel.

Como el conocimiento no es directamente observable, se puede lograr una configuración arquitectónica correspondiente donde simbólicamente se presentan los procesos y productos inteligentes.

Las preguntas que siguen, facilitan un mejoramiento prospectivo de la relación existente entre el dominio espacial y la comunicación:

- ¿Es apoyada la configuración de espacios sociales y de oficina para ampliar la comunicación en su empresa?
- ¿Genera usted las condiciones espaciales para la prestación de servicio externo y de teletrabajo?

Capítulo 7
Guía práctica de implementación

7.1 - Programa de los 12 puntos

Introducción

Este programa fue implementado en distintas empresas, tanto grandes y medianas como pequeñas, convirtiéndose en un procedimiento de aplicación práctica para ser utilizado por la gestión empresarial orientada a la gestión del conocimiento (GC).

Se subraya la flexibilidad y adaptabilidad que posee este programa para la evaluación del estado de la gestión y de la implementación de iniciativas de gestión del conocimiento. Su versatilidad le permite que se pueda seleccionar cualquier punto de preferencia entre los doce que forman el programa, como así también trabajar con cada uno de ellos hasta su totalidad. En el sitio de Internet www.north-online.de se pueden localizar métodos y ejemplos para cada punto del programa detallado a continuación:

Punto 1: Sensibilización para la gestión del conocimiento y diagnóstico de problemas

Sensibilice a sus colaboradores en los temas que tratan sobre la gestión del conocimiento y lleve a cabo un diagnóstico del problema. En este punto es de importancia la toma de conciencia de los colaboradores para la búsqueda de soluciones óptimas, resultando apropiada la generación de listas de control y el empleo del test de inteligencia.

Se puede comenzar por preguntas simples tales como:

- ¿Dónde no están cubiertas nuestras necesidades?
- ¿En qué puestos podríamos mejorar el flujo de conocimiento para reducir los errores?

Desde el punto de vista personal, tendría lugar la pregunta; ¿En qué aspecto quisiera usted ser mejor?

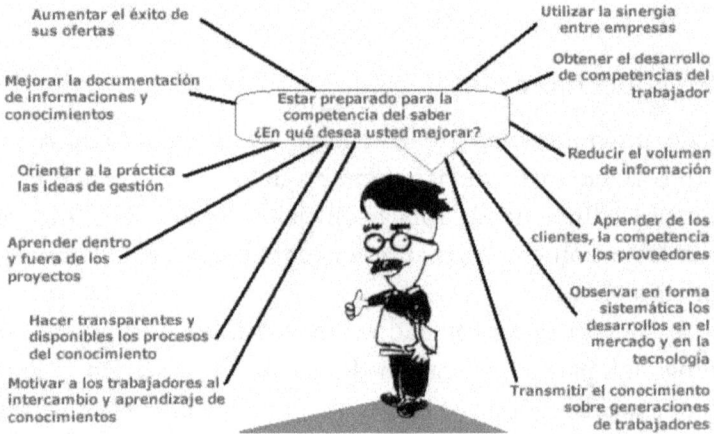

Instrumentos: Test de inteligencia. Breve diagnóstico tomado del Apéndice.

Punto 2: Vinculación de la gestión del conocimiento y la estrategia empresaria

Este tipo de vinculación conduce a observar tanto la estrategia de la empresa como del conocimiento, donde surgen interrogantes tales como:

- ¿Cuáles son las competencias que quiere construir para los próximos años?

Un ejemplo de interés sería la ejecución de un análisis estratégico del conocimiento, un análisis de competencias esenciales y uno de estrategias, mediante talleres.

Reflexione acerca de cuáles son las competencias de que dispone su empresa, cuáles son las que deberán estructurarse y qué podría aprender de las empresas competidoras o exitosas.

Instrumentos: Análisis estratégico del conocimiento. Análisis DAFO (debilidades, amenazas, fortalezas y oportunidades). Balance del conocimiento.

Punto 3: Configuración
de las condiciones marco

Es de suma importancia establecer condiciones marco que fomenten la generación y el intercambio de los conocimientos. Esto puede tener lugar, por ejemplo, mediante un intercambio abierto de información, la adopción de sistemas de estímulos y de criterios de evaluación del desempeño del colaborador, para promover con transparencia la generación e intercambio de conocimientos de acuerdo a la cultura de la empresa.

Instrumentos: Comparta el conocimiento ganando millas. Test de la cultura empresarial.

Punto 4: Desarrollo de la adquisición del conocimiento para el aprendizaje externo

En esta fase del programa el interés y la preocupación están dados por el ingreso del flujo de conocimientos desde fuentes externas a la empresa por portadores de conocimientos tales como los clientes, proveedores, competidores u otros. Esta fase puede cristalizarse por medio de grupos tecnológicos o foros de clientes. Su evaluación se puede llevar a cabo mediante métodos simples, entre los cuales se cuentan el *benchmarking*, la estructuración de grupos tecnológicos, los foros de clientes y la observación estructurada de la competencia.

Instrumentos: Benchmarking. Procedimiento sistemático. Instrumentos de inteligencia empresarial.

Véase, por ejemplo: http://es.wikipedia.org/wiki/Inteligencia_empresarial

Punto 5: Desarrollo de las competencias de los trabajadores

Sr. Calculín, para definir el perfil de los aspirantes hemos preparado una matriz de competencias donde hemos estimado cuales son las áreas que ellos conocen, pueden llevar a cabo o son expertos. La nueva ingeniera domina ciertos temas en los que tenemos falencias. La matriz de competencias es un buen instrumento para mostrarnos como se distribuyen las capacidades de los trabajadores.

Una gestión sistemática de las competencias y del talento, es la base para el éxito de la empresa.

Confeccione, por ejemplo, un perfil de competencias y controle el éxito de las medidas adoptadas en la capacitación profesional.

Instrumentos: Rueda de competencias. Matriz de competencias.

Punto 6: Transferencia generacional de los conocimientos de los trabajadores

Se debe posibilitar la transferencia de conocimientos entre generaciones de colaboradores. En el caso de cambio de puestos de trabajo, se trate de la jubilación o la integración de nuevos colegas, es importante el resguardo del valioso know-how de la empresa. El debate que se presenta tiene que ver con el modelo de padrinazgo según el lema "colegas forman colegas". Los condicionamientos que se observan en la generación de las listas de verificación de los probables sucesores deben aplicarse antes que se produzca el alejamiento del colaborador.

Instrumentos: Procedimiento sistemático. Matriz de competencias.

Punto 7: Fomentar la innovación y la gestión de ideas

Los colaboradores son una fuente muy creativa de ideas, que pocas empresas aprovechan. Se debe fomentar la satisfacción por la creatividad e innovación de los colaboradores, por ejemplo, mediante la introducción de un sistema simple y eficaz de sugerencias, o de procesos de mejora continua.

Instrumentos: Lista de control "gestión de ideas".

Punto 8: Gestión de proyecto orientada al conocimiento

Esto se presenta continuamente, hacemos los proyectos pero no documentamos las soluciones por lo que debemos comenzar por el principio. Escuché una conferencia, donde dijeron lecciones aprendidas, finalizaciones de proyectos y otras documentaciones debieran forman parte de una bunea gestión de proyectos. ¿Será esto parte de la GC?

Se aprende diariamente durante el desarrollo de los proyectos. El desafío consiste en sistematizar y reutilizar lo que hemos aprendido en nuevos proyectos. El apoyo del aprendizaje dentro y fuera del proyecto tiene buenas posibilidades mediante procedimientos tales como del *debriefing* (personas neutrales que documentan las experiencias obtenidas por los miembros del grupo), a través de discusiones y de consultas con el banco de datos del proyecto, la búsqueda de respuestas y el análisis de las lecciones aprendidas.

Instrumentos: Procedimiento sistemático. *Debriefing*. Lecciones aprendidas. Documentación de proyectos.

Punto 9: Integración de la gestión
del conocimiento en los procesos de negocios

Con los enfoques de certificación de la calidad, las empresas generalmente avanzan en la estructuración y documentación de sus procesos claves. Se debe asegurar que las informaciones y conocimientos necesarios para cada etapa de un proceso estén disponibles y que sean actualizados. Una buena estructuración de procesos facilita el aprendizaje y la integración de nuevos trabajadores. Los procesos transparentes mejoran el servicio al cliente. Son importantes los conocimientos sobre la optimización de los procesos. Es importante identificar sistemáticamente las mejores prácticas y difundirlas en la empresa.

Se pueden utilizar preguntas guía tales como: ¿Cómo podríamos hacer transparentes y disponibles los conocimientos para cada etapa de nuestros procesos?

Instrumentos: Organización del conocimiento a partir de una perspectiva del proceso. Enfoque de "las mejores prácticas". *Benchmarking.*

Punto 10: Fomento del intercambio personal de conocimientos

La generación de oportunidades para el intercambio de conocimientos personales resulta beneficiosa para el desarrollo de la empresa. Para ello se deben organizar encuentros periódicos, crear oportunidades informales de encuentros, hemerotecas en las empresas, organizar presentaciones de información o movilizar los mercados de conocimientos.

Instrumentos: Comunidades de práctica. Desayunos de trabajo. Proyectos y programas cooperativos.

Work –out. Knowledge café. Véase, por ejemplo; http://en.wikipedia.org/wiki/Knowledge_Cafe

Punto 11. Estructuración de la documentación y mejora de la transparencia de la información

Aquí se subraya la construcción y estructuración de sistemas de gestión de documentación y de la red intranet, la elaboración y utilización de compendios guía para el tratamiento de la documentación, la regulación de responsabilidades por contenidos, la generación de estímulos para su utilización y la regulación responsable de la información por parte del empleado.

Instrumentos: Análisis de la infraestructura técnica de la información y comunicación. Principios para la configuración del mercado de conocimiento basado en las páginas intranet. Sistemas de gestión de la documentación. Soluciones intranet.

PUNTO 12: APLICACIONES CONSECUENTES Y COHERENTES, Y DESARROLLO DE LOS VALORES

Los valores y principios de una gestión orientada al conocimiento se deben integrar en la práctica diaria de la empresa u organización. Un comportamiento coherente y un seguimiento consecuente es vital para construir la empresa inteligente paso por paso.

7.2 – Guía para un programa de capacitación-acción para la gestión eficaz de los conocimientos en empresas.
Por Juan Carlos Hiba

Resumen del contenido de esta Guía

La aplicación práctica de los contenidos incluidos en los diferentes capítulos de este libro puede ponerse en marcha de diversas maneras. Dos de ellas son las siguientes: usted, lector, puede introducir en su propia empresa los procedimientos que le parezca más adecuados a sus necesidades y al estado de situación de gestión de los conocimientos que practica en la actualidad. Tendrá, de esa manera, la oportunidad de utilizarlos y hacerlos conocer a los demás integrantes de su empresa al ritmo que usted crea más conveniente. Si sigue ese camino de manera consistente, pronto podrá comenzar a ver resultados concretos.

Otro camino que se puede transitar, de carácter más institucional, es participar en seminarios o talleres organizados localmente para grupos de empresarios o profesionales que trabajan en empresas. Con este fin, esta Guía trata acerca de un conjunto de 12 cuestiones necesarias para ejecutar un programa de actividades destinado a mejorar la gestión de los conocimientos en un colectivo de empresas, incluida la suya.

Con ese propósito, en primer lugar, esta Guía desarrolla algunos aspectos teóricos que requieren ser tenidos en cuenta para la aplicación de la metodología. Así, se discute la necesidad de contar con una meta a alcanzar, la necesidad de compartir un enfoque filosófico, comprender cuáles son los objetivos de la metodología, así como la importancia de contar y compartir un lenguaje y una visión comunes. Esta primera parte de la Guía se completa con una descripción de los principios en los que se sustenta la metodología de capacitación-acción en gestión de los conocimientos.

La Guía describe luego brevemente quiénes son los destinatarios y los beneficiarios de un programa basado en la gestión de conocimientos.

La segunda parte detalla un conjunto de aspectos operativos requeridos para la implementación de la metodología, describiendo las características de las instituciones y los profesionales locales que son necesarios para participar en iniciativas de este tipo.

La tercera parte, también operativa, trata sobre las etapas principales de un programa destinado a introducir y mantener en las empresas actividades en gestión de los conocimientos.

Esta Guía concluye con una relación de los indicadores de avance principales que se pueden tener en cuenta para apreciar y valorar el impacto de un programa de capacitación-acción y describe cómo se pueden aprovechar los resultados que se van alcanzando a lo largo del programa.

1. Hacia una meta común con una filosofía compartida en gestión del conocimiento

La metodología de capacitación-acción basada en la gestión de los conocimientos se sustenta en una filosofía centrada en la búsqueda de un mejoramiento continuo de los procesos productivos y de los resultados de una empresa. Tales resultados pueden expresarse mediante indicadores que muestran la evolución del desempeño, la rentabilidad y la competitividad de la misma.

En términos generales, a lo largo de la vida de la empresa es posible contar con un conjunto de indicadores tales como el incremento de la productividad general de la misma, el logro de una calidad mayor y constante, una mayor demanda de los productos o servicios ofrecidos, una disminución de los desperdicios y desechos, un mejor aprovechamiento del tiempo de trabajo, una reducción de los conflictos con el personal, menor cantidad de reclamos de los clientes, un aumento del ritmo de innovaciones en los procesos productivos y/o en las características de los productos o de los servicios ofrecidos, y otros indicadores similares.

Esos indicadores pueden brindar información acerca de la marcha de la empresa. Su análisis, observando la evolución de la tendencia de los mismos permite detectar e identificar los cuellos de botella que se deben resolver. Una adecuada gestión de los conocimientos existentes dentro de la empresa puede contribuir a superar muchos de los obstáculos y barreras que impiden conseguir un mejor desempeño.

La resolución de esos problemas requiere un abordaje sistemático de los mismos y un tratamiento sostenido para superarlos. De esa manera es posible alcanzar un estado de desarrollo en la empresa que sea más productivo, eficiente e innovador.

2. Objetivos de la metodología de capacitación-acción

Uno de los objetivos inmediatos de este programa es lograr la captación de nuevos conocimientos que permitan realizar cambios e incorporar innovaciones de distinta naturaleza destinadas a asegurar el aprovechamiento máximo de los conocimientos existentes en las empresas.

Dicha apropiación de nuevos conocimientos se desarrollará en dos planos diferentes: en primer lugar, al interior de cada una de las empresas involucradas en el proceso de capacitación; segundo, el fenómeno del mejor uso de los conocimientos se beneficiará de un proceso de sinergia interempresarial en la medida en que se logre establecer y hacer funcionar una red de empresas que facilite la interacción y cooperación entre ellas.

Entre las estrategias que se promoverán con ese fin, uno de los caminos que se desarrollará será la creación de *un equipo interno* en cada empresa que se especialice y trabaje los temas de la gestión del conocimiento.

El segundo camino consistirá en crear *un equipo de promotores externos* a las empresas cuya tarea será precisamente capacitar a participantes en cuestiones de gestión del conocimiento y fomentar la creación y el funcionamiento de una red de empresas. Se espera que esa red permita desarrollar actividades sostenidas en el tiempo con el propósito de fomentar y el aprendizaje en común de los empresarios mediante el apoyo y asesoramiento mutuo y el intercambio de experiencias.

3. Un lenguaje y una visión comunes

Además de la adquisición de una filosofía común basada en un conjunto de valores compartidos, el enfoque del programa de capacitación y acción promoverá, en primer lugar, el conocimiento y la práctica de un lenguaje común. La construcción de un lenguaje compartido y conocido por todos servirá para facilitar la comprensión de los conocimientos, así como asegurar una comunicación fluida y sin ambigüedades entre los miembros de la red.

Por su parte, el programa también promoverá la adopción de una visión común entre los participantes en materia de la gestión de los conocimientos. Este concepto se construirá en reuniones de trabajo con los participantes. Aunque la visión común que se adopte pueda verbalizarse de diversas maneras en cada una de las empresas participantes, expresará la o las metas que se persiguen en cada empresa en estas materias.

4. Principios operativos de la metodología de capacitación-acción.

La metodología se basa en los seis principios operativos siguientes.

Principio 1. Adaptar los contenidos de la capacitación a la situación local

La eficacia de la metodología se fundamenta, en gran parte, en la posibilidad de elaborar los contenidos específicos de las sesiones de capacitación teniendo en cuenta las características principales de las empresas con las que se trabajará.

Esto significa que los organizadores de los talleres de capacitación deberán realizar un esfuerzo para identificar buenos ejemplos, elaborar ejercicios y desarrollar actividades prácticas que se apoyen en la realidad local, es decir, en los problemas y las situaciones existentes en las empresas que se desean superar y en la identificación de las dificultades u obstáculos que impiden la implementación de los cambios deseados.

Principio 2. Obtener resultados concretos

La metodología de capacitación-acción, para que sea eficaz, debe tener como objetivo alcanzar resultados prácticos cuya aplicación en las empresas participantes sea lo más inmediata posible.

Con ese fin, la metodología cuenta, en primer lugar, con diversas herramientas, por ejemplo, un test de inteligencia, un análisis estratégico del conocimiento y un breve diagnóstico incluido en el apéndice del libro y que está destinado a disponer, en primer lugar, de un panorama de la situación existente en materia de gestión de los conocimientos en cada uno de los establecimientos. Estas herramientas permiten ubicar y posicionar a cada establecimiento en el estadio o nivel de desarrollo vigente en materia de gestión de los conocimientos. A partir de ese posicionamiento, se podrán identificar los mecanismos pertinentes para avanzar en esta materia.

Sin embargo, para que la metodología sea efectiva, es decir, que permita pasar a la acción rápidamente, será necesario evitar una profundización del análisis de los resultados del diagnóstico –etapa que puede dejarse para más adelante– y *pasar lo más rápidamente posible a la acción.* En ese sentido, es extremadamente importante identificar lo antes posible uno o dos de los problemas que interfieren en la gestión del conocimiento en la empresa y realizar el o los cambios necesarios que permitan resolverlos.

Esta acción concreta que permite modificar la situación y aprovechar mejor el conocimiento existente, tendrá la virtud de demostrar que la metodología es efectivamente de acción, que busca y encuentra soluciones concretas y que es capaz de producir resultados inmediatos.

Principio 3. Vincular la gestión de conocimientos a otros objetivos de la gestión general de la empresa

En las empresas, la gestión de los conocimientos debe ser una actividad que esté integrada a la gestión general de la misma. Esto significa que en el desarrollo cotidiano de las actividades de la empresa la cuestión de la gestión del conocimiento deberá formar parte de todos los procesos. Ello permitirá demostrar la importancia de la gestión de los conocimientos y alcanzar los beneficios de su aplicación de manera permanente.

Principio 4. Usar el aprendizaje práctico

El éxito de la metodología de capacitación-acción se podrá afianzar en la medida en que los organizadores de los talleres de capacitación logren que el proceso de enseñanza-aprendizaje tenga componentes de aplicación basados en el análisis y resolución de problemas existentes en las empresas.

El uso de ejemplos positivos basados en la identificación de buenas prácticas, el estudio de casos reales y la resolución de problemas reales basados en las necesidades locales contribuyen de manera significativa para facilitar un aprendizaje sólido, rápido y eficaz.

Principio 5. Alentar el intercambio de experiencias

Este principio es fundamental para la construcción de la red de empresas. En el comienzo del proceso de enseñanza-aprendizaje el intercambio de experiencias entre los participantes se dará en el ámbito del propio taller de capacitación. Es en esa etapa en donde comenzarán a forjarse los eslabones que constituirán la futura red de empresas.

Posteriormente aparecerán nuevas etapas de actividades centralizadas en los propios establecimientos. Es en esas circunstancias en que se deberá asegurar la continuidad de los contactos entre los empresarios. Dependiendo de las oportunidades locales, los organizadores deberán elaborar, en consulta con los participantes, una propuesta de cronograma de reuniones coordinadas que asegure el mantenimiento de los contactos y la transferencia de conocimientos entre ellos.

En este sentido, la creación de una red local administrada por una de las instituciones promotoras locales, será una herramienta apropiada para darle sustento en el tiempo al programa de actividades.

Principio 6. Promover la participación de los trabajadores y las trabajadoras

Una gestión eficaz del conocimiento existente en una empresa necesita del involucramiento de todo el personal. La metodología de capacitación-acción utilizará diversos mecanismos y procedimientos para asegurar que dicha participación sea creciente en el tiempo, efectiva y sostenida.

Las estrategias para introducir y afianzar dicha participación se adaptarán según las circunstancias y se aplicarán en función de las experiencias y del grado de participación de los trabajadores existentes en cada establecimiento.

La Sección 7.3 de este capítulo trata más en detalle este tema. Allí encontrará las razones por las que es importante involucrarlos y una secuencia de técnicas y procedimientos para lograr esa participación.

5. Destinatarios del programa de capacitación-acción

Los destinatarios directos del proceso de enseñanza-aprendizaje son, en general, los empresarios. Específicamente, tal como se señaló anteriormente, este programa trata de la capacitación de dueños o gerentes de empresas.

Debería preferirse, en primer lugar, el trabajo con ellos en vez de la capacitación de mandos intermedios por ser aquellos quienes cuentan con **poder de decisión para identificar, ejecutar y evaluar cambios** en las estructuras empresariales, en los organigramas de funcionamiento de los establecimientos y en los procesos productivos de la empresa que conduzcan a una mejor gestión de los conocimientos.

Esto no significa, sin embargo, que la capacitación se vea restringida exclusivamente a quienes tienen el poder de decisión dentro de la empresa. En la medida en que la gestión eficaz de los conocimientos se afiance en esos niveles, posteriormente se irá extendiendo hacia los demás, alcanzando finalmente a todo el personal.

6. Beneficiarios del programa de capacitación-acción

Los beneficiarios del programa de capacitación-acción son varios.

En primer lugar, son las propias empresas las que se benefician directamente de un programa de gestión del conocimiento, porque podrán observar un incremento de la eficiencia general de su desempeño productivo y económico.

Segundo, también se beneficia el personal, porque encontrará oportunidades para participar activamente en la gestión del conocimiento y podrá enriquecer y ampliar sus tareas, sintiéndose más satisfecho con su participación en la misma.

En tercer lugar, se beneficiarán los proveedores y clientes de las empresas cuyos directivos han sido capacitados en gestión del conocimiento, porque se facilitarán, entre otros aspectos de los procesos industriales, los procesos de compra de materias primas, materiales y servicios, las actividades de innovación y diseño de nuevos productos y servicios así como el cumplimiento de los plazos de entrega de los productos o servicios.

Finalmente, también la comunidad local que rodea a las empresas podrá apreciar un impacto en la calidad de vida de sus habitantes, porque es de donde provienen, en general, los trabajadores que se desempeñan en las empresas.

7. Materiales básicos y herramientas que constituyen los contenidos de los talleres de capacitación-acción

Los materiales básicos que componen la metodología de capacitación-acción se basan en el programa de los 12 puntos, que fue presentado en la Sección 7.1.

8. Promoción y gestión local del programa

En términos generales, el propósito general de un programa de gestión del conocimiento es contribuir en el desarrollo local de una comunidad enriqueciendo el capital humano de la misma en esa materia.

La aplicación sistemática de la metodología requiere de manera necesaria el involucramiento de instituciones locales. Estas instituciones locales serán las que, luego de una etapa promocional destinada a la introducción de la metodología, tendrán la responsabilidad de continuar organizando talleres de capacitación-acción y apoyar a la red local de empresas de manera sostenida.

El papel de esas instituciones locales es múltiple. Las actividades principales que se espera que desarrollen son las siguientes:

1. Ayudar a los formadores expertos en el conocimiento del mercado local de empresas, informando acerca de la cantidad de empresas existentes y los principales sectores productivos;

2. Colaborar en la organización de reuniones destinadas a promover el enfoque del programa;

3. Facilitar a los formadores expertos la identificación y selección de los profesionales locales que puedan calificarse como formadores nuevos;

4. Facilitar a los formadores expertos y a los nuevos en la etapa de reclutamiento el contacto con empresas y empresarios para que participen en los talleres y seminarios;

5. Contribuir en la planificación, organización y gestión de la red local de empresas, mediante la creación en

internet de un sitio institucional dedicado a la red y asignando un animador para mantener la red en funcionamiento.

Las instituciones potencialmente interesadas en la promoción de esta iniciativa pueden ser, en primer lugar, las organizaciones locales de empleadores tales como las federaciones de empresarios, las cámaras empresariales y las fundaciones privadas interesadas en el desarrollo local del sector privado.

También los gobiernos provinciales y los locales pueden desempeñar papeles importantes a través de sus ministerios, secretarías o direcciones que se ocupan de la promoción de la producción, de las agencias de desarrollo local y de los programas de cooperación técnica existentes en la localidad que brindan apoyo a los sectores productivos privados.

Un tercer tipo de instituciones que pueden involucrarse en estas iniciativas son las universidades y las instituciones de formación profesional locales, dado que muchas veces cuentan con institutos, departamentos, servicios o programas que llevan adelante investigaciones aplicadas en estos campos o que desarrollan actividades de asesoramiento al medio productivo local.

En algunos casos, toda la responsabilidad para el desarrollo de un programa local sobre gestión del conocimiento puede recaer sobre una sola institución. Esto puede ocurrir cuando se puede comprobar que ella cuenta con una capacidad suficiente de personal, recursos y relaciones fluidas con el medio productivo local y que le permiten disponer de una autonomía para captar, administrar y gestionar programas de capacitación-acción.

En otros casos resulta apropiado trabajar con dos o más instituciones locales, que puedan complementarse para ejecutar el programa. Para potenciar las acciones de esas instituciones, una estrategia que ha dado buenos resultados consiste en organizar y establecer una alianza estratégica entre las mismas.

Esa vinculación entre las instituciones integrantes de ese consorcio local se puede rubricar con sendos acuerdos entre ellas. Los acuerdos que se firman describen las obligaciones que se comprometen a asumir cada una. Contemplan las contribuciones de diversos tipos que las distintas instituciones pondrán a disposición del programa aportando los recursos que sean necesarios. Así, mientras unas pueden aportar personal, otras pueden contribuir con instalaciones, contactos u otras necesidades para llevar adelante el programa de capacitación-acción.

9. Agentes de cambio locales

De la misma manera que en el apartado anterior se sostiene que son las instituciones locales las que deben asumir un papel protagónico para la aplicación de la metodología, en éste cabe subrayar la relevancia del papel de los agentes locales. Existe una diversidad de profesionales y técnicos locales que pueden involucrarse en un programa de esta naturaleza.

En lo que se refiere a su formación académica, son varias las carreras universitarias o terciarias que pueden aportar profesionales que responden de manera apropiada a las necesidades del programa. Se puede señalar, entre otras, a la ingeniería industrial y a la ingeniería mecánica. Entre las licenciaturas, aquellas orientadas hacia la creación de empresas y administración de negocios también pueden contribuir de manera significativa con sus conocimientos. La formación académica –y sobre todo, la práctica profesional– en ergonomía, sociología o en psicología industrial son también disciplinas cuyos campos de conocimiento contienen conceptos apropiados y pertinentes que resultan útiles para un programa de gestión del conocimiento.

Sin embargo, más allá del título académico conque cuenten los candidatos a sumarse a esta iniciativa, resultan verdaderamente importantes otras características y competencias de los profesionales o técnicos que se involucren en este programa. Las más importantes que se pueden enunciar son las siguientes:

- Un manejo fluido de los conceptos, principios y temas técnicos propios de la metodología para la gestión de los conocimientos en las empresas;
- Vocación por la innovación y los procesos de cambio en las empresas;
- Interés y tiempo suficientes para dedicarse al programa;
- Un conocimiento avanzado del sector empresarial local;
- El talento necesario para el manejo de grupos humanos constituido por personas adultas acostumbradas a dar órdenes; y
- Una capacidad reconocida para el trabajo en equipo con otros profesionales.

Tales profesionales pueden provenir de las propias instituciones locales involucradas en el programa. Asimismo, pueden ser reclutados de empresas o servicios de consultoría locales, universidades u otras instituciones existentes, tales como colegios profesionales, centros de desarrollo industrial, programas destinados a promover la productividad, la calidad o la innovación u otras instituciones locales.

Dependiendo de donde provengan, la vinculación de esos profesionales locales con las instituciones organizadoras del programa de capacitación-acción puede establecerse de diferentes maneras. Si son empleados permanentes de tales instituciones, será suficiente la asignación de nuevas tareas que respondan a las necesidades del programa. Por el contrario, si no pertenecen a ellas, será necesario contratarlos por un periodo determinado. En este último caso, es necesario establecer de manera detallada los términos de referencia de los contratos.

Las funciones que podrán desempeñar los formadores locales en un programa de capacitación-acción son diversas. Algunos podrán desempeñar tareas de gestión del programa, supervisando la calidad del funcionamiento de las distintas etapas del mismo. Otros podrán ocuparse de las actividades de promoción del programa, desarrollando tareas para el reclutamiento de participantes. Asimismo, habrá quienes podrán desempeñarse como instructores o facilitadores en las distintas sesiones técnicas de capacitación. Finalmente, podrán asesorar a las empresas en las actividades concretas destinadas a crear los equipos internos en las empresas que promoverán la práctica de la gestión de conocimientos. Naturalmente, según las oportunidades locales existentes, la cantidad de formadores disponibles y calificados y la disponibilidad de tiempo, algunos de ellos podrán desempeñar distintas funciones –algunas simultáneamente– a lo largo del programa.

10. Etapas principales para la introducción de un programa de acción

La introducción de una metodología de capacitación-acción requiere la aplicación de un conjunto de etapas consecutivas. De manera resumida, los pasos principales que se deberían dar son los siguientes:

- Promoción del programa y de la metodología que se utilizará;
- Aplicación de la metodología mediante actividades de capacitación-acción;
- La evaluación de los resultados alcanzados; y
- La organización de acciones de seguimiento, multiplicación de actividades de capacitación y funcionamiento de una red de empresas.

A continuación se desarrolla de manera más detallada los pasos anteriores mediante una secuencia de siete etapas.

Etapa 1 - Promoción del programa de capacitación-acción

Esta primera etapa tiene varios propósitos. Ellos son:

- Exploración e identificación de una región de un país, una ciudad, agencias gubernamentales, instituciones privadas locales, programas de apoyo a empresas en ejecución existentes y sectores productivos potencialmente atractivos y potencialmente interesados para la introducción de la metodología;

- Organización de contactos y visitas a instituciones locales para contar con un conocimiento más cercano y más preciso de esos sectores y constatar de manera fehaciente el eventual interés en utilizar la metodología y sus capacidades reales para captarla;

- Realización de reuniones en la que se explican los contenidos y alcances del programa y de la metodología con representantes de las instituciones señaladas en el apartado 1.

- Distribución de folletos explicativos del programa y de la metodología;

- Eventualmente, organización de seminarios o talleres piloto demostrativos y breves para que las instituciones puedan apreciar las características principales de las actividades de capacitación ofrecidas;

- Selección de la o las instituciones locales de contraparte interesadas en captar la metodología y promoverla en su ámbito;

- Identificación de la o las instituciones de donde provendrán los profesionales locales que serán formados en la metodología;

- Negociación y firma de un acuerdo entre los expertos en la metodología y la o las instituciones locales de contraparte, en el que se establecen las obligaciones de ambas partes; y

- Promoción del programa, de la metodología y de los talleres de capacitación-acción en los medios de comunicación, locales y regionales.

En esta etapa el papel protagónico está a cargo de los formadores expertos en gestión del conocimiento. Intervendrán en el desarrollo de las actividades numeradas 1 a 7 y contribuirán, según sea necesario, en la redacción de los acuerdos que se firmarán entre las instituciones locales.

Etapa 2 - Formación de formadores locales

La aplicación del programa de capacitación-acción requiere, en primer lugar, la necesidad de contar con un equipo de profesionales locales que se deben formar en todos los aspectos de la misma.

El éxito de la continuidad de un programa de actividades basado en la metodología, una vez superada la etapa de su introducción en una comunidad, se sustenta en poder conformar un grupo de profesionales, establecidos en la localidad, y que estén dispuestos a replicar las actividades de capacitación de manera sistemática.

Los profesionales locales podrán provenir de diversas instituciones locales. Deberán participar en cursos específicos sobre gestión del conocimiento, destinados a calificarlos como especialistas en la metodología.

Para el desarrollo de esta etapa también deberán tener un papel protagónico los formadores expertos, pues son los que deberán estar a cargo de la capacitación de los formadores locales. No obstante, las instituciones locales deben desempeñar acciones estratégicas, tal como se detalló anteriormente en el apartado 8 de esta Guía.

Etapa 3 - Reclutamiento de participantes

Esta etapa comienza una vez que se ha logrado establecer quién o quienes son las instituciones locales que gestionarán la metodología de capacitación-acción y que se cuente con un grupo de formadores locales entrenados en los diferentes aspectos de la misma.

El reclutamiento estará a cargo de los formadores locales, quienes podrán visitar a las empresas que hayan dado muestras de interés en el tema de gestión del conocimiento. Los formadores locales podrán entregar folletos descriptivos de los talleres de capacitación-acción, aclarar todas las dudas que puedan tener los empresarios y concretar su inscripción para participar en los talleres.

Esta actividad debería estar precedida y acompañada por una campaña de promoción de los talleres de capacitación-acción, que debería estar a cargo de las instituciones locales organizadoras, tal como se describe en la Etapa 1 anterior.

Etapa 4 – Actividades de capacitación-acción

Esta etapa del programa está centrada específicamente en el desarrollo de actividades de enseñanza y aprendizaje destinadas a lograr que los participantes inscriptos en los talleres alcancen un nivel de competencias tal que les permita tomar un conjunto de decisiones necesarias para lograr los cambios que permitan una mejor gestión del conocimiento en sus empresas.

Esta etapa consta de una serie de sesiones técnicas de trabajo grupal —organizadas mediante un cronograma de reuniones— que tiene como propósito introducir de manera organizada el conjunto de saberes necesarios para lograr una introducción sistemática de los cambios.

La duración de esta etapa dependerá de las características de las oportunidades existentes que permitan organizar talleres de capacitación de distinta extensión.

Una de las actividades importantes que debería desarrollarse en esta etapa es dar inicio a la construcción de la futura red de empresas locales interesadas en la gestión de sus conocimientos. Deberían explicarse las ventajas y los beneficios de contar con una red de articulación y comunicación entre las empresas en materia de gestión del conocimiento.

Etapa 5 - Implementación de cambios

Esta etapa, en realidad, consiste en un proceso de cambios o mejoras que comienza a desarrollarse de manera sistemática en las empresas a partir del momento en que los participantes del taller han comprendido las ventajas de mejorar la gestión del conocimiento en sus establecimientos y que han identificado uno o dos problemas que pueden ser resueltos de manera inmediata.

Tal como se señala en el Apartado 4 de esta Guía, el Principio 2 de la metodología requiere la realización de intervenciones concretas destinadas a incorporar modificaciones en los procedimientos internos de las empresas que favorezcan un mejor aprovechamiento de los conocimientos.

Una actividad que resulta imprescindible desde ese momento en adelante, es el registro de los cambios que se han implementado en cada una de las empresas. Será necesario utilizar planillas o formularios diseñados a tal fin y que se registrarán en una base de datos. Para valorar el impacto de los cambios, se debería registrar los beneficios alcanzados por los cambios, que se podrán describir y cuantificar según la naturaleza y el impacto de las mejoras realizadas.

Etapa 6 – Organización de actividades de seguimiento

Esta etapa es crucial para la continuidad de las actividades del programa y para sostener y alentar la realización de nuevas y más acciones concretas de mejoras en la gestión de los conocimientos en las empresas.

A esta altura del desarrollo del programa ya se conocerá a la o las instituciones locales interesadas y comprometidas en llevar adelante el programa. También habrán quedado identificados los principales formadores locales suficientemente motivados para mantener contactos con y entre las empresas. De la misma manera, se podrán conocer cuáles son las empresas y sus dirigentes o profesionales más motivados por el tema.

Será necesario elaborar un programa de actividades que aseguren la supervivencia del programa, sean de promoción, de capacitación y/o de asesoramiento a las empresas. Tales actividades deberían involucrar a todos los interesados, tratando de encontrar funciones y responsables para las diferentes tareas.

Una dimensión importante de esta etapa que, por cierto, podría iniciarse incluso en la etapa anterior, es la difusión de los resultados alcanzados por el programa. Establecer contactos con los medios locales de prensa, radio y televisión es un camino que suele dar buenos resultados. Sin embargo, requerirá por parte de las instituciones organizadoras la preparación de notas, comunicados y boletines de prensa que describan los logros del programa. Esos documentos breves y bien redactados facilitan la tarea de los periodistas y son siempre bien recibidos.

Etapa 7 – Funcionamiento de una red de empresas

La configuración de una red de empresas interesadas y activas en mejorar la gestión de sus conocimientos comienza, en realidad, desde el momento en que se ha organizado el primer taller de capacitación-acción. Ese primer agrupamiento de empresas constituye, potencialmente, la base sobre la cual se podrá comenzar a edificar la futura red de empresas.

El trabajo que se realice en las etapas anteriores permitirá comenzar a darle forma a la red. Esas actividades preparatorias incluyen, entre otras, las siguientes acciones:

- disponer de una lista con los nombres de las empresas y de los participantes;
- incorporar esa información en una base de datos;
- agregar una descripción de las mejoras realizadas en las empresas en materia de gestión del conocimiento;
- crear un sitio en internet con esa información; y
- elaborar un registro de personas que pueden consultarlo.

Debe tenerse especial cuidado de evitar la incorporación en la base de datos de información que cada empresa pueda considerar que es de carácter confidencial.

Una función esencial que debe crearse para asegurar el funcionamiento eficaz de la red es la designación de una persona responsable que la administre, anime y actualice.

11. Indicadores de avance de un programa de capacitación-acción

Los indicadores que muestran el progreso de un programa pueden ser de naturaleza objetiva, tales como índices o números que señalan cantidades, o bien pueden ser subjetivos, es decir, que permiten recoger testimonios, opiniones, apreciaciones e imágenes que son suministrados por los diferentes actores que intervienen en él.

Entre los primeros, los más comunes que es posible mencionar son los que indican el número de talleres organizados, la cantidad de participantes que concurrieron y las cifras que señalan los cambios innovadores realizados en gestión de los conocimientos. Este tipo de indicadores se puede asociar a la capacidad de gerenciamiento de las instituciones organizadoras y de los formadores locales. Muestran el grado de eficacia del desempeño real de esas instituciones y actores en la captación y aplicación de la metodología de capacitación-acción en una localidad determinada.

Además, dentro de la misma categoría, cabe señalar los indicadores que muestran el impacto de la gestión de los conocimientos en las empresas. En este campo, se pueden mencionar, entre otros, los siguientes:

- los registros de los porcentuales de ahorro en la utilización de materias primas,
- la tasa de disminución de los tiempos de procesamiento de los productos o servicios;
- la cantidad de información esencial recuperada para ser aplicada en nuevos programas y que se encontraba perdida o desaprovechada,
- el aprovechamiento más efectivo del tiempo de trabajo medido en unidades de tiempo;
- los porcentajes de incremento de la productividad observados en los diferentes factores que intervienen en los procesos productivos;

- el rendimiento en términos de cantidad de ideas innovadoras concebidas por los grupos o equipos internos creados en las empresas y que asumieron la responsabilidad de gestionar mejor los conocimientos existentes.
- el incremento de la calidad.
- Innovaciones introducidas en productos, servicios y procesos.
- Mejoramiento de la polivalencia y del nivel de competencias de los colaboradores.

Esos indicadores y otros miden la eficacia de la aplicación de los contenidos de la metodología de capacitación-acción en cada uno de los establecimientos.

Los indicadores subjetivos, relacionados con el mundo de la valoración que manifiestan las personas, pueden tomar la forma del grado de satisfacción por el progreso alcanzado, y de las opiniones de funcionarios de las instituciones locales involucradas, representantes del gobierno local, empresarios, profesionales y trabajadores. Todos esos indicadores constituyen una dimensión importante de los logros del programa y que también deben ser tenidos muy en cuenta.

El registro de ambos tipos de indicadores –sean objetivos o subjetivos– requiere el diseño de herramientas apropiadas para dejar constancia de ellos. Será necesario diseñar planillas y organizar archivos, utilizando preferiblemente los recursos que provee la informática. Las planillas –que pueden tomar la forma de tablas o cuadros– deberían actualizarse de manera periódica. Los testimonios y declaraciones orales podrán grabarse y publicarse. Las imágenes podrán registrarse, publicarse y archivarse. Dependiendo de la naturaleza de los indicadores, esa frecuencia podría ser diaria, semanal, mensual o anual.

En todos los casos, para disponer de una idea global de la calidad general del programa local para el mejoramiento de la gestión de los conocimientos en las empresas y de los resultados que ha sido capaz de lograr, resulta recomendable utilizar una combinación equilibrada de indicadores subjetivos y objetivos.

12. Resultados del programa de capacitación-acción

Un programa destinado a aprovechar de manera sistemática los conocimientos existentes en cada empresa genera resultados desde el momento en que se comienzan a dar los primeros pasos del programa. El aprovechamiento inteligente de esos logros requiere, en primer lugar, que las instituciones organizadoras tracen y cuenten con una política que aliente el desarrollo de actividades de información, comunicación y promoción desde su inicio. Esa política debería facilitar el diseño de acciones que vuelquen información de las actividades vinculadas con capacitación-acción tanto dentro del programa como fuera de él.

Dentro de las actividades de información destinadas a la comunicación pública, pueden citarse la difusión de la firma de los acuerdos interinstitucionales que dan origen al consorcio local de instituciones que cooperarán en el desarrollo del programa. El inicio del primer seminario también podría ser motivo de una comunicación destinada a la comunidad local. Desde esta perspectiva, las actividades de capacitación que sigan a la primera también podrían ser comunicadas.

Los logros del programa que resultan más atractivos para la comunicación pública son, indudablemente, los alcanzados en las empresas en materia de calidad, productividad y competitividad que se han conseguido como consecuencia de la aplicación del programa de capacitación-acción. Esos logros podrán ser comunicados en los boletines periódicos de las instituciones, mediante comunicados de prensa, en entrevistas y declaraciones de los organizadores a los medios de prensa locales y de otras maneras similares.

La difusión de esos resultados en los medios de información pública locales coadyuvará para la continuidad del programa de diversas maneras. Podrá, por ejemplo, servir para facilitar la captación de nuevas empresas interesadas en recibir capacitación en gestión de los conocimientos y, por lo tanto, para organizar nuevos talleres. Podrá, asimismo, alentar la incorporación en el consorcio existente de nuevas instituciones locales o regionales interesadas por el programa.

Más allá de las ventajas que reporta la comunicación pública del programa, lo que es sustantivo para su continuidad es la difusión de los resultados al interior del mismo. En apartados anteriores ya se ha hecho referencia a dos mecanismos esenciales: (i) la configuración de una base de datos con ejemplos de mejoras en la gestión de los conocimientos y (ii) el funcionamiento de una red de empresas. Ambas iniciativas son estratégicas para la vida y la supervivencia del programa.

Cabe ahora dedicar unas palabras finales con referencia a los beneficios que pueden lograr las empresas gracias a las decisiones que se tomaron en ellas en materia de una gestión más eficaz de los conocimientos derivada del programa de capacitación-acción.

En el comienzo de esta Guía se subrayó que las empresas lograrían mejorar su desempeño, incrementar su productividad y mejorar su competitividad en el mercado. Las mejoras realizadas en materia de gestión de los conocimientos y que tienen un impacto en la calidad de los productos y de los servicios que ofrecen a sus clientes normalmente se traduce en un aumento de su participación en el mercado.

Un resultado esperable, entonces, es que logren afianzarse en el mercado, puedan crecer en materia de madurez empresarial, logren un mayor involucramiento de todos los trabajadores para el desarrollo de la empresa y sean más sólidas para defenderse de los desafíos que les plantea la globalización de la economía.

Otro resultado interesante es que serán más prósperas y que, por lo tanto, podrá satisfacer mejor las aspiraciones económicas de sus socios y también las expectativas de desarrollo personal, estabilidad en el empleo y ofrecer una mejor remuneración para todos sus trabajadores.

7.3 CÓMO LOGRAR UN INVOLUCRAMIENTO MÁS EFECTIVO DE LOS TRABAJADORES[169]. POR JUAN CARLOS HIBA

El personal de su empresa es clave para asegurar el funcionamiento eficaz de un sistema de gestión de los conocimientos. Las formas y las modalidades que se pueden practicar para lograr su participación son variadas. Pueden incluir la provisión de información, la consulta, la negociación o la creación de órganos o equipos conjuntos basados en la cooperación amplia entre la gerencia y los trabajadores. El tipo y grado de involucramiento que se puede poner en práctica dependerá de las circunstancias particulares de cada empresa.

Es posible que usted haya tomado la decisión de contar con una empresa en la que todos los trabajadores se sientan más comprometidos con ella, pero que todavía tenga dudas acerca de si el camino apropiado para lograr esa meta es mediante el involucramiento de sus trabajadores. Si ése es su caso, le explicaremos porqué debe involucrarse a los trabajadores. Ese camino tiene varias ventajas porque:

- Si los trabajadores tienen una buena comprensión del funcionamiento general de la empresa y de los sistemas y métodos de trabajo, existirá un **mayor grado de compromiso y motivación** y, por lo tanto, una mayor productividad;
- es más probable que den su apoyo a las ideas innovadoras para resolver problemas que **provengan de ellos mismos**;
- cuentan con **información valiosa** para superar inconvenientes relacionados tanto con el desarrollo de pro-

---

169 Esta sección es una adaptación resumida del Capítulo 10 del libro *"¿Cómo mejorar las condiciones de trabajo y la productividad en la industria de confecciones? – Guía para la acción."*, Juan Carlos Hiba. OIT. Lima. 2001.

ductos como con la producción de los mismos, la cual será apreciada por usted; y

- la participación de los trabajadores puede fomentar una **actitud de mayor cooperación** entre la gerencia y el personal y también entre los propios trabajadores.

El involucramiento activo de los trabajadores en la marcha de la empresa disminuye la rotación del personal, el ausentismo, los accidentes del trabajo, pudiendo disminuir la tensión y la fatiga y la aparición de conflictos en el lugar de trabajo.

Los procedimientos que se pueden utilizar para involucrarlos son diversos y dependerán del grado de participación existente en una empresa. Es probable que usted ya esté practicando alguna forma de involucramiento de los trabajadores. Ninguna empresa puede operar sin un flujo de información entre la gerencia y los trabajadores y entre los trabajadores. Es posible, además, que en su empresa ya se hayan constituido grupos de trabajo operativos, sea para resolver problemas específicos, facilitar la producción o para introducir cambios en los procesos de trabajo. Quizá, también, usted haya organizado reuniones de trabajo para informar acerca de la marcha de la empresa, para analizar algunos problemas de calidad de los productos o servicios o para tratar otras cuestiones inherentes a los procesos productivos.

A partir de la realidad existente en su empresa en relación con el tipo, frecuencia y naturaleza de los contactos que usted acostumbra a mantener con los trabajadores, podrá determinar dónde está posicionada su organización en términos del involucramiento actual de los trabajadores. Podrá, asimismo, identificar cómo éste podría desarrollarse más en el futuro, a la luz de su experiencia personal, de la aceptación de la idea por los trabajadores y de los problemas reales que usted quisiera resolver.

A continuación le ofrecemos una secuencia de diez recursos que se pueden utilizar para movilizar a los trabajadores en la gestión de los conocimientos.

1. Proporcione amplia información sobre su empresa, abriendo canales sencillos de comunicación con los trabajadores.

Un primer paso práctico es proporcionar información sobre la empresa. La información puede ayudar a confirmar, o negar, datos o comentarios que estén circulando extraoficialmente sobre el estado de la empresa. La información puede incluir buenas o malas noticias y quizá puede ser sabio comunicar ambas.

Para difundir la información puede preparar y exhibir carteles, imprimir y entregar comunicados o reunir a los trabajadores en algún momento de la jornada de trabajo. Todos esos mecanismos son útiles, pero las reuniones con el personal son más eficaces, porque permiten el diálogo.

2. Cree las condiciones para la participación, buscando y obteniendo la cooperación y el acuerdo para los cambios planeados.

Un segundo paso que puede resultar apropiado es consultar con todos aquellos que deberían estar involucrados en el proceso que usted quiere instaurar en materia de gestión de los conocimientos. Será necesario explicarles las mejoras que se quieren introducir. Durante la reunión es importante garantizar que ninguna decisión será implementada antes de completar el "procedimiento de involucramiento" que se utilizará. Converse y aclare los cambios secundarios que pueden ser necesarios, en términos de nuevas responsabilidades y funciones que pueden ser necesarias. Invítelos a que hagan comentarios y aporten ideas sobre los cambios esperados.

Si los trabajadores de su empresa están afiliados a un sindicato o a otra forma de representación legal, resulta importante involucrar a esas agrupaciones en el proceso de desarrollo e implementación del cambio. Su cooperación es un factor importante en las soluciones mutuamente acordadas.

3. Permita a sus trabajadores evaluar el estado de la gestión de los conocimientos, aliéntelos a que expresen sus ideas y facilíteles la oportunidad de participar en la solución de los problemas.

Una vez que usted haya logrado poner en marcha un sistema de información dinámico, verá que se habrá creado un clima laboral más amistoso y positivo. Puede ser la oportunidad para dar un paso adelante en el proceso de mejorar la gestión de los conocimientos.

Usted conoce mucho de su empresa. Sin embargo, a pesar de las horas que usted permanece en ella, le resulta difícil conocer en detalle el conjunto de problemas o dificultades cotidianos que forman parte de los procesos productivos. Los trabajadores, por el contrario, están en condiciones de identificar – y muchas veces, sufrir – las consecuencias de esos problemas. Puede ser oportuno darles la posibilidad de que se familiaricen y utilicen la herramienta para diagnosticar el estado de situación de sus puestos de trabajo, o de su sector o departamento en materia de gestión de los conocimientos. Si es necesario, adapte el contenido de esa herramienta para facilitar su utilización por los trabajadores. Con las planillas rellenadas por los trabajadores, reúnase con ellos y analice los resultados.

Si tuvieran dificultades o fueran renuentes para utilizar esas planillas, usted puede comenzar dialogando con ellos. Invítelos a que brinden sus opiniones francas acerca de los problemas más frecuentes que encuentran en el desempeño de sus tareas y que obstruyen el flujo de la información.

4. Implante pequeños cambios en la gestión de los conocimientos, respondiendo inmediatamente a las ideas de los trabajadores.

Una vez que usted haya identificado algunos problemas que puedan ser resueltos, es importante que realice los cambios que son necesarios para resolverlos. Si las ideas provinieron de sus trabajadores, tanto mejor.

No olvide agradecerles su cooperación y de informarles que, una vez esas propuestas hayan sido analizadas y valoradas, pondrá en marcha esos cambios. Pídales, además, que se ocupen de asegurar que esos cambios se mantengan en el tiempo.

5. Prepare un equipo de trabajadores que vaya asumiendo responsabilidades para la gestión de los conocimientos.

Una vez que usted haya ejecutado algunas mejoras piloto y que ellas hayan dado el resultado que usted y sus trabajadores esperaban, un paso importante que es posible dar es conformar un equipo pequeño pero estable de trabajadores. Tendrá que seleccionar a los más motivados por el tema, encontrar un lugar para las reuniones, establecer un horario de trabajo y facilitarles materiales para llevar un registro de los problemas que analicen y de las soluciones que encuentren.

Naturalmente, usted debería participar en esas reuniones, observando el desempeño de los trabajadores, anotando las ideas que surgen y trazando un plan, en función de su factibilidad, para su implementación.

6. Amplíe el equipo inicial, buscando y obteniendo el compromiso de otros trabajadores.

Según el ritmo de trabajo, la cantidad de problemas resueltos por el equipo inicial y la consolidación del mismo, usted podría invitar a otros trabajadores a integrarse al proceso de mejoramiento de la gestión de los conocimientos. Si fuera posible, trate de que los mismos trabajadores inviten a otros a participar.

Llegado el caso, podría conformar dos equipos que se ocupen de abordar y superar problemas distintos.

Si todo marcha bien, usted ya puede empezar a pensar que su empresa está comenzando a ser cada vez más inteligente porque los conocimientos existentes están siendo cada vez más aprovechados en beneficio del emprendimiento y también de su personal.

7. Proporcione una formación profesional apropiada en gestión de los conocimientos, reteniendo y atrayendo a los mejores trabajadores.

Los propietarios o los gerentes como usted conocen acerca de todas las cuestiones de la empresa. Su experiencia, competencias y conocimientos le permiten abordar y resolver muchos de los problemas de su establecimiento. Si los trabajadores tuvieran la oportunidad de calificarse cada vez más, ellos también podrían ocuparse de resolver problemas más complejos y de tomar decisiones más importantes. De esa manera, usted podría disponer de más tiempo liberado de los incidentes cotidianos y concentrarse en las cuestiones más estratégicas de su empresa.

Capacitando a los trabajadores en cómo gestionar mejor el conocimiento existente en la empresa hará que dispongan de más recursos y habilidades para resolver esos problemas cotidianos. Los primeros que podrían recibir esa capacitación sistemática deberían ser los miembros del equipo que ya se ocupa de la gestión de los conocimientos. Esa capacitación podría alcanzar también a otros equipos o grupos de trabajo que operan de manera conjunta, cualquiera sea el campo de sus responsabilidades: compras, ventas, mantenimiento, desarrollo de productos, seguridad y salud en el trabajo, producción, servicios administrativos u otros.

8. Enriquezca las tareas de los trabajadores, asignándoles cada vez más responsabilidades y un papel significativo en los procesos de gestión de los conocimientos, innovación y producción.

Así como usted está dispuesto a adquirir nuevos conocimientos todos los días, lo mismo le sucede a los trabajadores. Si aceptamos que de cada puesto de trabajo esperamos el mejor desempeño, deberíamos analizar la o las tareas que se realizan en cada uno de ellos. Si en algunos puestos la tarea que llevan a cabo los trabajadores es una sola, breve e incluye pocas operaciones, la consecuencia natural será una rutina insoportable. Esa rutina puede llevar a distracciones, aburrimiento y eventualmente puede conducir a la aparición de errores que podrán costar lesiones personales y pérdida de materias primas, así como tener consecuencias negativas sobre la productividad o afectar de otra manera a la producción y a la calidad de los productos o servicios.

Es necesario enriquecer las tareas de los trabajadores, evitando la realización de trabajos repetitivos y aburridos. Ellos deberían adquirir conocimientos de manera que sean polifuncionales y que sepan cómo desenvolverse con eficacia y seguridad en distintos puestos de trabajo. Ponga a disposición de ellos oportunidades para que crezcan en conocimientos, fomente que tomen cursos para aprender nuevos conocimientos, aliente a quienes tienen más experiencia para que enseñen a otros trabajadores. Involucre a los más creativos en tareas de desarrollo de productos y de mejoramiento de los procesos de trabajo. Promueva el libre flujo de conocimientos entre ellos.

9. Para mejorar aún más la eficiencia de la gestión de los conocimientos, organice a todos los trabajadores en equipos semi-autónomos o autónomos.

Dependiendo del tamaño de su empresa, de la evolución del proceso de gestión de los conocimientos en ella y del grado de involucramiento de los trabajadores que usted vaya consiguiendo, una empresa madura e inteligente es capaz de crear y mantener grupos de trabajadores que se desempeñan de manera autónoma. Alcanzar ese estadio de desarrollo organizacional no es sencillo, sobre todo si usted ha comenzado recientemente a movilizar la cuestión de la gestión de los conocimientos.

El funcionamiento de los procesos de trabajo en su empresa mediante equipos semiautónomos o autónomos requiere transferir a sus integrantes una capacidad de toma de decisiones, de gestión para las tareas y de resolución de problemas que es muy importante. Dependiendo de la naturaleza de la rama productiva o de servicios de su empresa, usted debería regular el ritmo conque va creando tales grupos. Naturalmente, también debería evaluar periódicamente los resultados del funcionamiento de los grupos. Esa cuestión es la que se trata en el apartado siguiente.

10. Controle, evalúe y revise periódicamente el proceso

A pesar de que usted ya ha realizado muchas acciones destinadas a mejorar la gestión de los conocimientos en su empresa, lamentablemente no puede sentarse a esperar que los buenos resultados le lleguen. Necesitará controlar en forma continuada si su empresa y sus trabajadores se van desempeñando tal como usted desearía.

Si su empresa está en los primeros estadios de la puesta en marcha de un programa de gestión de los conocimientos, pregúntese (i) si se transmite la información en forma más precisa y más rápidamente, (ii) si se identifican problemas y se analizan temas cuya discusión fue evitada anteriormente; y (iii) si aportan los trabajadores propuestas constructivas.

En un nivel de desarrollo más avanzado de la gestión de los conocimientos, usted debería evaluar periódicamente el desempeño del o de los equipos que se ocupan de esos temas. Los indicadores que puede utilizar han sido presentados anteriormente, en el apartado 11 de la Guía que se incluye en la Sección 7.2 de este capítulo.

En síntesis, llegar a contar con la cooperación de todos los trabajadores de un establecimiento para mejorar la gestión de los conocimientos es muy beneficioso para cualquier empresa. Para alcanzar ese nivel de participación en primer lugar usted debería tener en cuenta estos pasos básicos:

- Decida usted si desea lograr una organización en la que todos sus integrantes estén más comprometidos para la gestión de los conocimientos;
- Verifique si está convencido acerca del involucramiento de los trabajadores;
- Elija el momento adecuado para empezar;
- Seleccione el camino más adecuado que utilizará; y
- Sea persistente. La constancia es más importante que la suerte para alcanzar una más alta competitividad en su empresa.

Apéndice

A - Breve diagnóstico.
Las empresas en la competencia de saber

El lector puede clasificar, de acuerdo a su juicio, la posición de su empresa u organización en la competencia de saber entre los dos polos representados por la "empresa inteligente" y la "empresa insensible respecto a los conocimientos".

Para los estudiantes puede ser la universidad, el departamento o el trabajo en equipo con los compañeros.

Un buen principio para sensibilizar es también copiar y repartir esta encuesta entre el grupo de compañeros para discutir los resultados:

- ¿Cómo han resultado de diferentes las clasificaciones?
- ¿Dónde difieren sobre todo las evaluaciones?
- ¿Dónde vemos el mayor obstáculo en el camino hacia una empresa inteligente y qué medidas pueden ya, con bajo costo, llevarnos a una considerable mejora?
- ¿Qué puede aportar cada uno de nosotros para que los conocimientos sean compartidos en la empresa y de ellos organizar y desarrollar aquellos que son los más adecuados?

Empresa insensible respecto a los conocimientos	1	2	3	4	5	Empresa orientada a los conocimientos
Nuestros mercados						
Mercados poco diferenciados						Las necesidades de los clientes son muy diferenciadas
Se ofrecen productos estándar						Caída de precios para los productos estándar, el mercado remunera las "soluciones complejas y completas"
Baja velocidad de innovación y largos ciclos de vida del producto						Alta velocidad de innovación y cortos ciclos de vida
Nuestras soluciones para los problemas de los clientes						
Trabajo y capital intensivos						Conocimiento intensivo
Fácilmente imitable						Difícilmente imitable
Sustituible						Actualmente no sustituible
Se tienen grandes problemas en la generación de nuevos campos de negocio						Se generan nuevos campos de negocio y productos de forma más efectiva que la competencia
Nuestros inversores						
Existe interés en la rentabilidad a corto plazo						Existe interés en un aumento continuo del valor de la empresa

Empresa insensible respecto a los conocimientos	1	2	3	4	5	Empresa orientada a los conocimientos
			Saber y aprender			
Se trata a la información como cono-cimientos						Los conocimientos se desarrollan a partir de las informaciones
Se aprende lentamente de otras empresas						Se aprende rápidamente de otras empresas
Se transfieren escasos o inefectivos conocimientos en la organización						El conocimiento es transferido en forma efectiva en la organización
No existe la transparencia del cono-cimiento						Se crea transparencia por medio de las páginas amarillas, mapas de conocimientos, destrezas y perfiles
Se hace muy poco para proteger el conocimiento						Se protege en forma sistemática la posible pérdida del conocimiento
Se teme subrayar a las mejores prácticas y el rol de los expertos						Se subraya a las mejores prácticas y el rol de los expertos
Formación y perfeccionamiento dirigidos a procesos de aprendizaje individuales y no colectivos						Se practica la formación y el perfecciona-miento del trabajo en equipo por encima de las unidades comerciales
Los trabajadores son „mandados" a perfeccionarse						Los trabajadores dirigen sus propios procesos de aprendizaje
No hay interlocutor para tratar la estructuración y transferencia del cono-cimiento						La estructuración y transferencia del cono-cimiento es activamente acompañada en forma responsable
Cuenta con grupos de intercambio de experiencias ineficientes						Se fomenta la interconexión de redes y la transferencia de *know-how* y prácticas comunitarias
No existen proyectos cooperativos						Se fomenta los proyectos cooperativos

Empresa insensible respecto a los conocimientos	1	2	3	4	5	Empresa orientada a los conocimientos
			Saber y aprender			
No existe el benchmarking sistemático y abiertos						El benchmarking (interno y externo) subraya las mejores prácticas diferenciadas
Las oficinas y los espacios sociales delimitan la comunicación						Las oficinas y los espacios sociales fomentan el trabajo en equipo
			Condiciones organizacionales marco			
Los valores existentes en la organización fomentan la desconfianza, el escepticismo frente a las innovaciones y el excesivo formalismo						Los valores existentes en la organización fomentan la confianza, la apertura mental frente a las innovaciones, la autenticidad y los contactos informales
El modelo empresarial no contiene ninguna referencia a los conocimientos						El modelo empresarial enfatiza el significado de los conocimientos para el éxito empresarial
Los principios directivos y los sistemas de incentivos están dirigidos a los rendimientos individuales o de las unidades individuales						Los principios directivos y los sistemas de incentivos acoplan los rendimientos individuales y la contribución al éxito conjunto de la empresa
Ningún indicador para la estructuración y transferencia de conocimientos						Los indicadores miden la estructuración y transferencia de conocimientos referente a los objetivos comerciales

Tecnología de la información y la comunicación

Empresa insensible respecto a los conocimientos	1	2	3	4	5	Empresa orientada a los conocimientos
El sistema no está a disposición de todos los trabajadores						El sistema conecta a todos los miembros de la organización
El sistema se orienta solamente para uso interno						El sistema pone en contacto a clientes relevantes, proveedores y otros soportes externos del conocimiento
Las informaciones almacenadas son incompletas y sin actualizar						Se tiene acceso en cualquier momento a informaciones completas y actualizadas
Existen diversas soluciones tipo islas en la configuración del sistema lo que dificulta su interconección						Se dispone de una plataforma integrada que posibilita el acceso a informaciones relevantes sobre las unidades de negocio
No existen redes de apoyo a los foros de discusión						Los foros de discusión in Intranet son muy útiles para la transferencia del conocimiento
Los sistemas existentes son poco amigables por lo que no son aceptados por los trabajadores						Los sistemas son amigables y son intensivamente utilizados por los trabajadores

B - Verificación de la cultura empresarial

La cultura de la empresa deberá activar sus recursos y comprometer al trabajador con su productividad. ¿Puede funcionar esto en su empresa? Una primera orientación la ofrece el siguiente test. Las preguntas fueron desarrolladas para la publicación Impulse, por el Psicólogo Oliver Mühlhaus de la Universidad de Bochum. A esta encuesta, aplicable a PyMES, se la suele denominar Registro de las Necesidades de Información (RNI para entrevistas internas).

Encuesta para determinar las necesidades de información del trabajador

Nota: Cuando usted no esté seguro de su respuesta, en principio registre solamente cero puntos.

1. **¿Cómo experimenta el trabajador lo más importante?**
   - Informalmente   0
   - Por vía oficial   4
   - Por medio del grupo de trabajo   2

2. **¿Se dieron a conocer los antecedentes del personal ejecutivo?**
   - Afirmativo, en todos los casos   4
   - Probablemente   0
   - Algunos en mayor medida y otros en menor   2

3. **¿Advierten los colaboradores que los problemas son solucionados más rápidamente?**
   - Tan bien como siempre   4
   - Probablemente   2
   - Por lo general raramente   0

4. **¿Se suelen aplicar los cambios de acuerdo a los objetivos ambicionados?**
   - Dependen fuertemente del tema y del grupo   2
   - En general, no   0
   - Sí, en cada caso   4

5. **¿Cuán rápido pueden los nuevos trabajadores tomar responsabilidades?**

- Muy rápidamente   4
- Depende de cada superior   4
- Después de un largo tiempo   2

6. **¿Con qué frecuencia se informa y comunica en la empresa?**

- Bastante a menudo   4
- Es diferente según el departamento   2
- Muy raramente   0

7. **¿Cómo evalúa el trabajador la relación con sus superiores?**

- Por lo general, buena   4
- Es diferente según el superior   2
- Por lo general, no muy buena   0

8. **¿Están orgullosos los empleados por pertenecer a la empresa?**

- Sí, casi todos   4
- Depende de cada situación   2
- Por lo general, no   0

9. **¿Es beneficioso para el trabajador tener un buen rendimiento con la empresa?**

- Depende de cada situación   2
- Sí, en casi todos los casos   4
- El rendimiento puede resultar insuficiente   0

10. **¿Cuán a menudo y en qué forma mantienen los trabajadores su interrelación?**

- Escasamente y con mucho recelo   0
- Se diferencia según el tema y el área que se trate2
- Frecuentemente y en forma correcta   4

11. **¿Cuán en claro tienen los trabajadores sus objetivos de trabajo?**

- Por lo general bien en claro   4
- Depende de la gestión y del área   2
- Por lo general poco claros   0

2. ¿Se evidencia a la empresa como "un sentimiento de cosa nuestra"?

- Poco o casi nada — 0
- Sí, en todos lados — 4
- Solo parcialmente — 2

Puntos totales

Evaluación

Sume todos los puntos. Para asegurar mejor los resultados de este test se deberá comparar los resultados con los obtenidos por otros jefes y trabajadores. Con los puntos totales se pueden percibir las diferencias existentes en la cultura de esa empresa entre personas y secciones o departamentos.

Rango de resultados

Desde 0 hasta 22 puntos

O bien usted se siente con frecuencia inseguro o la cultura de su empresa es poco atractiva. Recomendación: Realice un análisis de fortalezas y debilidades para las áreas individuales de su empresa, preferiblemente con ayuda de asesoramiento externo. Posteriormente estructure y configure su objetivo de cultura empresaria.

Desde 24 hasta 34 puntos

Para usted existen "luces y sombras". Realice un análisis preciso en todas las áreas. Busque una ayuda externa para sus necesidades. Punto de aplicación: Reconocer y fijar los puntos débiles, pero a su vez es necesario estructurar los puntos fuertes y sus utilidades. Permítase aprender mediante un *benchmarking* de aquellos departamentos "buenos" de la empresa. Sea cuidadoso: Tenga en cuenta que inclusive las buenas recetas no son adaptables a cada departamento.

Desde 36 hasta 48 puntos

La cultura de su empresa le permite emplear su talento en forma inteligente. Clave: Realice el *marketing* hacia adentro y hacia fuera. En el caso que sus fortalezas hayan sido mantenidas objetivamente, las mismas hablan muy bien de usted. La cultura es muy buena, no obstante la misma debe continuar su desarrollo, para lo cual es necesario analizar las fortalezas para que actúe en consecuencia para su reestructuración.

Bibliografía

ACHTENHAGEN, L./WAGNER, M., 1998, Wissensmanagement in multinationalen Unternehmen: Eine Herausforderung für die Hapf AG; in IO-Management, Nr. 12: 78-81.

ADLER, P. S./COLE, R. E., 1993, Designed for learning: A tale of two auto plants; Sloan Management Review, Spring: 85-94.

ALBRECHT, F., 1993, Strategisches Management der Unternehmensressource Wissen; Frankfurt: Lang

ANTONI, C.H./SOMMERLATTE, T.(Hrsg.), 1999, Report Wissensmanagement – Wie deutsche Firmen ihr Wissen profitabel machen; Düsseldorf: Symposion publishing (www.symposion.de/wissen/).

APQC (AMERICAN PRODUCTIVITY AND QUALITY CENTER), 1996, Knowledge Management - Consortium benchmarking study; Final Report Houston: APQC.

ARTHUR D. LITTLE (HRSG.), 1996, Management in vernetzten Unternehmen; Wiesbaden: Gabler.

1998, Knowledge Managment: reaping the benefits; Prism (ADC), Second Quarter 98.

BACH, V. ET AL, 2000, Business Knowledge Management in der Praxis; Berlin: Springer.

BADDRACCO, J. L., 1991, The knowledge link: How firms compete through strategic alliances; Boston (Mass.): Harvard Business School Press.

BARNEY, J., 1992, Integrating organizational behavior and strategy formulation research; Advances in Strategic Management (8): 39-61.

BARTLETT, C. A./GHOSHAL, S., 1989, Managing across boarders: The transnational solution; Boston (Mass.): Havard Business School Press.

1993, Beyond the M-form: Toward a managerial theory of the firm; Strategic Management Journal (14): 23-46.

BATESON, M. C., 1994, Peripheral visions - Learning along the way; New York: Harper Collins.

BAUBIN, T./WIRTZ, B. W., 1996, Vorsprung durch Wissen - Jahrzehntelange Erfahrung in Anderson Consulting; in: Schneider, U. (Hrsg.), Wissensmanagement; Frankfurt: FAZ: 133-146.

BERRES, W., 1998, Knowledge networking holt das Wissen aus den Köpfen; IO-Management Nr. 10: 58-61.

BERRYMAN, S.E. (o.J.): Designing effective Learning Environments: Cognitive Apprenticeship Models.

BLAIR, J. (1997): Knowledge management leverages engineering at Chrysler: Gardner Group, Research Note Case Studies CS-CS-219

BLEICHER, K., 1992, Das Konzept integriertes Management; Frankfurt/Main: Campus (2. Aufl.).

BODE, J., 1997, Der Informationsbegriff in der Betriebswirtschaftslehre; Zeitschrift für betriebswirtschaftliche Forschung (zfbf) (49), 5: 449-468.

BONTIS, N., 1996, There's a price on your head: Managing intellectual capital strategically; Business Quarterly (60), 4: 40-47.

BOWERSOX, D., 1990, The strategic benefits of logistics alliances; Harvard Business Review, July – August: 36-45.

BROOKING, A., 1999, Corporate memory; London: International Thomson Business Press.

BROWN, J.S.; COLLINS, A.; DUGUID, P., 1989: Situated Cognition and the Culture of Learning; Educational Researcher 18 (1): 32-42.

/DUGUID, P, 1999.: Dem Unternehmen das Wissen seiner Menschen erschließen; Harvard Business Manager 3/1999: 76-88.

/GRAY, E.S., 1999: The people are the company http://www.fastcompany.com/online/01/people.html.

/DUGUID, P., 2000: The social life of information; Boston (Mass.): Harvard Business school Press.

BUCKLEY, P. J./CARTER, M. J., 1997, Managing cross border complimentary knowledge: The business process approach to Knowledge Management in multinational firms; Pittsburgh (PA): Carnegie Bosch Institute.

BUENO, E., 1998, Medición del Capital Intelectual – Modelo intelect; Madrid: Euroforum

BÜRGEL, H. D. (HRSG), 1998, Wissensmanagement; Berlin: Springer.

/SÄUBERT, 1998, Die Generierung von Steuerungsgrößen für die Erfolgsmessung von Wissensmanagement; IO-Management Nr. 10: 52-57.

/LUTZ, J., 2000, Wissen nutzen –Nutzen messen, Die Wissensbilanzierung als Erfolgsindikator für Wissensmanagement; IO-Management Nr. 10: 18-24

BULLINGER, H. J., 1997, Unternehmen auf dem Weg zum „Knowledge-Warehouse"; Office Management 2/97: 9-13.

/WÖRNER, K./PRIETO, J., 1997, Wissensmanagement heute; Stuttgart: Fraunhofer Institut für Arbeitswirtschaft und Organisation.

BUNGARD, N., 1992, Qualitätszirkel in der Arbeitswelt: Ziele, Erfahrungen, Probleme; Göttingen: Verlag für angewandte Psychologie.

BURGELMANN, R. A., 1994, Fading memories: A process theory of strategic business exit in dynamic environments; Administrative Science Quarterly (39): 24-56.

CAMP, R. C., 1989, Benchmarking - The search for industry best practices that lead to superior performance; Milwaukee: APQC Quality Press.

CASTELLS, M., 1996, The rise of the network society; Oxford: Blackwell.

CBI (CARNEGIE BOSCH INSTITUTE), 1995, Knowledge in international corporations - outline of research area; Pittsburg: CBI.

CHAN KIM, W./MAUBORGNE, R., 1997, Fair Process: Managing in the knowledge economy; Harvard Business Review, July – August: 65-75.

CIBORRA, C. U., 1996, The platform organization: Recombining strategies, structures and surprises; Organization Science (7), 2: 103-118.

COASE, R., 1937, The nature of the firm; Economica, November: 387-405.

CSC PLOENZKE (o. Jahr), Personalentwicklung mit Perspektive; Kiedrich: CSC Ploenzke.

DAVENPORT, T. H. et al, 1996, Improving knowledge work processes; Sloan Management Review, Summer: 53-64.

1997, Then principles of knowledge management and four case studies; Knowledge and process management (4), 3: 187-208.

/PRUSAK, L., 1998, Working knowledge - How organizations manage what they know; Boston (Mass.): Harvard Business School Press.

/PROBST, G., 2000, Knowledge management case book (Siemens); München: Publicis und Wiley

DEISER, R., 1996, Vom Wissen zum Tun und zurück; in: Schneider (Hrsg.): Wissensmanagement; Frankfurt: FAZ: 49-76.

DEPPE, J., 1992, Quality Circle und Lernstatt - Ein integrativer Ansatz; Wiesbaden: Gabler (3. Aufl.).

DESPRES, C. J-N., 1996, Work, management and the dynamic of knowledge; Sabin Journal of Management (2): 1-13.

DEUTSCHES INSTITUT FÜR WIRTSCHAFTSFORSCHUNG (1997), Wissensintensivierung der Wirtschaft: Wie gut ist Deutschland darauf vorbereitet?; Wochenbericht 22/97 (29. Mai): 387.

DIERKES, M. ET AL, 1999, Handbook of organizational learning; Oxford University Press.

DOPSON S./STEWART, R., 1990, What is happening to middle management? British Journal of Management, No. 1: 3-16.

DOREN, VAN C., 1991, A History of knowledge; New York: Ballantine Books.

DOZ, Y. L., 1997, The metanational corporation; Fontainebleau: INSEAD (working paper).

DRUCKER, P., 1993, Post-capitalist society; New York: Econ.

1997, The future that has already happened; Harvard Business Review, September – Oktober: 20-24.

EARL, M., 1997, Knowledge as a strategy; in Prusak (Hrsg.), a.a.O., S. 1-15.

/SCOTT, I. A., 1999, The role of the Chief Knowledge Officer; Financial Times Supplement „Mastering Information Management", March 8, 1999: 7-8.

EDVINSSON, L./MALONE, M.S.; 1997, Intellectual Capital; New York: Harper Business.

/SULLIVAN, P.; 1996, Developing a model for managing intellectual capital; European Management Journal (14); 4: 356-364.

EPPLER, M.J./SUKOWSKI, O. (Hrsg.), 2001, Fallstudien zum Wissensmanagement: Lösungen aus der Praxis; St. Gallen: NetAcademy Press.

ESCHER, F. U./BAJENARU, C., 1997, Knowledge management? The real purpose is increased organizational capability. The means is knowledge-based work design; Knowledge Management (1), 2.

FORNENGO PENT, G.; 1992, Product differentiation and process innovation in the Italian clothing industry; in: van Liemt, G., Industry on the move, Geneva: ILO: 209-233.

FRESE, E., 1987, Grundlagen der Organisation: Die Organisationskultur der Unternehmung; Wiesbaden: Gabler (3. Auflage).

GABLER, 1992, Gabler Wirtschaftslexikon; Wiesbaden: Gabler.

GALBRAITH, J. R., 1995, Designing organizations; San Francisco: Jossey-Bass.

GALVIN, R., 1996, Managing knowledge towards wisdom; European Management Journal (14), 4: 374-378.

GHOSHAL, S./BARLETT, C. A., 1997, The individual corporation; New York: Harper Collins.

1995, Building the entrepreneurial corporation: New organisational processes, new managerial tasks; European Management Journal (13), 2: 139-155.

GENSCH, P., 1999, Wissen managen mit innovativer Informationstechnologie; Wiesbaden: Gabler.

GIARINI, O./LIEDTKE, P.M., 1998, Wie wir arbeiten werden; Hamburg: Hoffmann u. Campe.

GÖTZ, K.(Hrsg.), 2000, Wissensmanagement; München: Rainer Hampp (2. Auflage).

GOFFEE, R./JONES, G., 1996, What holds the modern company together?; Harvard Business Review, November – December: 133-148.

GOLEMAN, D., 1997, Emotionale Intelligenz; München: dtv.

GOMEZ, P./PROBST, G. J. B., 1995, Die Praxis des ganzheitlichen Problemlösens; Bern: Haupt.

GOOLD, M./CAMPBELL, A., 1998, Desperately seeking synergy; Harvard Business Review, September-October: 131-142.

GRAHAM, A. B./PIZZO, V. G., 1996, A question of balance: Case studies in strategic knowledge management; European Management Journal (14), 4: 338-346.

GRANT, R. M., 1996, Toward a knowledge-based theory of the firm; Strategic Management Jounal (17), 1996, Winter Special Issue: 109-122.

GRASSHOF, S., 1996, Theoretische Grundlegungen, Erwartungshaltungen und Instrumenten einsatz in einem Wissenmanagement. –Eine empirisch gestützte Analyse in Mittelstand– und Großunternehmen Deutschlands und der Schweiz im Auftrag einer Unternehmensberatung; Neu-Ulm: Fachhochschule Kempten.

GRASSMANN, O., 1997, Organisationsformen der internationalen F&E in technolo-gieintensiven Großunternehmen; Zeitschrift für Führung und Organisation (66), 6: 332-339.

GÜLDENBERG, S., 1998, Wissensmanagement und Wissenscontrolling in lernenden Organisationen; Wiesbaden: DUV (2. Auflage).

HACKER, W., 1978, Allgemeine Arbeits- und Ingenieurpsychologie; Bern: Huber.

HALAL, W. E., 1994, From hierarchy to enterprise: Internal markets are the new foundation of management; Academy of Management Executive (8), 4: 69-82.

HAMEL, G., 1991, Competition for competence and inter-partner learning within international strategic alliances; Strategic Management Journal (12): 83-103.

/HEENE, A. (HRSG.), 1994, Competence based competition; Chichester: Wiley.

/PRAHALAD, C.K., 1994, Competing for the future; Boston (Mass.): Harvard Business School Press.

HANSEN, M. T. ET AL, 1999, What's your strategy for managing knowledge?; in: Harvard Business Review, March-April: 106.116.

HARVARD BUSINESS REVIEW (ED), Harvard Business Review on Knowledge Management; Boston: Harvard Business School Press.

HARVEY, M./LUSCH, R., 1997, Protecting the core competencies of a company: Intangible asset security; European Management Journal (15), 4: 370-380.

HEDLUND, G., 1994, A model of knowledge management and the N-form corporation; Strategic Management Journal (15): 73-90.

/NONAKA, I., 1993, Models of knowledge management in the West and Japan; in: Lorange et al (Hrsg.): Implementing strategic processes, change, learning and cooperation; London: Basil Blackwell: 117-144.

HEIMER, T./ROSSBACH, P. (Hrsg.), 2001, Management der Ressource Wissen in Banken; Frankfurt/Main: Bankakademie-Verlag.

HENN, G., 1995, Management-Kommunikation formt Raumstruktur; Leonardo 4/95: 68-71.

1996, Das Büro als Wissensbörse; München: Henn Architekten.

HENSCH, CH./WISMER, U., 1997, Zukunft der Arbeit; Stuttgart: Schäffer-Poeschel.

HERBST, D, 2000, Erfolgsfaktor Wissensmanagement; Berlin: Cornelsen.

HERZBERG, F., 1966, Work and the nature of man; New York: World Publishing Co.

HIPPLE, E. VON, 1987, Cooperation between rivals: Informal know-how trading; Research Policy (Amsterdam) (16): 291-302.

1994, 'Sticky information' and the focus of problem solving: Implications for innovation; Management Science (40): 429-439.

HIBA, J. C., 2001, "¿Cómo mejorar las condiciones de trabajo y la productividad en la industria de confecciones? – Guía para la acción." Capítulo 10. OIT. Lima.

HIRZEL, M. ET AL., 1993, Synergiemanagement; Wiesbaden: Gabler.

HOPE, J./HOPE, T., 1997, Competing in the third wave; Boston (Mass.): Harvard Business School Press.

ILOI, 1997, Knowledge management: Ein empirisch gestützter Leitfaden zum Management des Produktionsfaktors Wissen; München: ILOI 1997.

ITAMI, H./ROEHL, T., 1987, Mobilizing invisible assets; Cambridge (Mass.): Harvard University Press.

JAROS-STURHAHN, A./LÖFFLER, P.; 1995, Das Internet als Werkzeug zur Deckung des betrieblichen Informationsbedarfs; Information Management 1/95: 8 ff.

JOHNSON, L. W./FROHMANN, A. L., (1989), Identifying and closing the gap in the middle of organizations, Academy of Management Executive, 3: 104-114.

KANTER, R. M., 1989, The new managerial work; Havard Business Review, November – December: 85-92.

1994, Collaborative advantages: The art of alliances; Harvard Business Review, July – August: 96-108.

KAPLAN, R. S./NORTON, D. P., 1996, The balanced scorecard; Boston (Mass.): Harvard Business School Press.

KARLENZIG, W., 1999, Chrysler's new know mobiles. http://kmmag.com/kmmagn2/km199905/feature1.htm

KIESER, A./KUBICEK, H., 1992, Organisation; Berlin: De Gruyter (3. Auflage).

KIRSCH, W., 1992, Kommunikatives Handeln, Autopoiese, Rationalität-Sondierungen zu einer evolutionären Führungslehre; München: Vahlen.

KLEIN, D. A. (HRSG.), 1998, The strategic management of intellectual capital; Boston (Mass.): Butterworth-Heinemann.

KLODT, H. ET AL., 1997, Tertiarisierung in der deutschen Wirtschaft; Kiel: Institut für Weltwirtschaft an der Universität Kiel.

KOGUT, B./ZANDER, U., 1992, Knowledge of the firm, combinative capabilities and the replication of technology; Organization Science (3), Nr. 3: 383-397.

KRCMAR, H., 1997, Informationsmanagement; Berlin: Springer.

KROGH, G. VON/NONAKA, I./ICHIJO, K., 1997, Develop knowledge activists; European Management Journal (15), 5: 475-483.

/ICHIJO, K./NONAKA, I., 2000, Enabling knowledge creation; Oxford: Oxford University Press.

/ROOS, J., 1995, Organizational Epistemology; London: MacMillan.

1996, Five claims on knowing; European Management Journal (14), 4: 423-426.

/VENZIN, M., 1995, Anhaltende Wettbewerbsvorteile durch Wissens-management; Die Unternehmung 6/95: 417-436.

KULKKI, S., 1997, Knowledge creation of multinational corporations; Helsinki: Helsinki School of Economics and Business Administration.

KYAS, O., 1997, Unternehmensstrategie Intranet; Online 2/97: 28 ff.

LA BARRE, P., 1996, Knowledge Brokers; Industry Week, 1. April 1996: 50.

LAVE, J./WENGER, E., 1991, Situated learning. Legitimate peripheral participation. Cambridge: Cambride University Press.

LAVE, J., 1991, Situating learning in communities of practice. In L.B. Resnick, J.M. Levine & S.D. Teasdale (Eds.), Perspectives on socially shared cognition (pp. 63-82). Washington, DC: American Psychological Association.

LEONARD-BARTON, D., 1995, Wellsprings of Knowledge, Boston (Mass): Harvard Business School Press

1992, Core capabilities and core rigidities: A paradox in managing new product development; Strategic Management Journal (13): 111-125.

1992, The factory as a learning laboratory; Sloan Management Review, Autumn: 23-38.

1995, Wellsprings of Knowledge: Building and sustaining the sources of information; Boston (Mass.); Harvard Business School Press.

LEONARD, D./STRAUS, S., 1997, Putting your company's whole brain to work; Harvard Business Review, July-August 1997: 111-121.

LUHMANN, N., 1995, Social Systems; Palo Alto: Stanford University Press.

LUTZ, CH., 1997, Der Arbeitnehmer ist tot-es lebe die Lebensunternehmerin; in: Hensch, Ch; Wismer, U. (Hrsg.), a.a.O.: 129-135.

MACHLUP, F., 1992, The production and distribution of knowledge in the United States; Princeton (NJ): Yale University Press.

McMASTER, M., Communities of Practice-An Introduction http://www.co-i-l.com/coil/knowledge-garden/cop/mmintro.shtml

McDERMOTT, R.(1999): Nurturing three-dimentional communities of practice-how to get the most out of human networks; Knowledge Management Review, Nov./Dez.: 26-29.

MAISTER, D. H., 1993, Managing the professional service firm; New York: The Free Press.

MÄRKI, D. O., 1995, Strategisches Synergiemanagement: Vom Rudern zum Segeln; Bern: Orell Füssli.

MARSHALL, CH./PRUSAK, L./SHPILBERG, D.; 1996, Financial risk and the need for superior knowledge management; California Management Review (38), Nr. 3: 77-101.

MEISTER, J. C.; 1997, Corporate universities: an opportunity or threat to higher education; Proceedings, Seminar on knowledge management and the European Union, Utrecht, May 1997.

MOORE, K./BIRKINSHAW, 1998, Managing knowledge in global service firms: Centers of excellence; Academy of Managment Executive (12), Nr. 4: 81-92.

MORIN, J., 1985, L'Excellence Technologique; Paris: Picollec.

/SEURAT, R., 1989, Le management des ressources technologiques; Paris: Les éditions d'organisation.

MOTOROLA, 1995, Motorola University Profile; Schaumburg (Ill.): Motorola.

MOURITSON,J./LARSEN, H.T./BUKH, P.N.D., 2001, Intellectual capital and the capable firm: Narration, visualization and numbering for numbering knowledge; Report Copenhagen Business School and Aarhus School of Business.

NALEBUFF, B. J./BRANDENBURGER, A. M.; 1996, Co-opetition; London: Harper Collins Business.

NEFIODOW, L. A., 1990, Der fünfte Kondratieff-Strategien zum Strukturwandel in Wirtschaft und Gesellschaft; Wiesbaden: Gabler.

NELSON, R. R./WINTER, S. G.; 1982, An evolutionary theory of economic change; Cambridge (Mass.): Harvard University Press.

NONAKA, I., 1992, Wie japanische Konzerne Wissen erzeugen; Harvard Manager 2/92: 95-103.

/TAKEUCHI, H.; 1995, The Knowledge creating company; Oxford: Oxford University Press.

NORTH, K., 1996, Wissensintegration in einem Unternehmen der Elektrotechnik/Elektronik und einer Unternehmensberatung (unveröffentlichte Projektberichte); Wiesbaden: FHW.

1997, Localizing global production; Genf: International Labour Office.

1997, Wenn wir wüßten, was wir Wissen... Fragen und Antworten zum Wissensmanagement; REFA-Nachrichten (50), 4: 55-60.

2000, Wissen schaffen in Forschung und Entwicklung; in: Bürgel, H.D. (Hrsg.), Forschungs-und Entwicklungsmanagement 2000 plus, Heidelberg/Berlin: Springer: 29-49.

2005, Wissensorientierte Unternehemensführung. Wertschöpfung durch Wissen. 4. Auflage.

/AUKAMM, T., 1996, „Think global-Act local"-Neuansätze zur Planung von Auslandsproduktionsstätten der Automobilindustrie; REFA-Nachrichten 49, 2: 15-21.

/LAMIERI, L., Wissensmanagement in Klein-und Mittelbetrieben; Wissens-management, 6, 2001: 18-22.

/PAPP, A., 2001, Wie deutsche Unternehmen Wissensmanagement einführen – Vergleichsstudie 1998 bis 2000; REFA-Nachrichten 54, Nr. 1: 4-12.

/PÖSCHL, A., Intelligente Organisationen – Wie ein Unternehmen seinen IQ berechnen kann; New Management, 4, 2002: 55-59.

/PROBST, G./ROMHARDT, K., 1998, Wissen messen-Ansätze, Erfahrungen und kritische Fragen; Zeitschrift für Führung und Organisation (3): 158-166.

/REINHARDT, K., 2005, Kompetenzmanagement in der Praxis. Mitarbeiterkompetenzen systematisch identifizieren, nutzen und entwickeln, Mit viele Fallbeispielen. Gabler.

/RIVAS, R. R., 2004, Gestión empresarial orientada al conocimiento: Creación del valor mediante el conocimiento, Editorial Dunken.

/ROMHARDT, K./PROBST, G.(2000): Wissensgemeinschaften – Keimzellen lebendigen Wissensmanagements; IO-Management 7/8: 52.

/VARLESE, N., Motivieren für die Wissensteilung und die Wissensentwicklung; Wissensmanagement, 1, 2001: 43-46.

OBERSCHULTE, H., 1996, Organisatorische Intelligenz; in: Schreyögg u. Conrad (Hrsg.) a.a.O.: 41-82.

O'DELL, C./GRAYSON, C. J., 1998, If only we knew what we know; New York: The Free Press.

OECD, 1996, National Accounts, Volume II: Detailed Tables 1982-1994; Paris: OECD.

OECD, 1996, Measuring what people know; Paris: OECD.

PAWLOWSKI, P. (HRSG.), 1998, Wissensmanagement; Wiesbaden: Gabler.

PENROSE, E. T., 1959, The theory of the growth of the firm; New York: Wiley.

PERLITZ, M., 1996, Internationales Management; Stuttgart: UTB.

PETERS, T. J., 1987, Thriving on chaos; New York: Alfred A. Knopt.

1992, Liberation Management; London: Macmillan.

1994, The Tom Peters Seminar; New York: Vintage Books.

PETRASH, G., 1996, Dow's Journey to a knowledge value management culture; European Management Journal (14), 4: 365-373.

PETTKOFF, B., 1998, Wissensmanagement; London: Addison-Wesley.

PICOT, A., 1988, Die Planung der Unternehmensressource 'Information'; in: Diebold Deutschland GmbH (Hrsg.), Tagungsband 'Erfolgsfaktor Information', Frankfurt/Main 20.-21.01.1988: 223-250.

/REICHWALD, R./WIGAND, R.; 1996 und 1998, Die grenzenlose Unternehmung; Wiesbaden: Gabler (2. Auflage 1996/3. Auflage 1998).

PINE, J. B. II, 1993, Mass. Customization: The new frontier in business competition; Boston (Mass.): Harvard Business School Press.

PO, L. Yu, 1990.Forming Winning Strategies: An integrated Theory of Habitual Domains. Springer Verlag 1990: 114-115

POLANYI, M.; 1966, The tacit dimension; New York: Anchor Day Books.

POLTERAUER, A. et al., 2000, Wissen bewerten ist Kapital verwerten, Evaluierung von erfolgskritischem Wissen in der Produktentwicklung; IO-Management Nr. 10: 26-30.

PORTER LIEBESKIND, J., 1996, Knowledge, strategy and the theory of the firm; Strategic Management Journal (17), 1996, Winter Special Issue: 93 -107.

PORTER, M. E., 1990, The competitive advantage of nations; New York: The Free Press.

/MILLAR, V. E., 1985, How information gives you competitive advantage; Harvard Business Review 63 (4): 149-160.

PROBST, G.J.B., 1987, Selbst-Organisation: Ordnungsprozesse in sozialen Systemen aus ganzheitlicher Sicht, Berlin,Hamburg: Parey

/BÜCHEL, B., 1994, Organisationales Lernen; Wiesbaden: Gabler.

/GEUSSEN, A., 1997, Wissensziele als neue Management-Instrumente; Gablers Magazin, 8: 6-9.

/KNAESE, B., 1998, Risikofaktor Wissen – Wie Banken sich vor Wissensverlusten schützen; Wiesbaden: Gabler.

/RAUB, S./ROMHARDT, K., 1999, Wissen managen; Wiesbaden: Gabler.

QUINN, J. B., 1992, Intelligent enterprise; New York: The Free Press.

ET AL, 1996, Leveraging intellect; The Academy of Management Executive (10), 3: 7-27.

RAYPORT, J. F./SVIOKLA, J. J., 1995, Exploiting the virtual value chain; Harvard Business Review, November-December 1995: 75-85.

REHÄUSER, J./KRCMAR, H., 1996, Wissensmanagement im Unternehmen, in: Schreyögg und Conrad (Hrsg.), a.a.O.: 1-40.

REINHARDT, R., 1998, Wissensmanagement „konkret": Eine Fallstudie; in: Geißler et al (Hrsg.), Organisationslernen Konkret (im Druck).

1998, Das Management von Wissenskapital; in: Pawlowski (Hrsg.), Wissensmanagement; Wiesbaden: Gabler, S. 145-176.

/Pawlowski, P., 1997, Wissensmanagement: Ein integrativer Ansatz zur Gestaltung organisationaler Lernprozesse; in: Wieselhuber & Partner (Hrsg.), Handbuch Lernende Organisation; Wiesbaden: Gabler.

Reinmann-Rothmier, G. Et Al, 2001, Wissensmanagement lernen; Weinheim und Basel: Beltz.

/Vohle, F., 2001, Was Schiedsrichter, Manager und Rotkäppchen gemeinsam haben: Mit Geschichten Wissen managen, Zeitschrift für Organisationsentwicklung (5): 293 – 300.

Richter, F. J., 1994, Industrial Organizations as knowledge systems; Systems Practice (7), Nr. 2: 205-216.

/Wakuta, Y., 1993, Permeable networks: A future option for the European and Japanese car industries; European Management Journal (11), 2: 262-267.

Rivas, R. R., 2001. Ergonomía y desarrollo: Integración de los factores socioproductivos en la gestión, Editorial Dunken: 67-69.

2007. Ergonomía en el diseño y la producción industrial. Capítulo IV: Conocimiento y trabajo, Editorial NobuKo: 129-164.

Roehl, H., 2000, Instrumente der Wissensorganisation; Wiesbaden: DUV.

2002, Organisationen des Wissens – Anleitung zur Gestaltung; Stuttgart: Klett-Cotta.

Roehl, H./Romhardt, K., 1997, Wissen über die Ressource 'Wissen', Gablers Magazin, 6-7:. 42-45.

Roehl, H./Willke, H., 2001, Kopf oder Zahl? – Zur Evaluation komplexer Transformationsprozesse; Zeitschrift für Organisationsentwicklung (20), 2: 24-34.

Romer, P., 1986, Increasing returns and long-run growth; Journal of Political Economy, 1994: 1002-1037

ROMHARDT, K., 1998, Die Organisation aus wissensorientierter Perspektive: Möglichkeiten und Grenzen von Interventionen in die organisationale Wissensbasis; Wiesbaden: Gabler.

2001, Wissen ist machbar; Düsseldorf: Econ.

2002, Wissensgemeinschaften; Zürich: Versus.

ROOS, J./VON KROGH, G., 1996, The epistemological challenge: Managing knowledge and intellectual capital; European Management Journal (14), 4: 333-337.

ROOS, J. ET AL, 1998, Intellectual Capital; New York: New York University Press.

RÜDIGER, M./VANINI, S., 1998, Das Tacit Knowledge-Phänomen und seine Implikationen für das Innovationsmanagement; DBW Nr. 4: 467-480.

RUMELT, R., 1994, Foreword, in: Hamel, G., Heene, A. (Hrsg.): Competence based competition; Chichester: Wiley, S. XV-XIX.

SANKARAN, D., 1996, Weltproduktionskonzepte-Beispiel aus der Kommunikationsindustrie, Vortrag, Wiesbadener Kolloquium zur internationalen Unternehmensführung am 8. November 1996, Fachbereich Wirtschaft der FHW.

SCANDIA, 1998, Human capital in transformation (Intellectual capital prototype report); Stockholm: Skandia.

SCHIAVA, M. della, REES, W.H., 1999, Was Wissensmanagement bringt; Wien: Signum

SCHNEIDER, D., 1996, Biologische Vorbilder für eine evolutorische Theorie der Unternehmung; Zeitschrift für betriebswirtschaftliche Forschung (48): 1098-1114.

SCHNEIDER, U., Hrsg., 1996, Wissensmanagement; Frankfurt/Main: FAZ (Edition Blickbuch Wirtschaft).

2001, Die 7 Todsünden im Wissensmanagement; Frankfurt/Main: FAZ.

SCHREYÖGG, G. (Hrsg.), 2001, Wissen in Unternehmen, Berlin: Erich Schmidt

/CONRAD, P. (Hrsg.), 1996, Wissensmanagement; Berlin: Walter de Gruyter (Managementforschung 6).

SCHÜPPEL, J., 1996, Wissensmanagement; Wiesbaden: Deutscher Universitäts Verlag.

SEGLER, T., 1985, Die Evolution von Organisationen-Ein evolutionstheoretischer Ansatz zur Erklärung der Entstehung und des Wandels von Organisationsformen; Frankfurt/ Main: Lang.

SEIFERT, H. (1996), Gewußt wie; Manager Magazin, Oktober: 132-134.

SEIFERT, A./SEIFERT, S., 1998, Wissensgenerierung und –transfer in knowledge networks; IO-Management Nr. 10: 76-84.

SEUFERT, A.; VAN KROGH, G.; BACH, A., 1999, Towards knowledge networking in: Journal of Knowledge Management, Vol.3, Nr.3: 180-190

SENGE, P. M., 1990, The fifth discipline; New York: Doubleday Currency.

1995. La quinta disciplina, Granica:17-23.

SIMON, H., 1996, Die heimlichen Gewinner: die Erfolgsstrategien unbekannter Weltmarktführer; Frankfurt/Main: Campus (2. Auflage).

SINGLETON, T. (Hrsg.), 1978, The analysis of practical skills; Lancaster: MTP Press 1978.

SPENDER, J.-C., 1996, Making Knowledge the basis of a dynamic theory of the firm; Strategic Management Journal (17), Winter Special Issue: 45-62.

STADLER, S., 1995, Gaining advantage by 'leaking' information; European Management Journal (13), 2: 156-163.

STAHL, H. K., 1997, Die vernachlässigten Kompetenzen des mittleren Managements; Zeitschrift für Führung und Organisation (66), 5: 264-270.

STARBUCK, W. H., 1992, Learning by knowledge-intensive firms; Journal of Management Studies (29), 6: 713-740.

STAUDT, E., 1993, Forschung und Entwicklung, in: Wittmann, W. et al (Hrsg.): Handwörterbuch der Betriebswirtschaft, Bd. I/1; Stuttgart: Schäffer-Poeschel, 5. Aufl.: 1186-1198.

STEWART, T. A., 1997, Intellectual Capital; London: Nicholas Brealey.

1998, Der vierte Produktionsfaktor; München: Hauser.

SVEIBY, K. E., 1998, Wissenskapital-das unentdeckte Vermögen; Landsberg: Moderne Industrie.

1997, The new organizational wealth; San Francisco: Berret-Koehler.(www.sveiby.com.au).

SYDOW, J./VAN WELL, B., 1996, Wissensintensiv durch Netzwerkorganisation-Strukturationstheoretische Analyse eines wissensintensiven Netzwerks; in: Schreyögg und Conrad 1996 a.a.O.: 191-234.

SZULANSKI, G., 1996, Exploring internal stickiness: Impediments to the transfer of best practice within the firm; Strategic Management Journal (17), Winter Special Issue: 27-43.

The Conference Board (1995), New Corporate Performance Measures; New York: The Conference Board.

THOMPSON, K. R. ET AL, 1997, Stretch targets: What makes them effective?; The Academy of Management Executive (11), 3: 48-60.

THUROW, L. C., 1997, Needed: A new system of intellectual property rights; Harvard Business Review, September – Oktober: 95-103.

TIDD, J. ET AL, 1997, Integrating technological, market and organizational change; Chichester: Wiley.

TISSEN, R. ET AL., 1998, Value-based knowledge management; Amsterdam: Longman.

TRAECY, M./WIERSEMA, F, 1993, Customer intimacy and other value disciplines; Harvard Business Review, January – February: 84-93.

TSAI, W./GHOSHAL, S., 1998, Social capital and value creation: the role of intrafirm networks; Academy of Management Journal (41), Nr. 4: 464-476.

TSOUKAS, H., 1996, The firm as a distributed knowledge system: A constructionist approach; Strategic Management Journal (17); Winter Special Issue: 11-25.

THURMAN, J.E., LOUZINE, A.E. Y KOGI, K. 1989. Mayor productividad y un mejor lugar de trabajo. Ideas prácticas para propietarios y gerentes de pequeñas y medianas empresas industriales. Manual para formadores. OIT. Ginebra.

ULRICH, H., 1968, Die Unternehmung als produktives soziales System; Bern: Haupt.

VOLDERBA, H. W., 1997, Strategic renewal in large multiunit firms: Four dynamic mechanisms; Paris: OECD (Workshop on the development of practice tools for improving the innovation performance of firms).

VOLKMANN, H. C., 1995, Wandel der Innovationskultur; Gablers Magazin 1995, 3: 25-29.

WEGGEMANN, M., 1999, Wissensmanagement; Bonn : MITP.

WEICK, K. E., 1993, Organization re-design as improvisation, in: Huber, G; Glick, W., Hrsg., Organizational change and redesign; New York: Oxford University Press.

WENGER, E., 1998a, Communities of Practice-Learning as a social System; published by System Thinker, 6/98.

1998b, Communities of Practice: Learning, meaning, and identity; Cambridge: Cambridge University Press.

/Snyder, W., 2000: Communities of Practice: The organizationa frontier, Harvard Business Review, January-February: 139-145.

/McDermott, R./Snyder, W., 2002: Cultivating communities of Practice; Boston (Mass.): Harvard Business Press.

Wiersema, F., 1996, Customer intimacy; Santa Monica (CA): Knowledge Exchange.

Wildemann, H., 1991, Entwicklungsstrategien für Zuliefererunternehmen; Zeitschrift für Betriebswirtschaft (6), 2: 149-160.

Willke, H., 1997, Wissensarbeit; Organisationsentwicklung (16), 3: 5-18.

1998, Systemisches Wissensmanagement; Stuttgart: Lucius & Lucius (UTB).

1996 und 1998, Systemtheorie Band I-III; Stuttgart: Lucius & Lucius (UTB).

Wittmann, W., 1979, Wissen in der Produktion, in: Kern, W. (Hrsg.), Handwörterbuch der Produktionswirtschaft; Stuttgart: Schaeffer Poeschel: 2261-2272.

Womack, J. P. et al., 1990, The machine that changed the world; New York: Rawson.

World Trade Organization, 1996, Annual report 1996; Genf: WTO.

Wunderer, R., 1996, Besonderheiten des „Human-Kapitals"-Folgerungen für die Unternehmensführung und die Steuerung des Personalmanagements; SGO-Jahresbericht 1996: 4-9.

Wüthrich, H. A. et al., 1997, Vorsprung durch Virtualisierung; Wiesbaden: Gabler.

Índice de casos

Editorial LibrosEnRed

LibrosEnRed es la Editorial Digital más completa en idioma español. Desde junio de 2000 trabajamos en la edición y venta de libros digitales e impresos bajo demanda.

Nuestra misión es facilitar a todos los autores la **edición** de sus obras y ofrecer a los lectores acceso rápido y económico a libros de todo tipo.

Editamos novelas, cuentos, poesías, tesis, investigaciones, manuales, monografías y toda variedad de contenidos. Brindamos la posibilidad de **comercializar** las obras desde Internet para millones de potenciales lectores. De este modo, intentamos fortalecer la difusión de los autores que escriben en español.

Nuestro sistema de atribución de regalías permite que los autores **obtengan una ganancia 300% o 400% mayor** a la que reciben en el circuito tradicional.

Ingrese a www.librosenred.com y conozca nuestro catálogo, compuesto por cientos de títulos clásicos y de autores contemporáneos.

www.ingramcontent.com/pod-product-compliance
Lightning Source LLC
Chambersburg PA
CBHW030718250326
R18027900001B/R180279PG41599CBX00024B/39